谨以此书贺家父九秩、家母八秩寿辰

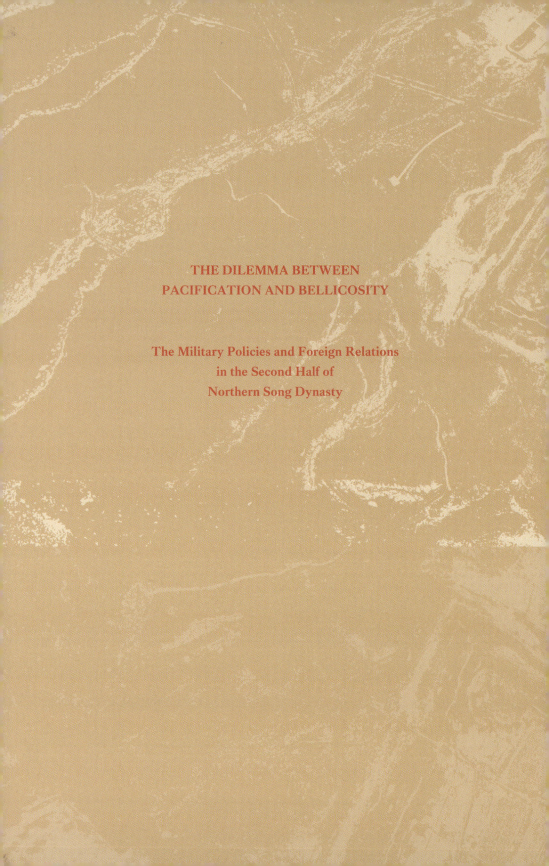

THE DILEMMA BETWEEN
PACIFICATION AND BELLICOSITY

The Military Policies and Foreign Relations
in the Second Half of
Northern Song Dynasty

和战之间的两难

的

两难

北宋中后期的军政
与
对辽夏关系

方震华　著

社会科学文献出版社
SOCIAL SCIENCES ACADEMIC PRESS (CHINA)
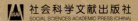

出版缘起

我 2001 年从美国布朗大学取得博士学位后，随即返回台湾任教。本书主要内容是集结我自 2002 年起至 2019 年陆续写作完成的八篇论文而成。在教书前几年，大部分的时间耗费在准备课程、批改作业和评定成绩之上。等到对于教学的范围和内容逐渐熟悉，校方规定的授课时数也开始逐步减少，研究工作的执行得以步上正轨。由于台湾的学术评量特别重视期刊论文的发表，较难规划费时长久的专书写作，我的研究进度是以每年完成一篇期刊论文为目标。教书十多年来的研究成果，因而散见于不同的期刊之中。2019年年初，我将过去的博士论文改写成中文专书出版，有大陆读者向我反映，我的某些期刊论文不易取得。我因而考虑将主题相互关联的论文集结成书，不仅便于读者阅读，也可整合成较为完整的历史图像。这个想法得到社会科学文献出版社郑庆寰博士的支持，遂自2019年6月着手整理旧作，并决定优先整理以北宋历史为主题的相关论文。本书正文的七章涉及北宋中晚期的军事制度、对外政策与夷夏关系，这三项议题相互影响，共同构成北宋历史不可忽视的部分。附录一篇，则是对宋代政治史的讨论议题与研究方法进行检讨，并以两个北宋政治的史实考证作为说明。

由于本书所收论文发表在不同的期刊，写作的时间又前后有别，以致在引文、脚注格式和参考古籍的版本上皆有歧异。因此，先由担任兼任研究助理的黄方硕同学进行各篇论文写作形式的统整，并利用新近出版、质量较佳的古籍版本，对于引文和注释内容进行修订和增补。再由我对各章内容进行删修和改写，以求论述的连贯并避免前后内容的重复。最后，撰写"前言"和"结论"，以统整各章论旨，提出综合性的观点。全部编辑和改写工作在2019年12月完成。

本书得以顺利出版，要感谢曾指导我学位论文的黄宽重老师与戴仁柱老师。他们不仅在我攻读硕士、博士学位的阶段教授我研究方法，提供生涯规划的建议；在我毕业后仍继续给予各种帮助，引导我适应台湾学术生态，适度平衡投入研究与教学的时间。受益于此，我得以妥善利用相关资源，在两篇学位论文的基础上持续开展新的研究。梁庚尧老师从大学时代就对我有诸多的教导，我在撰写硕士学位论文时，更蒙他逐字详读草稿，协助我领悟论证方法与写作技巧。我很荣幸能够自2002年开始成为梁老师工作上的同僚，在各项事务上继续获得指教，直到他于2013年届龄荣退。我也要感谢邓小南和包伟民两位老师长期以来的支持。我自1997年首次至广州参加大陆学界主办的会议，得以结识两位前辈。其后至大陆进行学术交流与研究，多次承蒙他们的安排和接待，帮助我结识相关领域的学者，也间接促成我的作品于大陆地区的刊行。

家人们的支持，对我从事史学的教研工作尤其重要。自我于1985 年进入台湾大学历史系求学开始，父母与兄嫂不断提供的帮助，使我得以顺利完成学业、取得教职、投身于热爱的工作之中。我也要感谢内人陈绮菁，我的教学生涯开启之日，正是我们论及婚嫁之时，本书所收的论文可以说是我们婚姻生活的一部分。绮菁必须兼顾家庭与工作，为我争取多一些读书、写作时间，每当我筹办学术活动，也要协助连络学者，办理各项行政事务，谨附此纸尾以为志。

2019 年 12 月于台湾大学历史系

· 目 录 ·

绪 论

就北宋的历史发展而言，真宗（968~1022，997~1022年在位）在签订澶渊之盟后放弃以武力解决与周边政权的争议，转而以谈判换取和平，是影响国家政策走向的转折。长期和平带动经济发展与文教兴盛，成为许多文士引以为傲的成果。不过，即使和议产生的成效显而易见，北宋付出的代价也十分可观。在澶渊之盟签订之初，即有人质疑每年送出的银绢数量过多，宰相毕士安（938~1005）则回应说："不如此，则契丹所顾不重，和事恐不能久也。"[1]对支持和议的官员而言，唯有巨额的经济利益才能吸引对方坚守和约，这是不得不然的决

---

1 李焘：《续资治通鉴长编》卷五八，景德元年十一月，上海师范大学古籍整理研究所、华东师范大学古籍整理研究所点校，中华书局，2004，第1295页。

定。只是北宋政权既以汉唐的继承者自居，却无法效前朝之例，借军事力量压制周边政权，反而以提供金钱换取和平，不免带来屈辱之感。等到仁宗朝西夏国主李元昊自立为帝，不再对宋称臣，进一步损害北宋自居"正统"的地位，仁宗君臣乃企图以武力压制。不过，双方经历约四年的军事对抗，宋廷仍只能以岁赐换取西夏在名义上臣服，潜在的威胁并未解除。富弼在庆历四年（1044）上奏中指出北宋所面临的困境：

> 臣深见二敌为患，卒未宁息，西伐则北助，北静则西动，必欲举事，不难求衅。通和则坐享重币，交战则必破官军，叛而复和，孰敢不许？擒纵自在，去住无梗，两下牵制，困我中国，有何大害而不为边患？有何后悔而长守欢盟？[1]

岁币虽能换取和平，但西、北"二敌"所拥有的军事优势，使他们掌握破坏盟约的主动权，若交互利用和议与作战两种策略，北宋将疲于应付。因此，若不能扭转"交战则必破官军"的困境，北宋政权势必陷于被动，难以长期稳固和约。有鉴于此，部分文臣倡议强化军力，并以"复汉唐旧疆"为号召，以"拓境"取代"和戎"，改变受制于敌的现状。

在对西夏开战之后，各种军事改革逐步展开。由于北宋的君主与文官多半缺乏从军作战的经验，往往依据史书所载的前例与兵书阐述的原则规划政策。设立武举和武学、编修《武经总要》与推动民兵体制，皆显示文官企图应用书本所习知识，来解决当前的军事问题。朝廷对军事的重视进一步带动士人对兵学的研习，而士人的"论兵"之风则培养出更多有志于军功的文官，持续倡议拓境的主张。

发轫于仁宗时期的各种对外用兵的计划，在神宗朝落实为西向

1　李焘：《续资治通鉴长编》卷一五〇，庆历四年六月，第3640页。

与南向的拓边行动。神宗因热衷于军政改革，除了推动"保甲法"，全面落实民兵体制，也亲自整顿军队训练、组织与武器制造，并重视兵学教育。经过一系列的革新，神宗更自信于发动对外战争。不过，神宗君臣在作战的规划与执行上存在诸多缺失，即使宋军曾攻城略地，但未能达成预期的目标，反而造成巨大的人力与物资损耗，乃引发宋廷内部极大的争议，和议政策在神宗死后随即被提出。不过，主和官员希望借由归还神宗时代所得西夏领土来换取和平，却又以德恩的施予者自居，无法经由谈判对还地的范围达成协议，西夏的持续进攻最终迫使宋廷又重回武力对抗的老路。

本书的主旨在探讨仁宗朝以降，北宋政府在"强兵"上的各种努力，及衍生而来的拓境行动。受到视宋代为"文弱"时代的影响，现代史家较少关注北宋政府的军事作为，也往往视"弭兵和戎"为此时期对外关系的特点。事实上，北宋君臣经常在和与战之间面临困难的抉择，相关的争议也与官员间的权力斗争相互联结，成为理解北宋政局必须考量的因素。至于从仁宗朝开始建立的武举、武学、民兵等制度，更成为延续至南宋的长期传统，产生的影响更为广泛，而不局限于政治与军事层面。由此可见，北宋中期在军事与对辽、西夏政策方面的新发展是重要的历史转折，有待深入的分析，本书的讨论将从仁宗朝文士对于拓境的倡议开始。

第一章　从和戎到拓边

——北宋中期对外政策的转折

前　言

　　北宋与其他政权缔盟约和的历史一直是现代史学家关注的议题，对于宋代文官为合理化"和戎"政策而提出的弭兵反战论点，前辈学者已有深入的分析。这些研究指出北宋文臣多半反对与其他政权作战，经常提出和戎弭兵的主张，以压抑君主拓边的野心，成为宋代政治文化的一项特色。在真宗（968~1022，997~1022 年在位）签订澶渊之盟之后，防御与安抚成为处理对外政策的基本原则，弭兵论的主张得以落实。[1]但是，这种状况在神宗朝开始转变，宋军发动一连串的对外拓边行动，直到神宗（1048~1085，1067~1085 年在位）身故才告暂停，但随后又在哲、徽两朝持续进行。这些军事行动集中于西部与南部边境，虽然并未导致北宋完全改变与其他政权的关系，仍引发极大的争议，并成为影响北宋晚期政治局势的重要因素。[2]

为何弭兵和戎的政策会发生改变？长期以来，神宗被指为关键人物。例如元丰八年（1085）神宗去世之后，司马光（1019~1086）上奏指出：宋太祖（927~976，960~976 年在位）、太宗（939~997，976~997 年在位）在平定天下之后，不再对外用兵，一意与民休息，所产生的成果可谓"太平之极致"。神宗"材雄气英"，以疆域不及汉唐为耻，导致文、武臣僚争相献策拓边，开启战端，造成国家极大的危害。[3]此种将对外政策转向归因于君主恢复汉唐疆土野心的论点，在当时颇为常见，也影响到后世史家的评论。[4]但是，只

---

1 关于此一议题，学界已有不少的讨论，参见陈芳明《宋初弭兵论的检讨（960~1004）》，（台北）《国立编译馆馆刊》第 4 卷第 2 期，1975，第 47~64 页；王明荪《宋初的反战论》，收入淡江大学中文系主编《战争与中国社会之变动》，台北，淡江大学，1991，第 37~52 页；李华瑞《宋夏关系史》，河北人民出版社，1998，第 29~39 页；陈峰《宋代主流意识支配下的战争观》，《历史研究》2009 年第 2 期，第 38~50 页。

2 对于神宗朝以降的拓边行动，至今尚无完整的讨论，仅有部分研究触及相关的事件或人物，参阅曾瑞龙《拓边西北——北宋中后期对夏战争研究》，香港，中华书局，2006；黄宽重《北宋晚期对广西的经略——以程节、程邻父子为中心的讨论》，《法国汉学》第 12 辑，中华书局，2007，第 208~225 页；李华瑞《宋夏关系史》，第 91~103 页；汤佩津《北宋的南边政策——以交趾为中心》，博士学位论文，嘉义，中正大学历史研究所，2003，第 140~222 页；Paul Smith, "Irredentism as Political Capital: The New Policies and the Annexation of Tibetan Domains in Hehuang (the Qinghai~Gansu Highlands) under Shenzong and His Sons, 1068~1126," in Patricia Ebrey and Maggie Bickford eds., *Emperor Huizong and late Northern Song China: the Politics of Culture and the Culture of Politics*, Cambridge: Harvard University Asian Center, 2006, pp. 78~130。

3 李焘：《续资治通鉴长编》卷三六三，元丰八年十二月，第 8690 页。

4 元代编成的《宋史》即说："神宗奋英特之资，乘财力之富，锐然欲复河、湟，平灵、夏，而蔡挺、王韶、章楶辈起诸生，委裘衣，树勋戎马间。世非无材，顾卜所趣尚磨厉累如耳。"将当时几位文臣追求军功的现象归因于神宗个人意志使然。见《宋史》卷三二八《章楶传》，中华书局，1977，第 10592 页。

强调君主决策的影响，不免使人以为北宋对外政策在神宗即位后突然由和转战，而未能呈现其中过程的曲折。对此，曾瑞龙首先提出修正意见，主张神宗朝以降的拓境行动实肇端于仁宗（1010~1063，1022~1063 年在位）时期，可以由庆历年间（1041~1048）修筑水洛城的过程看出。由于陕西地区的武将和豪侠之士热衷于西向拓土，透过众人的持续努力，终能突破宋初以来"弭兵论"的桎梏，成功地开拓水洛城作为军事基地。[1] 此一论点不仅凸显了边区武人在拓边过程中所扮演的角色，也显示对外政策的转向有其发展过程，因而甚具意义。在宋代文献中，的确可以看到将神宗朝开边归咎于陕西地区武官的说法。最常被提及的是种谔（1027~1083），甚至有"谔不死，边事不已"的说法。[2] 不过，现代学者早已指出，在真宗朝以降的政治运作中，文、武官已各分畛域，外交、军事的重大决策由文官主导，武臣比较缺乏影响力。[3] 因此，在对外政策上，若无文官的支持，不仅武官难有表现，皇帝的意志也不易实现。以神宗委以拓边之任的官员而言，固然有武臣、宦官，但文臣实居主体。其后哲宗（1077~1100，1085~1100 年在位）承继父志，致力用兵西夏，仍然倚重文臣来经营。正因如此，吏部侍郎张舜民才会在建中靖国元年（1101）上奏徽宗（1082~1135，1100~1126 年在位），批评自神宗朝以降，主战官员是一群不谙边事的"江湖书生"。[4] 由此可见，在注意边境武官的意向之外，更应重视文官对于拓边工作的投入，才能对北宋对外政策的转向有更清楚的理解。

1　曾瑞龙:《拓边西北——北宋中后期对夏战争研究》，第 15~44 页。

2　李焘:《续资治通鉴长编》卷三三四，元丰六年四月，第 8047 页。关于种谔生平的研究，参见曾瑞龙《北宋种氏将门之形成》，香港，中华书局，2010，第 89~97 页。

3　参见王曾瑜《宋朝军制初探》，中华书局，2011 年增订本，第 77~79 页；陈峰《北宋武将群体与相关问题研究》，第 124~146、277~302 页；方震华《权力结构与文化认同：唐宋之际的文武关系（875~1063）》，社会科学文献出版社，2019，第 148~184 页。

4　张舜民:《上徽宗论进筑非便》，收入赵汝愚编《宋朝诸臣奏议》卷一四〇，上海古籍出版社，1999，第 1585 页。

　　同样值得注意的是，司马光指出北宋的疆域不及汉唐是引发神宗开边的主因，反映出北宋君臣对"复汉唐旧境"的期待，是导致对外政策的转变的重要因素。宋代承继汉唐之后，统治阶层很难漠视前朝的治理成就。自宋初以来，恢复汉唐旧土，就成为支持拓边战争的常见理由。例如，太宗在雍熙北伐失败后，回应赵普（922~992）的批评，即以"俾契丹之党远遁沙漠，然后控扼险固，恢复旧疆，此朕之志也"。强调自己并非穷兵黩武之君，用兵只是为恢复汉唐的旧疆。[1] 王禹偁（954~1001）在端拱二年（989）上奏太宗时也说："顷岁吊伐燕蓟，盖以本是汉疆，晋朝以来，方入戎地，既四海一统，诚宜取之。"[2] 可见，恢复前朝故土在宋初君臣看来具有很高的正当性。澶渊之盟后，主政者放弃北伐之念，不再公开倡议此种论点。在部分北宋文人的议论或文章中，也出现批判汉唐对外政策的意见，或是强调宋与其他政权的关系有异于汉唐。不过，汉唐的传统对于宋代的对外政策与政治论述仍有重大的影响，是我们分析北宋政治时必须留意的面相。[3] 长期以来，学界着重研究和分析宋代的弭兵反战言论，相对忽视拓边主战的意见，对于此种立场产生的政治和文化背景亦缺乏分析。本章透过讨论北宋对外政策的转变过程，希望能对北宋的政治和士人文化有更进一步的了解。

一　承平时代的矛盾

　　景德元年（1004），宋、辽签订澶渊之盟是划时代的大事。自唐末以来，契丹政权与中原王朝间长期的军事冲突，至此终告结束；北宋统治者接受疆域现状，放弃北伐之念，也代表宋初以来提

1　李焘：《续资治通鉴长编》卷二七，雍熙三年五月，第617页。
2　李焘：《续资治通鉴长编》卷三〇，端拱二年正月，第672页。
3　关于北宋文人对于汉唐时期对外政策的各种评论，参见陶晋生《宋辽关系史研究》，台北，联经出版社，1984，第13~14、126~128、199~202页。

倡弭兵反战论者的胜利。以岁币换取和平，奠定了安定的大环境，有利于经济与文教的发展。在和约签订后的第四年，北宋君臣开始宣扬"已致太平"的论点，日后遂有各种封禅告天、歌舞升平之举。[1]随着承平时间的延长，对许多活跃于仁宗朝的文臣而言，他们的成长历程是"目不识干戈之事，耳不闻金革之声"。[2]战乱与兵祸的销声匿迹，成为他们自觉本朝超越前代的傲人成就。例如，石介（1005~1045）于仁宗宝元元年（1038）编成《三朝圣政录》的序文中，主张本朝于真宗时期完成太平之业，其成就之大，"可谓跨唐而逾汉，驾商、周而登虞、夏者"。[3]可见，他想借着书写太祖至真宗的政事，宣扬宋是一个跨越三代、汉唐，与尧舜盛世相媲美的伟大王朝。

不过，尽管石介以夸张的笔法颂扬宋初诸帝"致太平"的成就，对他而言，生长于承平时代，却仍有遗憾。他在景祐四年（1037）写《郓城县新堤记》时说：

> 太祖、太宗用武，当是时，武夫带一刀，负一矢，取功名如山岳；书生吐一奇，运一策，辟土地数千里。圣主勋臣，劳告天地宗庙，外内文士，得取为歌、诗、颂、赞，刻于金石，播诸管弦……真宗以文守，陛下以孝治，通五十六年，生物彭遂，积谷丰实，海内恬嬉闲暇，习于俎豆，宽儒蕴藉，尚以章句。武夫、书生，莫得如向之取功名、辟土地者。学史者磨石濡毫，俟以岁月，竟无有卓卓勋烈，可称纪载。夏四月，予卧

1　李焘：《续资治通鉴长编》卷六八，大中祥符元年三月，第1528~1529页。关于真宗君臣致力于封禅的意义，参见刘静贞《北宋前期皇帝和他们的权力》，台北，稻乡出版社，1994，第126~141页。

2　石介：《徂徕石先生文集》卷一八《三朝圣政录序》，陈植锷点校，中华书局，1984，第209页。据陈植锷的考证，此文作于仁宗宝元元年（1038），宋与西夏开战之前，参见陈植锷《石介事迹著作编年》，中华书局，2003，第82~83页。

3　石介：《徂徕石先生文集》卷一八《三朝圣政录序》，第209页。

睢阳公舍，郓城县令刘君准遣使致书于予，曰："故郓城为水湿败……于是环城筑长堤千九百步，高二十尺，厚九尺，足以捍城矣，足以御水矣……太平为吏，不从军边塞，效万死一生，立尺寸功，求荣名书国史；此为绩虽细，犹愈夫坐而视民溺死不救者焉！"[1]

显然，石介与郓城令刘准都认为，在太平之世为官，无法在边境立下战功，以至于能够成就的事功与王朝肇始之初相比，显得微不足道，不禁产生了一种无事可做、无功可纪的苦闷。由此看来，军功的价值并未因长期承平而被文士忽略，反而因为军事成就的难以企及，变得更加令人向往。

正因在价值观念上视军功为可颂、可纪之事，石介一方面称颂宋初诸帝的贡献在于"致太平"，一方面则赞美他们克敌制胜的武功。他在宝元元年写《宋颂九首》，序言中所称颂的"盛德大业"全是军事成就：

我国家太祖武皇帝，一驾而下泽潞，再矢而定维扬，三挥而纳荆、潭，四指而收蜀、广，五征而平江南。太宗文皇帝，克绍前烈，亦既践祚，南致淮、海数十州之地；才谋顺动，北缚并元四十五年之寇。真宗章圣皇帝，暂临澶渊，匈奴丧威堕胆，迨今四十年，乐我盟好，不敢箠马而南。[2]

由此看来，宋初诸帝之所以能成就太平之业，在于扫平四方僭伪，并威服夷狄。这种对先帝军事成就的称颂，迥异于弭兵论者提倡借由道德感召使夷狄屈服的理念。故石介所塑造的本朝成就，显然偏

---

1 石介：《徂徕石先生文集》卷一九《郓城县新堤记》，第232~234页。
2 石介：《徂徕石先生文集》卷一《宋颂九首并序》，第2页。

重在武功的层面而非德治与文教。

在颂扬皇帝的军事成就之余，石介同样景仰兼有文、武两种政治表现的官员，活跃于太宗朝的柳开（947~1000）就受到很高的推崇：

> 堂堂柳先生，生下如猛虎。十三断贼指，闻者皆震怖。十七著野史，才俊凌迁固。二十补亡书，辞深续尧禹。六经皆自晓，不看注与疏。述作慕仲淹，文章肩韩愈。下唐二百年，先生固独步……貔貅十万师，盟津直北渡。塞上诸猛将，低头若首鼠。渴忆海为浆，饥思鳌为脯。两手拿人肝，大床横斗肚。一饮酒一石，贼来不怕惧。帐下立孙吴，樽前坐伊吕。笑谈韬钤间，出入经纶务。匈奴恨未灭，献策言可虏。幽州恨未复，上书言可取。好文有太宗，好武有太祖。先生文武具，命兮竟不遇。死来三十载，荒草盖坟墓。四海无英雄，斯文失宗主。竖子敢颠狂，黠戎敢慢侮。[1]

认为柳开的史才凌驾司马迁与班固（公元32~92年），在文章上可与王通（字仲淹，584~617）、韩愈（768~824）相比，是近两百年少见的人物；而其军事素养与表现，亦为武人所畏服。如此才兼文武，却无法得到施展长才的机会，导致大宋在学术上失去真正的领袖，外夷至今仍然猖狂不驯。对石介而言，柳开事迹中最令他感伤的是在知宁边军时交结北方的豪族白万德，计划夺取幽州，却因调任知全州而不克实现。他曾作《感事》诗记述此事，在诗末说："事成已有萌，侯去何云殛。豪杰夜空回，帐中屡叹息。我览此二事，

1　石介：《徂徕石先生文集》卷二《过魏东郊》，第20~21页。

天意终难测。抚卷一感伤，两眼泪潜滴。"[1] 将此事的不克实现归之于天意，流露出对于幽州未复的无限感慨。

揆诸宋、辽之双方的情势，石介对于柳开的推崇恐怕不切实际。太宗两次挥军北伐，企图夺取幽燕，一开始都是进展顺利，但最后无功而返，可见契丹政权对幽燕地区的控制十分稳固。[2] 柳开想靠召纳当地的豪族来收复幽燕，成功的概率恐怕很低。由此看来，生长于太平岁月的石介，未免把恢复幽燕看得太容易了。不过，这种态度在当时并非石介独有，苏舜钦（1008~1048）曾写《蜀士》诗，记录一位来自四川贾姓"怪士"的事迹。此人至京城上书执政，自言在承平之时，无人重视军事，唯自己精通兵书，可以"掉舌灭西寇，画地收幽燕"。但先后三次上书，主政者都不为所动，只能黯然返乡。[3] 可见，在承平的大环境中，仍有一批文士认为自己擅长军事，足以解决边患、收复故土，期待建立军功的机会，只是他们的诉求并不受到重视。张方平（1007~1091）在天圣八年(1030)为友人古卞所写的序文中也提到相同现象：

> 自石晋割我幽、蓟，以自济于祸难，而冀方之地，乃戎夏共处。国家用文德怀远，以交好息民，于今三纪，天下安于太平，民不知战。公卿士人，耻言兵事。子常何哉，独留意于孙、吴家也？噫！诚得将如李牧辈，朝廷能尽其用，庙堂之上，智者谋之。复山北之地，雪中原百年之耻，系呼韩邪之颈，縻致阙下，使岁时贡贺，如汉宣帝时，子行观之，其易难也？……惟我知子天下奇士，汗漫之伎无所施尔。酒酣日下，

1　石介：《徂徕石先生文集》卷三《感事》，第24~25页。关于柳开企图交结幽州豪杰一事的相关记载，参见伍伯常《北宋初年的北方文士与豪侠——以柳开的事迹及作风形象为中心》，（新竹）《清华学报》第36卷第2期，2006，第320~321页。

2　关于太宗发动的两次北伐战争，相关研究颇多，最详尽的是曾瑞龙《经略幽燕（979~987）——宋辽战争军事灾难的战略分析》，中文大学出版社，2003。

3　苏舜钦：《苏舜钦集》卷一《蜀士》，上海古籍出版社，2011，第8页。

驾而将行，聊歌一引，以起其倦游之意云：夷夏不敌兮，乃古其然。中国大耻兮，有石之迁……念颇、牧之无所用兮，吁嗟奈何！感子征兮，永歌。[1]

张方平虽然肯定和戎政策带来三十年的太平岁月，却仍视契丹占有幽蓟之地为"中原百年之耻"，期待有朝一日主政者能够重用良将，像汉宣帝（公元前91~前49年，公元前74~前49年在位）一样使外敌俯首称臣，一雪长期以来的耻辱。但是，张方平也承认以当时主政者避谈兵事的倾向，即使有良将如廉颇、李牧亦难发挥长才。

石介等人的著作与言行，不仅代表了和平时代士人对于建立边功的浪漫憧憬，也反映了他们对既有华夷关系的不满。相对地，仁宗朝有另一批文官同样重视军事，但他们对现状的忧虑却不在于旧疆未复，而在于潜而未发的边防危机，范仲淹（989~1052）是其中的代表人物，他在天圣三年（1025）的上奏中提出警告：

今天下休兵余二十载，昔之战者，今已老矣；今之少者，未知战事。人不知战，国不虑危，岂圣人之意哉？而况守在四夷，不可不虑。古来和好，鲜克始终……伏望圣慈，鉴明皇之前辙，察陆贽之说议，与大臣论武于朝，以保天下。先命大臣密举忠义有谋之人，授以方略，委之边任；次命武臣密举壮勇出群之士，试以武事，迁其等差。壮士蒙知，必怀报效，列于边塞，足备非常。其或自谓无虞，不欲生事，轻长世之策，苟一时之安，边患忽来，人情大骇。自古兵不得帅，鱼肉无殊。乃于仓卒战斗之间，拔卒为将，豺狼竞进，真伪交驰，此五代之前鉴也。[2]

---

1 张方平：《张方平集》卷三四《送古卞北游序》，中州古籍出版社，2000，第561~562页。
2 范仲淹：《范文正公文集》卷九《奏上时务书》，第201~202页，收入《范仲淹全集》卷九《奏上时务书》，李勇先、王蓉贵校点，四川大学出版社，2002，第201~202页。

范仲淹虽未提出恢复旧疆的主张，但显然对真宗朝和议所造成的结果感到不安。他认为长期和平的环境导致国家轻视武备，人民缺乏军事经验；一旦爆发军事危机，仓促之间势必起用士卒为将帅，将使五代时期军人擅权之祸再临。因此，范仲淹认为国家的发展应文、武并重，重视军事人才的选拔及边职的派任。

除了范仲淹，在仁宗朝初期，上书呼吁朝廷重视边境潜藏危机的文官，还有"好读兵书"的杨偕（980~1049），"以气自豪"的石延年（994~1041），及庆州通判景泰。[1]此外，著名诗人梅尧臣（1002~1060）在西夏战争爆发前为《孙子》作注，上呈朝廷，其用心也在防止"天下忘战"之弊。[2]这些事例都显示出年轻、资浅的文士和官僚对于军事的重视，以及对当时夷、夏关系的不满。然而，主政者皆不为所动。富弼（1004~1083）在庆历四年（1044）的奏书中，回顾澶渊议和后的政治气氛是："以边臣用心者谓之引惹生事，以搢绅虑患者谓之迂阔背时，大率忌人谈兵，幸时无事。"[3]不过，当元昊于宝元元年（1038）年底发兵侵宋后，宋朝官员回避边事的风气随即发生改变。

二　主战或主和的争议

西夏的入侵促使北宋的文官与士人重新思考军事议题，主持对夏战事的韩琦（1008~1075）在庆历元年（1041）上奏说："窃以西

1　《欧阳修全集》卷二九《翰林侍读学士右谏议大夫杨公墓志铭》，李逸安点校，中华书局，2001，第 440 页；卷二四《石曼卿墓表》，第 373~374 页；《宋史》卷三二六《景泰传》，第10517 页。

2　梅尧臣字圣俞，据刘敞的记载："昔者边鄙无事，士大夫耻言兵，圣俞独先注《孙子》十三篇献之，可谓知权矣。及其有事，士大夫争言兵，或因以取富贵，圣俞更闭匮，不省利害，可谓知道矣。夫圣俞前非勇也，知天下忘战之必有忧也。"可见梅尧臣为《孙子》作注，目的在提醒朝廷"忘战"的危险性。参见刘敞《公是集》卷三五《送梅圣俞序》，线装书局，2004，据傅增湘校清光绪覆刻聚珍本，第 3 页。

3　富弼：《上仁宗河北守御十三策》，收入赵汝愚编《宋朝诸臣奏议》卷一三五，第 1501 页。

贼叛命以来，言边事者盖以万计，皆人持所见，献忠于上。"[1] 可见，谈论边防事务成为一时之风尚，因而促成兵学的发展。但是，"人持所见"产生的结果是对应敌策略的争论不休，甚至同一人的主张亦可能前后相异。像范仲淹在和、战立场上的改变就很值得注意，因为他既是主持对西夏作战的重要官员，又在士人群体中拥有极高声望，因而深具影响力。

范仲淹于康定元年（1040）受命至陕西参与军务，当时有边臣提议五路出兵进讨李元昊，仲淹认为"中原无宿将、精兵"，上奏反对进兵。[2] 次年正月，朝廷决定采行韩琦进讨的计划，由泾原、鄜延两路出兵，但统辖鄜延路部队的范仲淹仍坚持招抚元昊，而拒绝派兵配合作战。等到韩琦所遣的部队兵败好水川，范仲淹也因擅自致书元昊议和而饱受批评，甚至有执政大臣主张将其处死，最终遭到贬官。[3] 但是，仲淹仍写信给奉命到陕西"体量安抚"的王尧臣（1003~1058），力主把握机会进行和谈：

> 或失此机会，卒无休兵之期；如更有沮败，则用何道却行招纳？国威愈屈，为祸转深。倘朝廷欲雪边将之耻，必加讨伐，苟得良帅如汉之段纪明、唐之李靖，诚可行焉。其下如今朝曹玮之材，尚堪委以大事。不然，则重为国家之羞。昔秦汉威加四夷，限长城，勒燕山，困弊中国，终成大悔。至如西晋之衰，群胡乱华。五代以来，屡有侵侮。累朝欲刷大耻，终无成功。真宗皇帝取汉文之策，结和通使，休宁北陲，为天下景福四十年矣。今按《史记·律书》，有汉文之议，言高旨远，

1　李焘：《续资治通鉴长编》卷一三三，庆历元年九月，第3176页。

2　范仲淹时任陕西都转运使，见李焘《续资治通鉴长编》卷一二七，康定元年五月，第3013。

3　李焘：《续资治通鉴长编》卷一三一，庆历元年四月，第3114页。

可谓明主矣。[1]

就范仲淹所见，当时缺乏像汉代段颎、唐代李靖（571~649）之类的将才，因而无法在军事上取胜。他也认为秦汉时代征讨四夷，导致"困弊中国"的殷鉴不远，必须将真宗澶渊之盟当成典范，谋求和谈罢兵。对照他在天圣三年及康定元年上书的内容，仲淹对于本朝将帅人才不足的忧虑可说是一贯的，也使得他力主对西夏罢兵议和。

在范仲淹看来，澶渊之盟利用金钱化解军事冲突，正是以中原所具有的经济优势对付夷狄所擅长的武力。他在庆历二年（1042）正月再度请求仁宗派人与西夏交涉和约，提出的理由就是：

> 且自古兵马精劲，西戎所长也；金帛丰富，中国之所有也。礼义不可化，干戈不可取，则当任其所有，胜其所长，此霸王之术也。臣前知越州，每岁纳税绢十二万，和买绢二十万，一郡之入，余三十万，饷以啖戎，是费一郡之入，而息天下之弊也。[2]

由于宋朝无法以军力压制西夏，也无法诉诸道德予以感化，最后只能依靠经济的优势。挪用国家税收中的一小部分来换取和平，可以避免持续的战争带来全国性的伤害。不过，朝廷一直不接受范仲淹议和的建议，也不让他解除环庆路经略安抚使之职。[3]随着在陕西统兵时间的增长，仲淹自觉整军有成，对宋军战斗能力的信心增强，最终导致他在和战的立场上产生转变。

1　范仲淹:《范文正公文集》卷一〇《答安抚王内翰书》，第 251 页。王尧臣于庆历元年正月受命至陕西"体量安抚"，见李焘《续资治通鉴长编》卷一三〇，庆历元年正月，第 3083 页。

2　李焘.《续资治通鉴长编》卷一二五，庆历二年正月，第 3218 页。

3　庆历二年十月，范仲淹自觉岁久无功，上奏请求贬官降秩，解除守边之职，但不为仁宗所接受。参见李焘《续资治通鉴长编》卷一三八，庆历二年十月，第 3312~3313 页。

　　庆历三年（1043）年初，李元昊突然派遣使者至汴京求和，主持边务的韩琦与范仲淹于二月间共同上书，反对双方进行和谈。两人认为，李元昊在屡次取得军事胜利后卑辞请和，动机十分可疑。希望朝廷暂缓进行和议，给予两人三至五年的时间，兼用蕃兵与正军之力进占横山地区，最终可以"再定西陲"。位于现在陕西北部的横山构成宋、夏之间的制高区，宋人称为"山界"，若能加以控制，则拥有居高俯瞰灵州的战略优势，故经略横山成为范、韩的首要目标。[1] 在奏书中，两人也针对和戎以省军费的说法提出反驳，认为国家拥有的财赋本来就应该供应边防之所需，不应只是为了节财而谋求罢兵议和。[2] 范仲淹显然改变了过去和戎以息民力的主张，反而以前代的名将自许，力主积极进取的作为，以求彻底解决边防的问题。

　　当时一批谏官亦群起反对议和，借弹劾主和的朝臣，以求范仲淹的主张得以实现。[3] 欧阳修（1007~1072）在庆历三年七月的上奏中说：

　　　　今若不许通和，不过惧贼来寇尔。且数年西兵遭贼而败，非是贼皆善战，盖由我自谬谋。今如遣范仲淹处置边防，稍不失所，则贼之胜负，尚未可知。以彼骄兵，当吾整旅，使我因而获胜，则善不可加。但得两不相伤，亦足挫贼锐气。纵仲淹不幸小败，亦所失不至如前后之谬战。此善算之士、见远之

1　横山的位置及其重要性，参见李蔚《宋夏横山之争述论》,《民族研究》1987 年第 6 期，第 68~69 页；江天健《宋夏战争中对于横山之争夺》,（台北）《中国历史学会史学集刊》第 24 期，1997，第 33~34 页。

2　李焘：《续资治通鉴长编》卷一三九，庆历三年二月，第 3348~3354 页。

3　包括王素、欧阳修、蔡襄、余靖与孙甫等人。主张和谈的翰林侍读学士杨偕因此而遭弹劾，于庆历三年八月出知越州，见李焘《续资治通鉴长编》卷一四二，庆历三年八月，第 3424~3425 页。

人，所以知不和害小，而不惧未和也。[1]

强调在范仲淹的主持之下，宋军已然训练整齐，能够在战场上扭转过去的劣势。既然不再畏惧敌人的进攻，就不必急于议和。另一方面，欧阳修主张对西夏强硬，亦是考虑到辽朝的因素。他早在庆历二年五月上奏，论及辽使请求归还关南地区之事时，就认为辽方的索地行动肇因于宋军在陕西的一再失利：

> 北虏与朝廷通好仅四十年，不敢妄动，今一旦发其狂谋者，其意何在？盖见中国频为元昊所败，故敢启其贪心，伺隙而动尔。今若敕励诸将，选兵秣马，疾入西界，但能痛败昊贼一阵，则吾军威大振，而虏计沮矣。此所谓"上兵伐谋"者也。[2]

在欧阳修看来，对西夏作战的挫败是引发外敌侵略野心的主因，只有在战场上积极求胜，才能吓阻辽方的蠢动。可见，对西夏继续用兵，争取军事上的优势也是在当时面对辽人逼迫下的必要选择。

不过，即使主战的呼声不小，且范仲淹和韩琦于庆历三年四月被召入京城担任枢密副使，能直接参与廷议，整体局势的发展仍不利于二人的主张。[3]庆历四年（1044）五月，韩琦与范仲淹在面见仁宗时，已承认必须接受李元昊的请和条件，否则将同时引发辽、夏两个政权的反弹，势必无力应付。因此，两人提出新的主张："以和

---

1 李焘：《续资治通鉴长编》卷一四二，庆历三年七月，第3411页。

2 《欧阳修全集》卷四六《准诏言事上书》，第650~651页；参见李焘《续资治通鉴长编》卷一三六，庆历二年五月，第3257页。

3 范、韩两人被召入京，参见李焘《续资治通鉴长编》卷一四〇，庆历三年四月，第3363页，韩琦在庆历三年七月的廷议中曾独力阻挡与李元昊缔和的主张落实为决策，见李焘《续资治通鉴长编》卷一四二，庆历三年七月，第3408页。

好为权宜，以战守为实务。"在建立和平关系的同时，为日后的进击预做安排。计划的攻击方式是争取主动，以鄜延、环庆和泾原三路之兵轮流出击，借由逐步修筑城寨，进占横山地区。两人强调："元昊若失横山之势，可谓断其右臂矣；矧汉唐之旧疆，岂今日之生事？"以横山本在汉唐版图之中为由，宣称进兵的主张并非无故生事。[1]

范仲淹与韩琦不仅对西夏问题提出了详细的规划，同时也考量了辽军在未来进攻的可能性。两人认为辽是中原地区长久以来的大敌，尤其在后晋时长驱直入，"为中原千古之耻"，必须小心防范。因此提出七项建议，最后一项是"密定讨伐之谋"，显示对于西、北二敌皆有出击的计划。[2]随后枢密副使富弼进呈"河北守御十二策"，除了详细安排河北地区防务，更对一旦辽兵南侵，宋军如何发动反击，以乘机进占燕蓟之地，提出了详细计划。富弼自信地说："因其妄动，可以一举而复全燕之地，拔数郡陷蕃之族，平累朝切骨之恨，臣自谓必无遗策矣。"[3]充分显示对于收复故土的期待之情。澶渊之盟后，执政大臣在奏疏中详述取燕之策的，富弼实为第一人。

不过，由于范仲淹等人随后在朝廷的政争中失势，他们提出的规划，在仁宗朝就得不到实践的机会。庆历五年（1045）正月，范仲淹、富弼与宰相杜衍（978~1057）被政敌指为结党营私、排斥异己，同时被罢职外放。唯一留任执政的韩琦，为扭转不利的形势，上书仁宗，主张委任范仲淹处理"西事"，对付西夏；以富弼负责"北事"，应付辽的威胁。韩琦等人原本就靠着处理辽、夏问题而得到仁宗的信任，显然仍企图以相同的诉求来保持权势。但是，仁宗既决定与辽、夏维持和平，已不再倚重范、韩等人。韩琦在诉求无

1　李焘:《续资治通鉴长编》卷一四二，庆历四年五月，第3597~3601页。

2　李焘:《续资治通鉴长编》卷一四二，庆历四年五月，第3601页。

3　李焘:《续资治通鉴长编》卷一五〇，庆历四年六月，第3649页。

效下，也在当年三月自请罢职，改任知扬州。[1]失去执政的地位，范、韩等人的主张无法影响朝廷的对外政策。

范仲淹对于进占横山的主张不克实行，甚感懊恼，乃致力将此计划宣扬于世，撰写《阅古堂》诗就是方式之一。[2]"阅古堂"是韩琦于皇祐年间（1049~1053）知定州兼本路安抚使时修建。定州是河北国防重镇，对防御契丹南侵具有关键的作用。有感于责任重大，韩琦修建"阅古堂"，绘画前代名守良将的事迹六十条于左、右壁，作为自己施政的典范；同时撰写《阅古堂》诗与《定州阅古堂记》，阐扬为官之道在文事、武功并重，而皆本之于忠义的理念。[3]为求张大其事，韩琦将撰写的诗文寄赠好友，邀请范仲淹、富弼、文彦博（1006~1097）、欧阳修等人和诗同志其事。[4]看来韩琦既无法得志于朝廷，有意借着与同道的诗文唱和，宣扬其政治主张。范仲淹在和诗中，先歌颂前代才兼文武的名臣张良（？~前186）和诸葛亮（181~234），接着陈述韩琦与自己过去对抗西夏的成就，以及对于进占横山的计划：

> 仆思宝元初，叛羌弄千镡……中原固为辱，天子动宸襟。乃命公与仆，联使御外侵。历历革前弊，拳拳扫妖祲。二十四万兵，抚之若青衿……复我横山疆，限尔长河浔。此得喉可扼，彼宜肉就椹。上前同定策，奸谋俄献琛。枭巢不忍覆，异日生凶禽。仆已白发翁，量力欲投簪。公方青春期，抱

1　李焘:《续资治通鉴长编》卷一五四，庆历五年正月，第3740~3741页；卷一五五，庆历五年三月，第3758~3759页。

2　据李清臣的记载:"会夏国送款，公〔韩琦〕谋不果用。范公每恨龃龉功不就，故作《阅古堂》诗叙其事，传于世。"见李清臣《韩忠献公琦行状》中集卷四八，收入杜大珪编《名臣碑传琬琰集》，北京图书馆出版社，2006，据宋刊本影印，第1113页。

3　韩琦:《安阳集》卷一《阅古堂》，书目文献出版社，1988，据明正德九年（1514）张士隆刻本影印，第9页；卷二一《定州阅古堂记》，第6~8页。

4　参见李之亮、徐正英笺注《安阳集编年笺注》卷一，巴蜀书社，2000，第39~42页。

道当作霖。四夷气须夺，百代病可针。河湟议始行，汉唐功必
寻。复令千载下，景仰如高岑。因赋阅古篇，为公廊庙箴。[1]

范仲淹深信和议只是李元昊的"奸谋"，西夏在未来必将进犯，只
有复横山故土，才能克敌制胜，复汉唐之功，但自己年事已高，距
投簪辞官之日不远。因此，他期待比自己年轻十九岁的韩琦，在未
来能实现进取横山计划，以汉唐时期建立的军功为典范，凭借强大
的武力压制"四夷"，真正解决长期存在的外患，成为后世景仰的
名臣。

　　由于此诗蕴涵个人对国家未来前景的重大关怀，范仲淹亲自
以工整的小楷书写，由韩琦于诗末题跋，再交给韩琦的妻舅崔公孺
（1014~1071）模刻印刷。[2] 当模刻工作完成时，范仲淹和仁宗均已过
世，韩琦特别赋诗以记其事：

　　　　阅古堂成在北边，希文诗笔美前贤。高吟尚纪终军策，小
　　字如观乐毅篇。欲起贵名增世慕，更刊余礼广人传。其他事业
　　知难泯，尽入仁宗实录编。[3]

"终军策"指汉武帝时代的终军（？～前112），在奉命出使南越时，
自请"愿受长缨，必羁南越王而致之阙下"；[4]"乐毅篇"指战国名将
乐毅，曾下齐国七十余城。[5] 韩琦以此二人来比拟范仲淹的军事成就

1　范仲淹：《范文正公文集》卷三《阅古堂诗》，第63~64页。
2　崔公孺的生平见《安阳集》卷四九《故尚书比部员外郎崔君墓志铭》，第2~5页。直到南宋晚
　　期，刘克庄仍亲见此诗的刻本，指范仲淹"以一代元老大臣，而作蝇头小楷，端谨如此。后
　　有忠献、忠定父子二跋，盖本朝极盛时也"。见刘克庄《后村先生大全集》卷一一〇《跋郑子
　　善通守诸帖·阅古堂诗刻》，四川大学出版社，2008，第2855页。
3　《安阳集》卷一〇《次韵和崔公孺国博模刻文正范公阅古堂诗》，第4~5页。
4　《汉书》卷六四下《严朱吾丘主父徐严终王贾传》，中华书局，1962，第2821页。
5　《史记》卷八〇《乐毅列传》，中华书局，1959，第2427~2429页。

及进击拓土的主张。诗末指出刊刻此诗的主要目的，在于使世人广知仲淹的事功与主张，可见范、韩二人对于宣扬进占横山一事以制西夏的重视。不仅如此，在仲淹身后，相关的墓志、传记和一些传说都极力宣扬他在陕西的军事成就与进讨西夏的主张。例如富弼在仲淹的墓志铭中说：

> 公周旋安集，坐可守御，蓄锐观衅，适图进讨。会羌人复修贡，朝廷姑议息兵而从其请，于是不能成殄灭之功。然其阅武练将可以震敌，城要害、属杂羌可以扼寇，此后世能者未易过也。[1]

按照富弼之说，若非朝廷为求罢兵而接受西夏求和，范仲淹恐怕已实现进击之策，成就"殄灭之功"了。张唐英（1029~1071）为范仲淹作传，也说："仲淹与韩琦协谋，必欲收复灵夏、横山之地。元昊大惧，称臣。"[2] 将宋、夏和议的达成归因于范、韩计划协力进兵横山，使西夏畏惧而称臣请和。又如孔平仲在《谈苑》中记载曾流行于边区的传说：

> （范）仲淹与韩琦谋，必欲收复灵夏、横山之地。边上谣曰："军中有一韩，西贼闻之心骨寒；军中有一范，西贼闻之惊破胆。"元昊闻而惧之，遂称臣。[3]

同样是夸大攻取横山之谋造成的影响，形塑李元昊畏惧范、韩二人军事能力的印象。这些在当时流传的说法，不仅宣扬进占横山，即足以灭亡西夏的概念；同时给读者一种印象：西夏是畏惧宋的武力

1　富弼:《范文正公仲淹墓志铭》，收入《名臣碑传琬琰集》中集卷一二，第612页。

2　张唐英:《范仲淹传》，收入《范文正公褒贤集》卷一，收入《范仲淹全集》，第827页。

3　孔平仲:《谈苑》卷三，收入《全宋笔记》第2编第5册，大象出版社，2006，第326页。

才求和，而其未被消灭，只是因为范、韩的计划未被实现。因此，尽管仁宗朝对西夏的作战多次以惨败收场，但这些夸大宋军实力的说法广泛流传，导致读书人对西夏心生轻视。到了神宗朝，部分文官持续提出取西夏甚易的看法，就不令人意外了。[1]

另一方面，对西夏战争所开启的习兵风潮并未因议和的签订而消退。[2]不仅兵学的相关论著持续刊行，民间的讲学也重视军事知识的传授。仁宗朝最著名的教育家胡瑗（993~1059）在湖州讲学，强调"经义"与"治事"并重。学生各依志向，选择边防、水利等实务来研习。因此，"好谈兵战者"得以聚居一处，相互讲习切磋。[3]论兵的目的在于应用于战场，刘攽（1023~1089）的诗"读书当为王者师，论兵要作万人将"，[4]正说明了兵学研习必以统兵作战为最终目的。因此，士人习兵的风潮持续发展，就容易在政坛上引发主战声浪。李觏（1009~1059）曾对此提出警告："兵盖不祥之器，学者未得其千一，而志意已壮。壮则思用，不用则聚而怨。"[5]显然，喜好谈兵的士人为一展所学，不免倾向借武力解决对外问题。由此可知，尽管庆历和议的达成，象征宋的对外政策又回到和戎弭兵的老路，但复汉唐旧土的呼声发展成形，加上占领横山足以克制西夏的理念流行，使得对西夏主战的意见继续酝酿。

1　王安石对神宗说取西夏"亦宜甚易"，不能实现的原因在于将帅不肯出力。参见李焘《续资治通鉴长编》卷二三二，熙宁五年四月，第5632页；主持元丰四年永乐城之役的徐禧也是"每云西北可唾手取，恨将帅怯尔"。(《宋史》卷三三四《徐禧传》，第10724页）在永乐城之役战死的宦官李舜举，留下的遗奏："臣死无所恨，愿朝廷勿轻此敌。"反映出当时主政官员轻视西夏实力的现象。见李焘《续资治通鉴长编》卷三二九，元丰五年九月，第7937页。

2　关于西夏战争对宋代士人论兵风气的影响，参见刘春霞《李元昊"僭号"与北宋中期文人谈兵论析》，《兰州学刊》2008年第11期，第195~197页；王军营《北宋中期文人谈兵风尚基本特征初探》，《船山学刊》2011年第3期，第145~148页。

3　朱熹、李幼武编《宋名臣言行录五集》前集卷一〇《安定胡先生》，台北，文海出版社，1967，据同治七年（1868）刊本影印，第335、339页。

4　刘攽：《彭城集》卷七《送原甫帅永兴》，收入《景印文渊阁四库全书》第1096册，台北，台湾商务印书馆，1983，第12页。

5　李觏：《李觏集》卷二二《庆历民言三十篇·储将》，中华书局，2011，第254页。

三　边境纠纷与拓边理念的落实

对北宋而言，和戎最主要目的在于避免战争发生，一旦在现实上无法借由安抚外夷以维系和平，和议政策就会受到质疑。庆历议和之后，宋与辽的和平关系尚称稳定，对辽用兵的意见虽持续提出，并未有实质的影响。[1] 但在西部边境，情势仍不平静，西夏部队持续进犯，南方又有新的冲突发生。边境纠纷在仁宗朝后期与英宗时代不断发生，显示和戎政策不足为恃，也使得拓边论者关注的目标由西北扩展到南方，最后形成神宗时期南、西双向的拓边行动。

早在宋廷与李元昊进行和议之时，西南边区爆发了新的军事冲突。庆历四年二月，原受广西路羁縻的蛮族区希范（？~1045）起兵，范仲淹等执政大臣推荐当时颇受重用的文臣杜杞（1005~1050）处理此事。[2] 次年，杜杞领兵进击，区希范及同党战败投降，尽为杜杞所杀。杜杞致书友人，自比于东汉名将马援（公元前 14 年~公元 49 年），并说："此不足以为吾功，力能办西、北，顾未得施耳。"[3] 显然有意追求像汉代一样的显赫军功，不以平定小小的蛮乱为满足。既有建立军功的野心，杜杞将南方最具实力的交趾政权当成下一个目标；他上奏朝廷，详述交趾的历史沿革、地理形势及兵、民状况，进而拟订攻取之计。但是，当时朝廷甫与西夏议和，无意与交

1　在仁宗朝末年提出收复幽燕主张的官员是郭谘。他原为文官，后来转任武职，于嘉祐五年上《平燕议》。参见李焘《续资治通鉴长编》卷一九一，嘉祐五年五月，第 4622~4624 页。

2　李焘：《续资治通鉴长编》卷一四八，庆历四年四月，第 3578 页。杜杞受知于范仲淹、富弼，在庆历三、四年间备受重用，余靖因而批评："今二年之内，讲求贤俊，只知有一杜杞，何观听之不广，示天下之狭也。"相关史料参见《范文正公文集》卷一一《祭杜待制文》，第 280 页；苏轼《苏轼文集》卷一八《富郑公神道碑》，中华书局，1986，第 536 页；李焘《续资治通鉴长编》卷一四八，庆历四年四月，第 3579 页。

3　李焘：《续资治通鉴长编》卷一五五，庆历五年三月，第 3760 页；司马光：《涑水记闻》卷四《杜杞诱杀宜州蛮》，中华书局，1989，第 74 页。

趾为敌，这份奏疏就被留存于枢密院的档案中，未被落实。[1]不过，宋廷为避免与交趾发生冲突，采行"不纳交趾逃民"的政策，却在仁宗皇祐四年（1052）引发了广源州蛮族领袖侬智高的叛乱。[2]

侬智高之乱前后历时两年，对两广地区造成极大的破坏，促使时人更加重视岭南的防务。部分地方官为强化边防而积极招纳沿边的部族，又引发宋与交趾间关系的紧张。[3]在此情况下，进攻交趾的主张再由知邕州萧注（1013~1073）提出。萧注虽为进士出身的文官，却好言兵事。侬智高率兵包围广州时，他正权摄番禺令，募兵反击，立下战功，朝廷命他改换武官，进而成为负责广西政务与防务的重要官员。[4]他在治理邕州期间，致力联络沿边各部族，企图利用这些力量攻取交趾。嘉祐四年（1059），他以交趾多年来逐步蚕食宋的疆土为由，请求朝廷接纳他的出兵主张，但不为朝议所接受。[5]次年，提点广南西路刑狱李师中（1013~1078）借故弹劾萧注，并牵连支持萧注主张的广西经略使萧固（1002~1066）、转运使宋咸，导致三人同时被罢职，南征交趾的提议遂告中挫。[6]

嘉祐年间（1056~1063）的主政者是韩琦、富弼、欧阳修等人。当仁宗在嘉祐八年（1063）辞世后，韩琦等人协助册立英宗（1032~1067，1063~1067年在位），得以继续在治平年间（1064~1067）执政。这批在庆历年间（1041~1048）力主内政改革及对西夏采行强硬政策的官员，在十多年后再次取得参政之权，作风

1 李焘：《续资治通鉴长编》卷二一七，熙宁三年十一月，第5285~5286页。

2 北宋的交趾政策与侬智高起兵之间的关联性，可参见吕士朋《宋代之中越关系》，（台中）《东海学报》第22期，1981，第101~103页；汤佩津《北宋真、仁宗时期对交趾的政策》，（台北）《中国历史学会史学集刊》第38期，2006，第84~86页。

3 参见汤佩津《北宋的南边政策——以交趾为中心》，第118~121页。

4 《宋史》卷三三四《萧注传》，第10723~10733页。

5 李焘：《续资治通鉴长编》卷一九〇，嘉祐四年九月，第4593页。

6 李焘：《续资治通鉴长编》卷一九二，嘉祐五年十一月，第4647页；卷一九三，嘉祐六年四月，第4664~4665页；《宋史》卷三三二《李师中传》，第10677~10678页。

却明显转趋保守，力求持重，不轻易改变现状。[1] 拒绝萧注等人的建议，避免在南方生事，正反映了这种政治倾向。但是，西夏一再骚扰边境，最终促使执政大臣提出强硬的对策。嘉祐年间，西夏在边境上的侵扰逐渐加剧，与宋军屡次爆发冲突与交涉争议。[2] 到英宗治平元年（1064）秋天，夏兵骚扰秦凤、泾原二路，宋廷的主战声浪开始浮现。[3] 同平章事韩琦重提庆历四年进占横山之议，参知政事欧阳修则认为攻取横山的计划不够全面，并对二府执政们一直不能拟定对策深感不满。他在治平二年（1065）正月上奏，力主谅祚必叛，宋军应先发制人，主动出击，目标是："系累谅祚君臣献于庙社，此其上也。其次，逐狂敌于黄河之北，以复朔方故地。最下，尽取山界，夺其险而我守之，以永绝边患。"[4] 寄望以武力一举消灭西夏政权，若不成功，也希冀能取得横山一带，建立稳固的防线。

以武力拓边、收复故土的主张虽由韩琦等人提出，但因英宗即位后，朝廷、宫廷都陷入严重的政治斗争中，执政大臣彼此不合，又忙于应付谏官的攻击，自然无暇对外。[5] 另一方面，英宗并不倾向在边境生事。治平三年（1066）正月，鄜延路经略安抚使程戡（997~1066）去世，英宗以知桂州陆诜（1022~1070）继任，在召见过程中，君臣间有以下的对话：

> 丁亥，免陆诜正衙，令入见。上劳问之曰："卿岭外处画无不当者，鄜延最当敌道，故选用卿，今将何施为？"诜曰："边事难以遥度，抑未审陛下意务在安静或欲示威也？"上曰："大抵边陲宜以安静为务。昨见王素言朝廷与帅臣常欲无事，自

1　刘子健：《欧阳修的治学与从政》，台北，新文丰出版公司，1984，第224~225页。

2　李华瑞：《宋夏关系史》，第62~65页。

3　李焘：《续资治通鉴长编》卷二〇二，治平元年九月，第4905~4906页。

4　李焘：《续资治通鉴长编》卷二〇四，治平二年正月，第4935~4941页。

5　刘子健：《欧阳修的治学与从政》，第231~238页。

余将校无不欲生事要功者。卿谓此言如何？"诜曰："素所言是
也。陛下能责任将帅，令疆场无事，即天下幸甚！"上称善，
勉之。[1]

可见，当时安抚与主战的意见纷陈，以致陆诜必须询问英宗的意
向，作为未来行事的依据。从英宗的话看来，主要的目标在于避
免生事，并无意将主战声浪付诸实践。陆诜则认同知定州王素
（1007~1073）所言，认为边境上的武官多主张进击以求战功，各路
的安抚使则不愿意挑起事端，朝廷只要信任安抚使，边境即可无
事。事实上，此种说法与当时的状况颇有出入，因为陆诜的前任程
戡就力主出兵进击。

对部分陕西的官员而言，当时横山一带的部族因不满谅祚的统
治，要求宋方出兵相助，共同攻击灵州，正提供了前所未见的进兵
良机。安抚使程戡就力主"豺虎非其相搏，则未易取也；痈疽非其
自溃，则未易攻也。谅祚久悖慢当诛，宜乘此听许。所谓以蛮夷攻
蛮夷，中国之利也"。[2]他的提议虽未能实现，但当地官员持相同的
看法者不在少数。继程戡担任安抚使的陆诜虽企图避免生事，却无
法改变其同僚的做法。例如，驻守青涧城的武官种谔，自治平二年
（1065）上任后，即努力交结横山的部族。[3]这样的做法得到陕西转
运使薛向的支持，他上奏英宗，力主离间西夏君臣，进行招纳。[4]由
此可见，从中央到地方，对西夏用兵的计划已酝酿多时，只是一直
未能得到君主的首肯。治平四年正月，神宗即位，终于使主战官员
得到了期盼已久的奥援。当年七月，薛向等人招纳横山豪酋嵬名山

1 李焘：《续资治通鉴长编》卷二〇八，治平三年六月，第 5054 页。
2 李焘：《续资治通鉴长编》卷二〇七，治平三年正月，第 5021 页。
3 赵起：《种太尉传》，台北，"国家图书馆"藏善本书，穴砚斋钞本，第 1 页。
4 杨仲良：《续资治通鉴长编纪事本末》卷八三《种谔城绥州》，北京图书馆出版社，2003，据
  宛委别藏本影印，第 1~2 页。

的提议在神宗的允许下秘密进行，开启了神宗朝拓边事业的先河。[1]

治平四年十月，种谔出兵招降嵬名山，并进占绥州城，引爆了宋、夏之间的战斗。十一月，神宗任命韩琦为陕西经略使，总领五路军政，以应付危机。但边臣各自为政的情况令韩琦感到困扰，他在赴任前上奏说：

> 薛向始议，欲招诱横山一带蕃族，今种谔已擅据绥州，启此衅端。朝廷急遣向往，至则主谔谋，遂檄诸路举兵牵制。环庆李肃之领兵七千，破荡族帐，乃是举无名之兵，反杀戮横山老幼，岂招诱邪？泾原蔡挺又欲合环州兵直趋兴、灵，即是诸路帅臣肆意妄作，自弃誓约，取怨戎狄，以开祸乱之原。臣朝夕引道非难，边事倒错如此，须禀朝廷定议。愿召二府大臣，早决成算。[2]

可见当时诸路边臣不仅各自出兵进占横山一带，泾原路经略安抚使蔡挺（1014~1079）又有直取灵州的提议。看来在神宗同意薛向的建议后，长期得不到朝廷支持的主战官员大受激励，纷纷提出自己的进击计划，反而造成宋军的行动陷入混乱。

在进占横山与直取灵州的两项计划之外，王韶（1030~1081）也在熙宁元年（1068）上《平戎策》，主张开拓河湟，从侧翼包夹。[3]在此之后，神宗一朝对西夏的用兵方针，皆不脱这三个范畴。[4]熙宁三年（1070）韩绛（1012~1088）攻啰兀城与元丰五年（1082）徐禧（1035~1082）筑永乐城，都是为占领横山一带；元丰四年

1　李华瑞：《宋夏关系史》，第73~74页。

2　韩忠彦：《忠献韩魏王家传》，收入韩琦《安阳集》卷七，第1页；参见杨仲良《续资治通鉴长编纪事本末》卷八三《种谔城绥州》，第5~6页。

3　彭百川：《太平治迹统类》卷一六《神宗开熙河》，收入《丛书集成续编》中部第40册，上海书店出版社，1994，据适园丛书影印，第3~5页。

4　关于神宗朝对西夏用兵的过程，参见本书第五、六章。

五路出兵伐夏，则是企图直取灵州。经略河湟的计划，在熙宁年间（1068~1077）局部实现，以新得之地设立熙河路，成为元丰年间（1078~1085）出兵伐夏的基地，神宗临死之前尚在规划由此路袭取灵州。[1]值得注意的是，神宗时代进行的三种伐夏方案，都是在仁宗朝就已构思成形。攻取横山及直取灵州早在庆历年间即有官员提出，进占河湟之议也是在仁宗时期流传于关中士人群中，后来王韶据以提出《平戎策》。[2]至于向神宗提出拓边建议的官员以文臣为主，如薛向、蔡挺、王韶、韩绛、徐禧等人都是文臣，只有种谔是武官。[3]相对地，部分陕西地区的资深将领并不支持拓境，例如，鄜延路副都总管贾逵（1010~1078）曾在神宗即位之初，上书批评种谔为贪图一己之功，在边境上生事。[4]鄜延路经略安抚使郭逵（1022~1088）则在熙宁三年反对宣抚使韩绛听信种谔攻取横山的计划，对韩绛直言："谔，狂生耳。朝廷以家世用之，过矣。他日败国事，必此人也。"因而被朝廷调离陕西。[5]

西向拓边的工作多由文臣主持，且根基于仁宗时代的构想，在南疆议题上亦复如此。熙宁三年，神宗开始注意到与交趾的关系，翰林学士承旨王珪（1019~1085）乃上呈杜杞于庆历年间拟订的攻取交趾计划，神宗阅读后，交付参知政事王安石（1021~1086）参考。[6]两个月后，神宗即任命曾提议攻交趾的萧注知桂州，并当面询

1　相关战役的经过，参见李华瑞《宋夏关系史》，第176~193页。

2　邵伯温：《邵氏闻见录》卷一三，中华书局，1983，第144页。前述范仲淹《阅古堂诗》也提到"河湟议始行，汉唐功必寻"。

3　相关人物的传记参见《宋史》卷三二八《薛向传》，第10585~10588页；卷三二八《蔡挺传》，第10575~10577页；卷三二八《王韶传》，第10579~10582页；卷三一五《韩绛传》，第10301~10304页；卷三三四《徐禧传》，第10721~10724页；卷三三五《种谔传》，第10745~10748页。

4　参见何冠环《狄青（1008~1057）麾下两虎将——张玉（？~1075）与贾逵（1010~1078）》，收入氏著《北宋武将研究》，香港，中华书局，2003，第365~366页。

5　李焘：《续资治通鉴长编》卷二一七，熙宁三年十一月，第5283页。

6　李焘：《续资治通鉴长编》卷二一七，熙宁三年十一月，第5285~5286页。

问攻取之策，但萧注的态度转趋保守。由于距当初的提议已有十五年之久，时空条件有所改变，过去训练的溪洞之兵已不复存在，且交趾的实力增强，也非昔日可比。[1]因此，萧注在上任后，并不积极规划进攻交趾。熙宁六年，刑部郎中沈起（1017~1088）进言"交州小丑，无不可取之理"，神宗乃以沈起取代萧注。[2]沈起"生平喜言兵，尝以兵说干范文正公，文正器其才，期有所施用"。[3]既曾因兵学得到范仲淹的期许，乃希望在南方一试身手。沈起上任后采取的做法，仍与萧注在嘉祐年间的策略相同，交结、组织溪洞之兵，并招纳不服交趾管辖的部族。这些具有侵略意图的施政，最终引发交趾在熙宁八年（1075）兴兵侵宋。[4]

神宗朝的主战官员不仅在具体做法上继承前人，在宣扬拓境主张时也同样以复汉唐故土为号召。例如，王韶的《平戎策》一开始就说："古者御戎无上策，谓戎狄荒忽，在要服之外也。今河西李氏据两路，皆汉唐旧郡，在邦域之中，所谓痈疽伏疹，留滞胁下，心腹之患也。"[5]以西夏所据之地为汉唐故土为由，力主不应将其视为夷狄而置之度外，必须积极攻取，以避免日后为患。元丰四年（1081），环庆路经略安抚使俞充（1033~1081）也在请求伐夏的奏书中说：

> 臣平时守边，惟慕羊祜；及其伐国，志为李靖而已。经营于此，已三年矣。策求万全，一举而就。恢复汉唐两河之地，雪宝元、康定之耻，以成国家万世之利，其费不过五年岁赐秉

---

1 李焘：《续资治通鉴长编》卷二一九，熙宁四年正月，第5324页。
2 李焘：《续资治通鉴长编》卷二四二，熙宁六年二月，第5905页。
3 沈括：《长兴集》卷一八《故天章阁待制沈兴宗墓志铭》，收入《沈括全集》，浙江大学出版社，2011，第138页。
4 《宋史》卷三三四《沈起传》，第10728页。
5 《太平治迹统类》卷一六《神宗开熙河》，第1212页。

常之数，其历日亦不久。[1]

俞充以羊祜（221~278）与李靖自比，认为讨伐西夏是收复汉唐旧土，可以一雪过去战败之耻，永久解决边患，可见前朝的典范对他有很大吸引力。神宗讨论边事，同样以唐代的前例为鉴。当他得到交趾上表伪称征伐占城大捷时，下诏知桂州潘夙：

> 神宗诏之曰："智高之难，方二十年。中人之情，燕安忽事，直谓山僻蛮獠，无可虑之理。殊不思祸生于所忽，唐六诏为中国患，此前事之师也。卿本将家子，寄要藩，宜体朕意，悉心经度。"夙遂上书陈交趾可取状，且将发兵。[2]

举仁宗朝侬智高及唐代六诏为患的前例，认为交趾的威胁不容忽视。潘夙虽为文臣，却是宋初大将潘美（921~987）的从孙，[3]故神宗称他是"将家子"，要他尽力处理此事，颇有暗示潘夙动武之意。无怪潘夙在得到诏书后，即上奏主张攻取交趾。

由此可知，自仁宗朝以来，"复汉唐旧土"成为政治论述中极具影响力的主张。即使素来反对用兵的官员，仍可能提及此一理念。例如，司马光是北宋中期极具代表性的反战论者，对神宗拓境之举多所批判，并在元祐初年推动归还西夏失地以谋求和议的政策。[4]但是，他在治平二年六月，上书批评边臣为了辽人越界捕鱼等小事与对方发生冲突，主张对于辽人在边界的侵扰，不应以武力相抗，只

1　李焘：《续资治通鉴长编》卷三一三，元丰四年六月，第7585页。

2　《宋史》卷三三三《潘夙传》，第10718页。

3　《宋史》卷三三三《潘夙传》，第10717页。

4　关于司马光对西夏的政策主张，参见李华瑞《宋夏关系史》，第83~89页；Xiao-bin Ji, *Politics and conservatism in Northern Song China : the career and thought of Sima Guang* (A.D.1019-1086), Hong Kong : Chinese University Press, 2005, pp. 57-58, 178. 元祐初年归还西夏失地以求和议的详细过程，参见本书第七章。

能透过外交方式加以解决。但若对方一再不听，唯一的对策是：

> 则莫若博求贤才，增修政事，待公私富足，士马精强，然后奉辞以讨之；可以驱穹庐于漠北，复汉唐之土宇，其与争渔柳之胜负，不亦远哉！[1]

由此看来，司马光承认最终解决宋、辽争议的方式是复汉唐之故土，只是目前无法达成，只能采取和平退让的做法，勿因小事开战。同年十二月，司马光上书英宗，要求重视西夏的潜在威胁，致力拔擢军事人才，加强练兵。强调只要能持续推行这些工作：

> 数年之后，俟将帅得人，士卒用命，然后惟陛下之所欲为。虽北取幽蓟，西收银夏，恢复汉唐之疆土，亦不足为难；况但守今日之封略，制戎狄之侵侮，岂不沛然有余裕哉！[2]

也就是说，只要致力于军政改革，使宋军拥有强大的战力，即使君主想要攻取契丹、西夏亦非难事。他在治平四年反对招纳嵬名山的两篇奏书中，同样强调当前国力不足，应避免开启边衅。但只要能在修内政、练士卒等事项有所成就，则"复灵夏，取瓜沙，平幽蓟，收蔚朔，无不可也"。[3] 前辈学者早已言及司马光曾写下"何必燕然刻，苍生肝脑涂"的诗句，表达对汉代征伐外夷一事的批判。[4] 他执政时力主归还神宗拓边所得之西夏疆土，倡言"新开数寨，皆

---

1 李焘：《续资治通鉴长编》卷二〇五，治平二年六月，第 4970 页。

2 司马光：《温国文正司马公文集》卷三三《西边札子》，收入《四部丛刊正编》第 41 册，台北，台湾商务印书馆，1979，据常熟瞿氏铁琴铜剑楼藏宋绍兴刊本影印，第 6 页。

3 司马光：《温国文正司马公文集》卷二八《横山疏》《横山上殿札子》，第 1~8 页。

4 司马光：《温国文正司马公文集》卷七《送二同年使北》，第 2 页；陶晋生：《宋辽关系史研究》，第 199 页。

是彼田"，显然不认为西夏所据之地本是汉唐旧土。[1]因此，司马光提及恢复汉唐旧境，可能只是高举的一个理想，吸引君主重视自己的建议，他真正认同的政策应该是"守今日之封略，制戎狄之侵侮"。然而，他反复提及复汉唐故土，等于承认主战派"北取幽蓟，西收银夏"诉求的合理性，并将汉唐两代与外夷之间的关系视为典范。形成了在现实上反对用兵，却肯定主战派"复汉唐故土"理念的矛盾现象。

类似的状况也发生在韩琦的身上。他在熙宁八年上奏神宗，以强烈的措词批判拓边战争，指责主其事者全为贪图私利，不顾国家安危的小人。但同时又说："俟虏果有衰乱之形，然后一振威武，恢复旧疆，快忠义不平之心，雪祖宗累朝之愤，陛下功德，赫然如日，照耀无穷矣。"[2]仍将收复故土视为崇高的理想与奋斗的目标，形同鼓舞神宗借由拓境来建立自己历史地位的野心。因此，神宗朝的反战官员虽一再以内政未修、人民未安、财力未丰、兵力不足等理由，企图说服君主停止用兵，但由于无法在理念上提出反制"复汉唐旧土"的论述，不能说服神宗放弃仿效唐太宗（598~649，626~649 年在位）的理想，也就难以改变其积极拓边的政策。[3]另一方面，韩琦与富弼原本是"复汉唐旧土"的倡议者，在熙宁年间却成为反战派的代表人物，显示拓边策略虽然渊源于庆历年间改革派官僚的理念，但经过长时间的发展，内容变得多元而复杂，一旦付诸实践，所产生的影响和结果，已不是当初倡议者所能控制。

1　司马光：《温国文正司马公文集》卷五三《论西人请地乞不拒绝札子》，第 7 页；参见曾瑞龙《拓边西北——北宋中后期对夏战争研究》，第 131 页。

2　韩琦：《上神宗答诏问北边事宜》，收入赵汝愚编《宋朝诸臣奏议》卷一三七，第 1543 页。

3　对神宗志在效法唐太宗的讨论，参见東一夫『王安石新法の研究』、東京、風間書房、1970、104-105 頁；张元《从王安石的先王观念看他与宋神宗的关系》，收入宋史座谈会集结《宋史研究集》第 23 辑，台北，"国立编译馆"，1988，第 273~300 页。

结　语

透过分析真宗至神宗时期的宋代文士的论著，可以发现北宋对外政策的转变是经过长期的酝酿，才在神宗即位后付诸实现。主要的原因在于，澶渊之盟所带来的承平，并未使士人放弃对军功的向往；主政者虽然不再提倡恢复汉唐旧疆，但割让幽、蓟为"中原百年之耻"的遗憾仍令读书人难忘。因此，在真、仁之际，即使边境宁静无事，部分文士与文官仍透过上书朝廷和撰述兵书，呼吁执政者重视军事。等到西夏战争爆发，讨论边防与研习兵书更蔚为风潮，促使文官、士人重新检讨以和戎为中心的对外政策。即使宋廷终因迫于辽、夏的双重压力，在庆历四年罢兵议和，范仲淹与韩琦仍在同一时间以横山之地为汉唐旧疆为由，规划未来进击的行动。此一计划虽未能在仁宗朝实现，但范、韩及同道致力宣扬，加上士人谈兵之风助长主战的倾向，成为拓边主张持续发展的内在因素。

另一方面，庆历议和并未达到预期的成果，西部边境持续爆发冲突，岭南地区也产生新的军事威胁，为积极进取主张的发展提供外在环境。在"复汉唐旧境"的理想与现实军事危机的交互影响下，各种拓境的策略自仁宗朝晚期陆续由边区守臣与朝中执政提出，且倡议者多为文官，与宋初武官倾向主战，文臣多半主和的状况有明显的不同。至神宗即位，这些主战的提议终因得到君主的支持而逐步付诸实现。由此可见，北宋对外政策的转变并非仅出于皇帝个人的意志，而是在文官群中长期酝酿的结果，拥有丰富的理想与政策内涵作为基础，　且启动即不易停止。对于持反战立场的官员而言，所面临的处境变得相当艰苦。和戎政策既不能发挥预期的效果，也无适当的诉求改变君主"复汉唐旧土"的野心，致使主战言论始终影响北宋晚期对外的政策走向。

现代学者对于宋初弭兵论的研究，往往使人以为弭兵反战是北宋文士思想的主流，实际的状况并非如此简单。北宋与其他政权缔结和约，以金钱维持和平，是处理夷、夏关系上的新发展。但是，汉唐时代以武力拓境，威加四夷的做法，被许多宋代文士视为解决边患的不二法门，导致实际政策与理想状态之间存有巨大的落差。自仁宗朝以降，收复汉唐故土的合理性鲜少被质疑，受此观念影响，部分文士、文官怀抱着追求军功的热情，即使受限于现实环境，只有部分得到落实，但仍成为引导北宋对外政策由和转战的主要力量。如此一来，边患的持续与拓边的企图，共同促使北宋君臣进行军政改革，以求强化战力，而定期办理武举和设立武学即是其中重要的一环。

〔原载（台北）《新史学》第 24 卷第 2 期，2013 年 6 月，

第 35~69 页〕

第二章　文武纠结的困境
——宋代的武举与武学

前　言

对北宋君臣而言，提升将领的素质是在战场上取得胜利的必要条件，培养和选拔优秀的武官是军事行政的重点所在。由于北宋在国家发展上特重文治，提倡学术和教育，使得统治阶层对于如何培养优秀将领有了新的做法。主要靠科举入仕的文官，在掌控了政府后，进一步将他们对读书的信念向"文"以外的领域来扩展。武举的常规化与武学的设立就是文士将读书和考试的理念应用于军事的具体成果。

武学与武举在宋代形成延续性制度，并为后来的王朝所仿效。金人在占领中原后即设立武举；明清两代，皆依宋的规制，设立武学与武举。[1]由此可见，在历代武官选任与军事教育的发展过程中，宋代居于关键地位。现代学者讨论宋代武举和武学制度内容与实施成效，一致指出武学与武举在宋代始终未能发挥培养或选拔将才的功能，反映出宋代在武官铨选上的缺陷。[2]这样的结论与宋人对这两项制度的诸多批判是吻合的。但是，这并无法解释为何这两个未能发挥应有功能的制度，却一直存在，直到南宋灭亡。尤其在"诸科"和"明法"于北宋后期相继被废除后，武举成为进士科之外唯一每三年举行的考试。显然，武举与武学的存在不只是应付现实的军事需求，还有更多的意义值得探究。

文士应用本身的价值观念，以读书和笔试来培养和选拔将帅，不仅是宋代军政上的重要变革，也牵涉到文士对军事人才的构想，以及在崇尚文治与儒学的潮流中，军事知识和技能如何定位的问题。本章从探讨文士对将帅素养的要求出发，分析武举与武学的成立背景与运作实况，以期完整理解这两项制度在宋代产生的影响及其代表的文化意涵。

一 智谋之将——武举的理论基础

透过考试来选拔武官始于唐代，测验内容以武技为主，应试者要展现的是在兵器使用上的能力。[3]唐代灭亡，武举也随之消失，直

---

1 相关研究参见宋德金《金代科举制度研究》，收入氏著《辽金论稿》，湖北教育出版社，2005，第63~93页；许友根《武举制度史略》，苏州大学出版社，1997，第50页；商衍鎏《清代科举考试述略》，台北，文海出版社，1975，第185~186页。

2 吴九龙、王菡：《宋代武学武举制度考述》，《文史》第36期，中华书局，1992，第233~248页；杨康荪：《宋代武举述略》，《中国史研究》1985年第3期，第49~61页；赵冬梅：《武道彷徨：历史上的武举和武学》，解放军出版社，2000，第81~98、147~149页。

3 高明士：《唐代的武举与武庙》，收入《第一届国际唐代学术会议论文集》，台北，唐代研究学者联谊会，1989，第1016~1069页；陈志学：《唐代武举述论》，《四川大学学报》1988年第4期，第94~99页。

到宋真宗（968~1022，997~1022 年在位）时期才出现要求恢复的声浪。在武举消失约一百年之后，宋代文臣重新加以倡议，不仅是为宋朝需要优秀的将帅，更是因为他们对于武官的素养有了新的看法。

宋太祖（927~976，960~976 年在位）和太宗（939~997，976~997 年在位）特别重视读书对于治国的重要性，任用知书之士主持朝政。[1] 重视书本知识的理念更进一步影响到军事领域。宋太宗认为书本知识为将领统兵的基础，曾召集北边诸将，授以亲自书写的《六韬兵法》，要他们勤加研读，做为用兵作战的准则。[2] 对于个别武官，太宗也劝他们读书。例如，太平兴国八年（983），太宗以枢密副使王显（？~1007）素寡学问，特别赐予《军戒》三篇，要他好好研读。[3] 基于这样的信念，雍熙北伐失利后，太宗将一批文官改换武阶，派任边区要职，希望知书的文士能取代表现不佳的职业军人。但是，这个政策并未产生实际的功效，因而没有继续下去。[4]

雍熙北伐后宋军在作战中持续表现拙劣，使文官振振有词地批判武官的缺失。真宗即位后，任用知书将领的呼声日益高涨。咸平元年（998），右正言孙何（961~1004）上奏请用"儒将"。他指出古代的将帅多是由儒者出任，但五代以来文、武官形成对立的集团，文官不习军事，造成武人独揽兵权，外患也因此不能消除。皇帝应委任文臣统兵，并给予全权而不干涉，才能解决边防问题。[5] 次年，右正言赵安仁（958~1018）也提出类似的主张：

1　方震华：《权力结构与文化认同：唐宋之际的文武关系（875~1063）》，第 201~216 页。

2　王应麟：《玉海》卷一四一，京都，中文出版社，中日合璧本，1986，第 9 页。

3　李焘：《续资治通鉴长编》卷二四，太平兴国八年正月，第 538 页。

4　李焘：《续资治通鉴长编》卷二八，雍熙四年五月，第 637 页。田锡在咸平三年（1000）的奏书指出，这批转任武职的文官并未建立什么战功，参见李焘《续资治通鉴长编》卷四六，咸平三年三月，第 1002 页。

5　孙何：《上真宗乞参用儒将》，收入赵汝愚编《宋朝诸臣奏议》卷六四，第 710~711 页。

当今士卒素练而其数甚广，用之边方，立功至少，诚由主
将之无智略也。岂非有一夫之勇者，不足以为万人之敌乎？昔
郤縠将中军，敦《诗》《书》，说礼、乐；杜预平吴，马上治
《春秋》。盖儒学之将，则洞究存亡，深知成败，求之当今，亦
代不乏贤。太祖、太宗亲选天下士，今布在中外，不啻数千
人，其间知兵法可为将者，固有之矣。若选而用之，则总戎训
旅，安边制敌，不犹愈于有一夫之勇者乎？况其识君臣父子之
道，知忠孝弟顺之理，与夫不知书者，固亦异矣。[1]

赵安仁强调宋军的弱点在于将领只有"一夫之勇"，欠缺知识和谋
略；儒者熟读经典，熟知作战胜败之道，军事上的表现将胜过只有
勇力的武人。加上儒士具有道德素养，懂得事君之道，更值得君主
交付予兵权。显然，宋代文士对于良将的素养有了与以往不同的看
法，优秀的将帅必须具备知识和谋略，只有匹夫之勇、善于骑射的
"斗将"并不足以担负统兵重任。[2]

　　既然要求将领的素养应着重于"智略"而非"勇武"，就需要
有异于过去的选举办法，以发掘真正的将才。因此，赵安仁在前述
奏章中提议在科举考试中设立"军谋宏远、武艺绝伦科"，以拔擢
优良的将帅。咸平年间（998~1003），真宗曾两度要朝臣讨论设置

1　李焘：《续资治通鉴长编》卷四五，咸平二年十一月，第 977 页。
2　真宗朝之后，宋人在言论与作品中表达与赵安仁类似看法的事例颇多，仅举数例为证。苏辙
　在策论中说："臣闻天下之勇士，可使用兵，不可使主兵。"见苏辙《栾城应诏集》卷七《进
　策五道》，收入《苏辙集》，中华书局，1990，第 1301 页；绍兴三年，吴伸上书高宗说："尝
　闻古之命将也，以谋将为先，斗将为次；知将为先，猛将为次。"见徐梦莘编《三朝北盟会
　编》卷一五六，上海古籍出版社，1987，据光绪三十四年（1908）许涵度刻本影印，第 4 页；
　高宗时臣僚上奏："文武之判久矣，儒者悉不知兵，而勋门将阀号为知兵者，又不过善击刺，
　工骑射，临阵能死敌耳，其知不足言也。"见章如愚《山堂考索·后集》卷二九，中华书局，
　1992，据明刊本影印，第 10 页。

武举，但并未真正建立制度。[1] 仁宗（1010~1063，1022~1063年在位）继立后，文士忧心军事人才不足，提倡武举的呼声持续不断。如天圣三年（1025）范仲淹（989~1052）在所上的《时务书》中提倡恢复唐代的武举，以拔擢民间的勇壮之士。[2] 至天圣七年，仁宗下令复行制举，共设六种科目，以召试优秀的京、朝官，对通过者给予不次拔擢。六科之中的"识洞韬略、运筹决胜科"及"军谋宏远、材任边寄科"即为录取军事人才而设。[3] 同时又下诏设置武举：

> 仁宗天圣七年闰二月二十三日诏置武举。应三班使臣、诸色选人及虽未食禄，实有行止，不曾犯赃及私罪情轻者，文、武官子弟别无负犯者，如实有军谋、武艺，并许于尚书兵部投状，乞应上件科，先录所业军机策论伍首上本部。其未食禄人，召命官三人委保行止，委主判官看详所业，阅视人材，审验行止，试一石力弓平射，或七斗力弓马射，委实精熟者。在外即本州长史（当作使）看详所业，阅视人材、行止、弓马，如可与试，即附递文卷上兵部，委主判官看详，如委实堪召试，即具名闻奏。[4]

根据诏书内容，武举招考的对象为基层官僚（选人和三班使臣）及

1　李焘：《续资治通鉴长编》卷四五，咸平二年十一月，第978页；卷四六，咸平三年三月，第1002页；卷四七，咸平三年四月，第1013页。徐松辑《宋会要辑稿》，《选举》一七之一，中华书局，1957，据国立北平图书馆印行本影印。在杨亿的文集中，有一篇《咸平五年九月试武举人策一道》，并注明"奉敕撰，试武举人王关"。由于参与考试者只有一人，显然与后来建立的武举不同，可能是制举中的武科，但由于无其他史料可资参照，只能暂时存疑。参见杨亿《武夷新集》卷一二《咸平五年九月试武举人策一道》，线装书局，2004，宋集珍本丛刊影印清嘉庆刻本，第4~5页。

2　范仲淹：《范文正公文集》卷九《奏上时务书》，第202页。类似的建议又见范仲淹于天圣五年撰写的《上执政书》，见《范文正公文集》卷九，第222~223页。

3　李焘：《续资治通鉴长编》卷一〇七，天圣七年闰二月，第2500页。

4　徐松辑《宋会要辑稿》，《选举》一七之五。

平民，显然是为了与制举中的"识洞韬略、运筹决胜科"及"军谋宏远、材任边寄科"相配合。制举中的两科从中、高阶官员（京、朝官）中选拔将帅，武举则自低阶官员及平民中求才。武举的考试方式是先审核应试者的策论，再测验弓马，通过兵部的初试，再由皇帝亲自考试。[1] 应试者必须先通过策论的审核，才得以测试弓、马等武艺，显示出对于策论的重视，用意在评量应试者的谋略之学。至于武艺的测验，只有挽弓与使马两项，与唐代武举的考试内容相比，不仅项目太少，及格的标准也较低。[2]

不过，武举和制举的设立并未化解文官对将才缺乏的忧心，在他们看来，只有选拔规定却缺少培育军事人才之法，仍然无法解决问题。富弼（1004~1083）在景祐元年（1034）上书仁宗，指当时的国家情势是"文既富矣，武未甚备"，一旦发生内乱或外患，都将导致极大的危机。他强调制举中的武科或武举取士都无法录取到人才，由于当时"重文雅而轻武节"的风气，参与制举的现任官员无意于武职，制举的武科根本无人应考；而武举测验射箭与骑术的做法，只能挑选出优秀的士卒，也难以吸引才德之士。既然现有的制度并无用处，解决之道在于政府在平时必须逐步培养军事人才，使国家能有足够的将帅随时应付变局，富弼因而提议设置武学：

> 宜于太公庙建置武学，许文、武官与白身岁得入补，聚自古兵书置于学中，纵其讨习，勿复禁止……夫习武者读太公、孙、吴、穰苴之术，亦犹儒者治五经，舍之则大本去矣……亦命杂读史传，令博知古今胜败之势，以辅助兵术……兵术既精，史传既博，然后中年一校，三岁大比，当杂问兵术、史

1　杨康荪:《宋武举述略》，第52~56页。

2　苏颂对于宋代武举中武艺部分的考试和唐代武举做了详细的比较，见苏颂《苏魏公文集》卷一七《议武举条贯》，中华书局，1988，第234~237页。

传之策，才者出试之，不才者尚许在学，是国家常有良将布于四方。[1]

富弼显然是将儒学的教育模式应用于所倡议的武学。文科学校与孔庙结合，武学则设于太公庙内；文士之学根基于五经，武士之学则以太公、孙子等人的作品为根本。仁宗时期的另一位名儒李觏也说："将之有兵法，犹儒之有六经也。"[2]李、富两人都是以儒者读经书的模式来推论兵书教育对将帅的重要性。在这样的构想下，武学教育是以兵书为理论基础，而以史书作为实际范例，使学生兼具理论与实务知识。

仁宗并没有立即采纳富弼的构想，但是，他同样认为统兵能力的培养来自读书。等到宝元元年（1038）西夏李元昊（1003~1048，1038~1048年在位）称帝起兵，屡败宋军，仁宗认为将领们不学无术是导致军事挫败的主因。为求整顿军备，仁宗于康定元年（1040）下令编辑《武经总要》，书成之后，亲自撰写序文，说明编纂此书的背景和目的：

> 昨藩臣阻命，王师出戎，深惟帅领之重，恐鲜古今之学。命天章阁待制曾公亮等同加编定，虑泛览之难究，欲宏纲之毕举，俾夫善将出抗强敌，每画筹策，悉见规模。[3]

可见仁宗对此书寄望甚深，认为其内容包含古今兵学的精义，可供前线将领做决策的参考。太宗固然已强调读书对用兵的重要性，但编辑百科全书式的兵书，并且认为作战的策略皆可从其中得到

1　富弼：《上仁宗论武举武学》，收入赵汝愚编《宋朝诸臣奏议》卷八二，第892~893页。

2　李觏：《李觏集》卷一七《强兵策第十》，第172页。

3　宋仁宗：《武经总要叙》，收入中国兵书集成编委会编，曾公亮等编《武经总要》，解放军出版社，1988，影印明万历金陵书林唐富春刻本，版心第2页。

范例，却是仁宗新提出的观念，可说是进一步确立读书在军事上的必要性。此外，此书以"武经"为名，更是将兵书的价值提高至近似儒家经典的地位，使兵学与儒学呈现对等的态势。在此趋势下，于既有教授儒学的学校之外，另设武学的构想乃能实现。

对西夏战事的连番失利直接促成武学的设立。基于对将才的渴望，庆历二年（1042）十二月，仁宗下令朝臣荐举适任武学教授的文、武官各一名。次年五月，正式宣布设武学于太公庙，以太常丞阮逸为武学教授。[1]不过，武学立刻面临理论上的质疑及实际上的困难。批评者指出，古代名将如诸葛亮（181~234）、羊祜（221~278）、杜预（222~285）、裴度（765~839）等人并非只读兵家的著作，因此设置专教兵书的武学并无意义。[2]更严重的问题是武学成立后无人入学就读，以致无法运作。范仲淹因此上奏："臣窃闻国家置武学以来，苦未有人习艺，或恐英豪隐晦，耻就学生之列。倘久设此学，无人可教，则虑外人窥觎，谓无英材，于体非便。"[3]可见在一个长期习惯于儒学教育的社会中，仓促设立武学，又无具体奖励办法，很难吸引学生。长此以往，有名而无实的武学反而可能成为损害国威的笑柄。在这种不利的情势下，武学尚未开始授课，即在宣布成立的三个月后遭到罢废。朝廷接受范仲淹的意见，改任阮逸为国子监丞，规定愿意研读兵书的学生，可于国子监中学习。[4]这样的命令既缺乏对教学内容的详细规定，又未明确指出习兵书者未来的出路，并无法对军事教育产生实效。数月之后，知名的教育家胡瑗以其所撰《武学规矩》上呈仁宗，请求再设武学。胡瑗主张武学以《论

1　李焘：《续资治通鉴长编》卷一三八，庆历二年十二月，第3328页；卷一四一，庆历三年五月，第3378页。

2　李焘：《续资治通鉴长编》卷一三八，庆历三年八月，第3424页。

3　范仲淹：《政府奏议》卷上《奏乞指挥国子监保明武学生令经略部署司讲说兵书》，收入《范仲淹全集》，第552~553页。

4　李焘：《续资治通鉴长编》卷一三八，庆历三年八月，第3423页；范仲淹：《政府奏议》卷上《奏乞指挥国子监保明武学生令经略部署司讲说兵书》，第553页。

语》及《孙子》为主要的教材，兼顾培养学生的德行与谋略。这样的意见颇有融合儒学与兵学的意涵，但未被朝廷接受。[1]

武学仅是昙花一现，武举的执行成效也与其原先设计有很大的差距。宝元二年（1039），距武举的首次办理不过十年，苏绅即提出质疑：

> 汉制边防有警，左右之臣，皆将帅也。唐室文臣，自员外郎、郎中以上，出为刺史、团练、防御、观察、节度等，皆是养将帅之道，岂尝限以文武？比年试武举，所得人不过授以三班官，使之监临，欲图其建功立事，何可得也？[2]

所谓"监临"，是指担任监当官，负责专卖或管理场库的工作。武举中第者被任命为层级低下的三班官，又常被派任监当工作，对于军事毫无助益。大概是受到这篇奏疏的影响，宋廷于次年下令武举中第者不得担任监当官，一律派任边区或捉贼的差遣。[3]但是，这只能在形式上使武举进士从事军事工作，仍无法改变武举进士官位太低，不能成为将帅的问题。其实，这种困境产生并不能完全归咎于武举。就制度设计而言，选拔高级武官的功能理应由制举中的武科来承担。因为制举是从现有的中、高阶官员中寻找娴熟军事者，才能立即任命他们为将帅，这正是苏绅所举汉唐时期的先例。但是，汉唐能实施这样的政策，是因为当时文武官尚未分途，宋代的情况却大为不同。由于文官的权力和地位远在武官之上，文士对于出任军职兴致缺缺。因此，参加制举的官员都不愿投考军事相关科目，

---

1 朱熹、李幼武编《宋名臣言行录五集》前集卷一〇《安定胡先生》，第339页；章如愚：《山堂考索·后集》卷二九《士门》，第4~5页。

2 李焘：《续资治通鉴长编》卷一二五，宝元二年闰十二月，第2952页。

3 徐松辑《宋会要辑稿》，《选举》一七之七。

根本无法借此取得堪任将帅的人才。[1] 在仅有武举运作的情况下，录取者绝大多数是平民，当然不能立即授予高官，而须从基层的武阶官作起。这便使得武举偏离倡议者选拔将帅的原意。

武举的实施无法符合原先的期待，却逐渐受到科举参与者的欢迎。虽然参与武举并不受到尊重，[2] 录取后也仅被授予低阶武官，但对于受挫于文举的考生，武举终究提供了另一条入仕途径。原本准备文科考试的举子发现，改试武举并不困难，因为策论本为文举的项目之一，武艺测验的要求又不高，容易过关。于是，程度较差，考文举无望的士人就成为武举考生的主体。在朝廷看来，这种做法等于投机，有违设立武举的本意，乃在景祐元年（1049）下诏，禁止进士、诸科解试落第者投考武举。[3] 但是，进士等科的解试是在各州举行，报考武举者却是在京城直接向兵部投状，要想确实查核重复报考者有实际上的困难，以致这样的规定难收实效。朝廷对于士人改习兵书的风气日益感到忧虑，随着西夏战事于庆历四年（1044）结束，将才需求的压力降低，仁宗乃在皇祐元年（1049）九月下诏废止武举：

> 国家采唐室之旧，建立武之科，每随方闻之诏，并举勇略之士，条格之设，岁叙已深。然而时各有宜，今异于古。尺籍之众，既以其技力自奋于行伍之间；武弁之流，又用其韬钤自进于军旅之任，来应兹选，殆稀其人。如闻所隶习者率逢掖诸生、编户年少，以至舍学业而事筹策，矫温淳而务粗猛，纷然

1　所有宋代制举录取者的名单，参见何忠礼《宋史选举志补正》，浙江古籍出版社，1992，第318~319页。

2　例如，宋庠批评武举人"才术肤浅，流品混淆"，反对他们与富有声望的制举人一起由皇帝亲试于崇政殿。由于宋庠的批评，从景祐元年开始，皇帝御试武举人的时间与制举人错开。参见宋庠《元宪集》卷三一《贤良等科廷试设次札子》，收入《景印文渊阁四库全书》第1087册，第1~2页；李焘：《续资治通鉴长编》卷一一四，景祐元年闰六月，第2683页。

3　李焘：《续资治通鉴长编》卷一一四，景祐元年二月，第2663页。

相效，为之愈多。朕方恢隆文风，敦厚俗尚，一失其本，恐陷末流。宜罢试于兵谋，俾专由于儒术。[1]

所谓"方闻之诏"指的是征求制举的诏书，说明了武举虽然配合制举的办理而行之有年，但一般的士兵和武官仍是靠军功来凸显才能，求取官位，极少参与武举。反而有越来越多的年轻读书人舍弃经书，改习兵法，踊跃投考。为了维持士人钻研儒学的热忱，武举乃被废除。

二　废而复立——武举与武学的演变

武举与武学皆在仁宗朝经历了设置和废除的过程，宋军缺乏将才的问题并未得到解决，文士也并未因此而改变以读书、笔试来选拔良将的理念。所以，要求恢复武举的呼声很快出现。例如苏辙（1039~1112）在进策中批判废武举的决定：

> 今天下有大弊二：以天下之治安，而薄天下之武臣；以天下之冗官，而废天下之武举。彼其见天下之方然，则摧沮退缩而无自喜之意。今之武臣，其子孙之家往往转而从进士矣。故臣欲复武举，重武臣，而天子时亦亲试之以骑射，以观其能否而为之赏罚，如唐贞观之故事。虽未足以尽天下之奇才，要以使之知上意之所悦，有以自重而争尽其力，则夫将帅之士，可以渐见矣。[2]

苏辙承认透过武举的方式未必真能发掘将才，但是这项制度的意义

1　章如愚：《山堂考索·后集》卷二九，第 5 页，并可参见徐松辑《宋会要辑稿》，《选举》一七之八、九。
2　苏辙：《栾城应诏集》卷七《进策五道·臣事上·第三道》，第 1299 页。

在于显示统治者对于军事人才的重视，提高"武"的价值，使武官得到应有的尊重。否则天下人皆报考进士科，军事人才如何可得？

苏洵（1009~1066）在嘉祐三年（1058）上书仁宗，也批评朝廷在用兵之际创设武举，边事缓和后即将其废除，实为缺乏远见的做法，并进一步提出自己对武举制度的构想：

> 臣愚以为可复武举，而为之新制，以革其旧弊。且昔之所谓武举者盖疏矣，其以弓马得者，不过挽强引重，市井之粗材；而以策试中者，亦皆记录章句，区区无用之学。又其取人太多，天下之知兵者不宜如此之众；而待之又甚轻，其第下者不免于隶役。……宜因贡士之岁，使两制各得举其所闻，有司试其可者，而陛下亲策之。权略之外，便于弓马，可以出入险阻，勇而有谋者，不过取一二人，待以不次之位，试以守边之任。文有制科，武有武举，陛下欲得将相，于此乎取之，十人之中，岂无一二？斯亦足以济矣。[1]

在苏洵看来，武举的功能在于选拔将帅，而非下级武官，旧有的武举取人太多，授予的职位却太低，以致中举者并无法担任将领之职。由于将帅这样高阶职位的数量不需太多，应以荐举的方式办理，由大臣推荐几位具有谋略之人即可，而中选者须立即派任统兵要职，以便其一展长才。苏洵对于武举的主张固然切合选拔将才的原意，但他期待透过官员推荐和考试立即得到优秀的将帅人选，未免忽略了统领大军的人才必须逐步养成的现实。此外，以荐举的方式选派军职也有实际上的困难。早在真宗咸平年间，朝廷希望以荐举现任官员的方式拔擢将才，田锡即认为不可行，因为"朝臣中武

---

1 苏洵：《嘉祐集》卷九《上皇帝书》，收入《四部丛刊正编》第46册，台北，台湾商务印书馆，1979，据无锡孙氏小绿天藏景宋钞本影印，第5页。

勇者少，设使有武勇，多不愿在武职”。[1]咸平时期武官的地位尚高，荐举将帅已难以进行，何况在仁宗时代。由于武官地位日益低落，设法将政敌改换武阶，已成为仁宗朝文官进行权力斗争时所采行的手段。[2]在此情况下，武举采行荐举的方式恐将引起官员竞相推荐自己厌恶的官员。也许是因为苏洵的主张不切实际，仁宗并未采纳，直到嘉祐八年（1063）三月仁宗去世，武举都未恢复。

不过，仁宗死后，情势很快发生变化。嘉祐八年五月，素来重视军事教育的富弼被任命为枢密使。[3]五个月之后，枢密院即建请恢复武举，提出的理由是：

> 文、武二选，所关治乱，不可阙一，与其任用不学无术之人，临时不知应变，以挠师律；不若素习韬略，颇娴义训之士，缓急驱策，可以折冲。况今朝廷所用武人，稍有声称者多由武举而得，则此举不可废罢明矣。[4]

由此可见，武官毕竟是政府中不可或缺的成员，既然“学术”被视为将才必备的要素，政府势必在选官制度上有所设计，以落实此一理念。经过长达一年的讨论，新的武举终告确立。[5]武举成为常举中的一科，每三年举办一次，官员、平民皆可报考。考试项目仍为武艺与兵学，兵学的测验方式是：“以大义为本，参之策问，与明经、进士不甚相远。”[6]具体的内容则是：

1　李焘：《续资治通鉴长编》卷四六，咸平三年三月，第 1002 页。

2　仁宗时代，主政者将政敌改换武阶的例子，如天圣元年（1023），丁谓将刘平改换武阶；庆历二年（1042），吕夷简提议将范仲淹改换武阶。参见方震华《权力结构与文化认同：唐宋之际的文武关系（875~1063）》，第 170、173~174 页。

3　李焘：《续资治通鉴长编》卷一九八，嘉祐八年五月，第 4808 页。

4　李焘：《续资治通鉴长编》卷二〇二，治平元年八月，第 4902~4903 页。

5　恢复武举之议于嘉祐八年十月提出，至次年，整个制度条文才告确立，从治平二年（1065）开始实施，参见徐松辑《宋会要辑稿》，《选举》一七之九～一一。

6　徐松辑《宋会要辑稿》，《选举》一七之一四。

　　如明经之制，于太公韬略，孙、吴、司马诸兵法，及经、
史言兵事者，设为问目，以能用己意或引前人注释，辞明理
畅，及因所问自陈方略可施行者为通。[1]

由此可见，武举在笔试部分的测验方式实与文科考试类似，只是考
试范围由儒家经典改成兵家的著作。每次考试录取的名额在英宗时
期并未确定，至神宗（1048~1085，1067~1085 年在位）熙宁六年
（1073），规定以三十人为上限，每次参加省试的举子则以二百人为
限。[2] 如此一来，武举成为平民入仕的一种管道，但苏洵所指"取人
太多，待之甚轻"的问题仍未解决。

　　武举从治平二年（1065）起定期举行，武学的恢复则较慢，直
到神宗即位，特别重视军事之学，重建武学之议才被提出。有鉴于
仁宗时期仓促兴学的失败经验，神宗君臣对武学进行较完整的规
划。有意就读的学生先考试弓马，合乎标准者才得以入学就读。教
学重点在于各家兵法、前代用兵成败及"忠义之节"。[3] 神宗对兵法
具有极高的兴趣，下令文臣将古代兵书《孙子》、《吴子》、《黄石公
三略》、《六韬》、《尉缭子》、《司马法》和《李卫公问对》合编成《七
书》，号称"武经"，作为武学的教材。[4] 由此可见，武学教育的内容
仍是依照富弼的意见，以兵书与史书为主轴。至于武艺，虽然是学
生入学及日后升等考试的项目，却不在学校教授的范围之内。习业
满三年的学生可参加考试，除少数特优者直接授予军职外，其余成
绩优异者则取得免武举省试或解试的优待，故武学生主要的出路是

1　李焘：《续资治通鉴长编》卷二〇二，治平元年八月，第 4903 页。
2　徐松辑《宋会要辑稿》，《选举》一七之一四。
3　徐松辑《宋会要辑稿》，《崇儒》三之二九。
4　马端临：《文献通考》卷二二一《经籍考》，台北，台湾商务印书馆，1987，重印十通本，第
　　1787、1790 页。

取得参加武举的资格。[1] 所以，武学是与武举相互配合，共同担负选拔低阶武官的功能。

如同仁宗时代，武学的设立引起反对声浪。谏官张璪（？~1093）主张："古之太学，舞干习射，受成献功，莫不在焉。文武之才，皆自此出，未闻偏习其一者也。请无问文武之士，一养于太学。"[2] 这是根据文武合一的传统理想，认为军事教育应包含于文科教育之内，政府不须单独成立武学，只要改革太学的教学内容，使其达到文武兼备即可。更强烈的批判来自刘敞（1019~1068），他写信给参与筹设武学的吴充（1021~1080），对此一政策大加挞伐：

> 昔三代之王，建辟雍、成均以敦化者，峨冠缝掖之人，居则有序。其术，诗书礼乐；其志，文行忠信。是以无鄙倍之色，斗争之声……曾未闻夫武学之制也……夫战国之时，天下竞于驰骛，于是乎有纵横之师，技击之学，以相残也。虽私议巷说，有司不及，然风俗由是以薄，祸乱犹是以长，学者之所甚疾，仁人之所忧而辨也，若之何其效之？且昔先王务教胄子以道，而不及武者，非无四夷之患，诚恐示民以佻也。今既示之佻矣，道其已乎！[3]

对刘敞而言，儒家之学着重于道德，与重视勇力、诡诈的军事之学根本不兼容。政府设置学校在于实践儒家之道，提倡兵学将根本违背此一目的。即使国家承受外患压力，军事仍不应成为官学教育中的一环。所以，对刘敞而言，学校教育的本质是"文"，根本不应有"武"的成分存在。

1　参见杨康荪《宋武举述略》，第 57 页；许友根《武举制度史略》，苏州大学出版社，1997，第 47~48 页；赵冬梅《武道彷徨：历史上的武举与武学》，第 122 125 页。
2　《宋史》卷三二八《张璪传》，第 10569 页。
3　刘敞：《公是集》卷四三《与吴九论武学书》，第 3~4 页。

　　在国家礼制及选才制度上，"武"是否应取得与"文"对等的地位？这个问题在唐代设立武举与武庙时，即引起文官与武将间激烈的争议。[1] 宋代政府在武举和武庙之外又成立武学，提升了"武"的地位，再度激起部分文士的反感。由此可见，提倡武学的文官，原本是希望将"文"的理念用于"武"的领域，借主导军事人才的培育，提升"文"的价值。但是，设置专门的武学，却使得"文"在官办教育中独一无二的地位受到削弱，等于是承认在"文"之外另有"武"的学术体系，因而激发一批文士出面捍卫"文"的崇高地位。

　　统治菁英应同时具备文、武两方面的素养是儒家的传统观念。但在现实层面上，"才兼文武，出将入相"的官员在唐代中叶以后已消失殆尽，文官、武将早已各分畛域，形成独立的团体，武将罕读诗书，文官也对统兵实务相当生疏。[2] 倡议武学的文士期待改变这样的现象，以培养知书达礼、才兼文武的武官为目标。若是全盘否定兵学教育的意义，切断了读书与统兵的关系，等于继续默认职业军人对军事职务的独占，将有碍文官全面掌控军事决策。因此，反对者的意见并未得到什么回响，武学仍然顺利运作。坚持文武合一教育理念的官员只能转而对武学教育的内容提出改进意见。例如，在哲宗（1077~1100，1085~1100 年在位）时代，奉命检讨诸学条制的程颢（1032~1085）认为武学"所治经书有《三略》《六韬》《尉缭子》，鄙浅无取，今减去。却添入《孝经》《论语》《孟子》《左氏传》言兵事。"[3] 希望以儒家经典取代部分的兵家著作，使经学成为武学教育的一个部分，让"武士"能接受文、武两方面的教育。不

1　参见高明士《唐代的武举与武庙》，第 1016~1069 页；David McMullen, "The Cult of Ch'i T'ai-kung and T'ang Attitudes to the Military," *Tang Studies* 7(1989),pp.59-103。

2　参见 David Graff, "The Sword and the Brush: Military Specialisation and Career Patterns in Tang China, 618-907," *War and Society* 18:2 (Oct. 2000) , pp.9-22；方震华《才兼文武的追求——唐代后期士人的军事参与》,（台北）《台大历史学报》第 50 期，2012 年 12 月，第 1~31 页。

3　程颢：《上哲宗三学看详条制》，收入赵汝愚编《宋朝诸臣奏议》卷七九，第 863 页。

过，宋廷始终未将这类意见具体化为制度。

　　武举与武学的运作在"靖康之难"后中断。南宋初年的政府在兵荒马乱之中，仅能断断续续地维持武举的进行。例如，建炎三年（1129），朝廷下令武举人试弓马于殿前司，试《七书》义及兵机策于淮南转运司；绍兴五年（1135），高宗（1107~1187，1127~1162年在位）亲试武举人，录取六人。[1] 外患的压力使部分文官寄望经由武举选拔将才，大力呼吁政府予以重视。例如，给事中黄唐传于绍兴三年（1133）主张将科举名额的三分之一划归武举，用以选拔武士。[2] 不过，这类意见未被采纳，在国家面临严重军事危机的时代，武举并没有变得更为兴盛。

　　直到绍兴十二年（1142），由于宋、金完成和议，整个国家恢复安定，武举的执行才回复到三年一次的传统。[3] 相对地，武学的恢复更为缓慢。绍兴十六年（1146），高宗才下令临安府设置武学，主要的考量是："国家设武选，所系非轻。今诸将子弟皆耻习弓马，求换文资，数年之后，将无人习武矣，岂可不劝诱之。"[4] 可见，在当时以议和为基本国策的大环境中，[5] 武职不再具有吸引力，高宗乃企图以设武学来提倡军事技能的研习。不过，执政的秦桧（1091~1155）并未真正执行这个命令。这可能是因为他顾忌武学所象征的"尚武"精神，有碍于自己的"偃武修文"政策。于是，武学的设立仅是虚有其名，直到绍兴二十五年（1155）十月秦桧死，高宗才在次年再度要求官员重建武学：

1　《宋史》卷一五七《选举三》，第3682页；徐松辑《宋会要辑稿》，《选举》一七之二六。

2　李心传：《建炎以来系年要录》卷六六，绍兴三年六月，中华书局，1988，据商务印书馆国学基本丛书本影印，第1119页。

3　徐松辑《宋会要辑稿》，《选举》一七之二六~二九。

4　徐松辑《宋会要辑稿》，《崇儒》二之二四。

5　这一点可参考余英时对于高宗朝"国是"问题的讨论，见氏著《朱熹的历史世界——宋代士大夫政治文化的研究》，台北，允晨文化实业股份有限公司，2003，上篇，第361~376页。

（绍兴二十六年四月）己卯，执政进呈次，上曰："昨因诣
景灵宫朝献，见武学颓弊，亦全无士人。向宣谕宰臣，虽略修
葺舍宇，至于养士，原未尝措置，已二年余矣。文武一道，今
太学养士，已见就绪，而武学几废，恐有遗材。祖宗以来，武
学养士，自有成法，可令礼、兵部速条具以闻。"[1]

由此可见，在秦桧当政时期，对于高宗几次复建武学的要求都是虚
应故事。武学只是名义上的重建，虽曾对学舍略加整修，但根本
没有学生于其中进行教学活动。临安武学的运作直到绍兴二十六
年（1156）才真正开始，其规制仍沿袭北宋，分为上、内、外三
舍，学生以一百人为额。教师则为武学博士及武学谕，以文臣或
武举出身官员出任。[2]宁宗（1168~1224，1194~1224年在位）时，
朝廷又有意扩大军事教育的规模。庆元五年（1199）曾下令各州
州学置武士斋舍，派官考试武学生武艺，但这个命令并未真正实
行。[3]仅有少数州府，如台州，在当时曾短暂设立。[4]官办的军事教
育仍局限于京师的武学。

随着时间的进展，参与南宋的武学与武举的人数持续增加。在
绍兴年间武学初设时，愿意入学者很少，政府为填补名额，还下令
武举落第者入学就读。但是，到了乾道元年（1165），距离武学开
始授课不过九年，就因为申请入学的人数太多而要举办考试进行筛
选。[5]同样地，有意投考武举者愈来愈多，政府乃放宽对与试者的资
格限制，由过去每位官员只准推荐一人应试，放宽到可推荐两人。
如此一来，淳熙七年（1180）赴武举省试者增至七百多人，远远超

1　李心传：《建炎以来系年要录》卷一七二，绍兴二十六年四月，第2831页。

2　徐松辑《宋会要辑稿》，《崇儒》三之三四~三五。

3　李心传：《建炎以来朝野杂记·甲集》卷一三《武学》，中华书局，2000，第279页。

4　陈耆卿：《嘉定赤城志》卷五《教授厅》，台北，大化书局，1980，宋元地方志丛书本，第13页。

5　徐松辑《宋会要辑稿》，《崇儒》三之三七~三八。

过北宋时代二百人的限额。[1]武举录取名额也随着参与者的增加而成长。绍兴二十四年以前每次仅录取五至七人，绍兴二十四年至三十年，录取额增至近二十人，至孝宗（1127~1194，1162~1194年在位）时期再增为四十余人。[2]武学与武举日益受到士人欢迎的事实，也反映在时人肯定这两个制度的言论上。例如，南宋晚期，章如愚在记述武举的历史后，总结说："有文学，有武学，养之于未用之先也；有文选，有武选，用之于既养之后也。然则科举之法，既有文举矣，乌可不可（当作有）武举乎？"[3]临安武学的《登科题名记》也说："国家网罗隽彦，不局一途，凡儒学之士既教之、养之，而士之有武勇者亦封殖是务。"[4]都是主张文士与武士既已分化，又同为国家所需之人才，在选举制度与教育机构中，"武"应占有一席之地，为"勇武之士"安排仕进之路。

但是，即使在理论的层次上，武举与武学的存在有其必要性，这两项制度如何在现实上达成选拔将才的目的，以符合设立的原意，则是另一回事，而这正是这两个制度引发激烈批评的关键因素。例如，苏洵指仁宗时期的武举"所得皆贪污无行之徒，豪杰之士耻不忍就"。[5]徽宗（1082~1135，1100~1126年在位）时，王洋（1087~1154）指武举"所得士尚皆醒酲，亡古名将风"。[6]理宗时，欧阳守道（1208~1272）批评："至若武举设科，名非不美，然亦为文

1　徐松辑《宋会要辑稿》,《选举》一八之五。

2　徐松辑《宋会要辑稿》,《选举》一七之二六～二九、一八之二。

3　章如愚：《山堂考索·后集》卷二九, 第11页。章如愚的生卒年不详, 曾中宁宗庆元二年进士, 后因得罪韩侂胄而罢官, 归乡讲学、著书。则《山堂考索》一书应编成于宁宗朝末年或理宗朝。参见徐象梅《两浙名贤录》卷三《山堂章俊卿先生》, 齐鲁书社, 1996, 北京大学图书馆藏明天启徐氏光碧堂刻本, 第37页；邵经邦《弘简录》卷一七九《道学·宋九之四》, 收入《续修四库全书》第307册, 上海古籍出版社, 2002, 第20页；丁丙辑《善本书室藏书志》卷二〇《子部十下》, 收入《续修四库全书》第927册, 第8~9页。

4　潜说友：《咸淳临安志》卷一一《行在所录·学校》, 台北, 大化书局, 1980, 宋元地方志丛书本, 第44页。

5　苏洵：《嘉祐集》卷九《上皇帝书》, 第5页。

6　王洋：《东牟集》卷一〇《策问》, 收入《景印文渊阁四库全书》第1132册, 第9~10页。

士假途。其号绝伦者，挽强引重，市井粗才。"[1]可见从北宋到南宋，质疑实施成效的声浪不断。武举的考试方式则被认为是直接导致成效不彰的主因，引发了许多争议。

三　策论与骑射——考试内容之争

弓马与策论是宋代武举考试的主要项目，至于两者所占的比重为何？在英宗时期曾规定：

> 以策略、武艺俱优者为优等，策优、艺平者为次优，艺优、策平者为次等，策、艺俱平者为末等。如策下、艺平或策平、艺下者并为不合格……使如有策略虽下，而武艺绝伦者未得落下，别取旨。[2]

由此可知，除了对少数武艺特优却不擅长策论的考生有特殊处置外，策论成绩的重要性高于武艺。订定这样的排序原则，自然是为了符合武举选拔谋略之士的设计目的。事实上，武艺的重要性不仅较低，测验的内容也颇为简单。应试者只要"弓射一石一斗力，马射八斗力，各满不破体，及使马精熟"就达"艺优"的标准。[3]所谓"破体"是指拉弓时"头偃"，故考生只要把弓完全拉满，再将箭射出，即算合格，至于射出之箭是否中靶则无关紧要。因此，所测验的仅是考生的臂力，而非使用弓箭的技巧与准度。[4]但是，即便要求的标准不高，测验武艺仍受到许多质疑。基于对"智谋"的重视，

1　欧阳守道：《巽斋文集》卷一〇《欧阳生兵书序》，收入《景印文渊阁四库全书》第1183册，第16页。

2　徐松辑《宋会要辑稿》，《选举》一七之九。

3　徐松辑《宋会要辑稿》，《选举》一七之一一。

4　苏颂上书神宗讨论武举的考试内容时也说："今制但取箭满，不问中否。"见《苏魏公文集》卷一七《议武举条贯》，第235页。

批评者认为武技不应成为选拔将帅的项目，如苏舜钦在仁宗朝初设武举时上奏：

> 至如武举策试，兼之骑射。窃观诏旨，既令先进军机，后即陛试，是陛下取将帅材者也。反使张一弓，发数矢，是陛下校一夫之艺，取一人之敌也。夫欲练将材而取一夫之技，又何异考编钟堵磬而求郑卫之音？伏愿……武举者去骑射之末，而访以机略之大，则将帅之具鳞集矣。[1]

认为武术只是"敌一人"之技，属于士卒的本领，与将帅之才无关。只需测试谋略之学，便可得将才。武举复设之后，熙宁三年（1070），翰林学士司马光（1019~1086）对武举省试先考弓马，及格后再试策论的做法提出批评：

> 奉职考试武举人，而法当先试弓马，若合格即试策。缘弓马者，选士卒之法，非所以求将帅者也。不幸而不能挽强驰突，则有策略将帅之才，不得预试，恐非朝廷建武举之意。况试弓马法，挽与把齐，犹不应格。自今欲乞试策优并挽弓及把者，皆听就试。[2]

和苏舜钦一样，司马光认为弓马是士卒的技能，而武举之设本为选拔懂谋略的将帅，武艺部分实无关紧要。因此，他要求降低弓马测验的标准，只要能"挽弓及把"，即不须将弓拉至全满，只要箭拉平于弓的中心后射出，即算合格，而让策论成为决定录取与否的关键。

---

1 苏舜钦：《苏舜钦集》卷一一《投匦疏》，第138~139页。
2 李焘：《续资治通鉴长编》卷二一四，熙宁三年八月，第5221页。

　　苏舜钦等人的意见是希望将武举定位为选拔将帅的制度，这固然符合宋初提倡武举者的理念，却与武举的实际状况有所违背。自从武举开始运作，录取者皆被派任低阶武官，而非高级将帅。由于中举者主要是担任基层军职或在地方上维持治安，武艺是不可或缺的技能。另一方面，武举是为无法考文举的武士另设的出路，考试内容自然不能与文举一样，全凭笔试决定高下。因此，要求取消或降低武艺测验的意见一直未被朝廷接受。既然武艺考试不可废除，理应以更精细的方式来鉴别考生的能力。苏颂上书神宗，认为武艺的考试的项目太少，标准太低，主张在原有项目之外，考生每人射十箭，以中靶的多寡来决定及格与否。[1] 不过，这样的建议没有被采纳，朝廷似乎不愿提高武艺测验的难度，以免在这个部分淘汰太多考生。直到南宋，武技的考试仍维持固有的方式和标准。因此，刘克庄（1187~1269）在上理宗的奏疏中称武举考试"弓马近于具文，所取不过解作《七书》义者"。[2] 武艺测验一直存在，但采取低标准，可以说是理想与现实折中下的结果。

　　由于达到武艺测验的标准并不太难，策论才是鉴别考生的主要依据。因此，武举所录取的绝大多数是研习兵法、精通文墨的读书人。但是，这些录取者是否真正能运用兵书中的谋略，成为善战的良将，却令人怀疑。李觏在仁宗时指出："儒莫不读六经，而知道者鲜矣；将莫不读兵法，而适变者鲜矣。"[3] 如同熟读经书者未必能理解儒家之道，作战实务也绝非勤读兵书便能妥善因应。将领一旦身临战场，未必真能应用平时所学，临机应变。所以，从实际统兵的角度而言，策论不过是无用的"纸上谈兵"，故苏洵批评武举的策论考试为："皆记录章句，区区无用之学。"[4] 理宗时期，姚勉

1　苏颂：《苏魏公文集》卷一七《议武举条贯》，第 234~235 页。
2　刘克庄：《后村先生大全集》卷八一《欧阳经世进中兴兵要申省状》，第 2160 页。
3　李觏：《李觏集》卷一七《强兵策第十》，第 172 页。
4　苏洵：《嘉祐集》卷九《上皇帝书》，第 5 页。

（1216~1262）也说武举是"以文求武，反不得人"。[1] 既然考试武艺被批评为测验士卒之法，兵法策论又被指无用的章句之学，那么是否有更好的办法来选拔将才？在苏轼（1037~1101）看来，答案是否定的：

> 今夫孙吴之书，其读之者，未必能战也；多言之士，喜论兵者，未必能用也；进之以武举，而试之以骑射，天下之奇才未必至也。然将以求天下之实，则非此三者不可以致。以为未必然而弃之，则是其必然者终不可得而见也……今之论者以谓武举方略之类，适足以开侥幸之门，而天下之实才，终不可以求得，此二者皆过也。夫既已用天下之虚名，而不较之以实，至其弊也，又举而废其名，使天下之士不复以兵术进，亦已过矣。天下之实才，不可以求之于言语，又不可以较之于武力，独见之于战耳。战不可得而试也，是故见之于治兵。子玉治兵于蒍，终日而毕，鞭七人，贯三人耳。蒍贾观之，以为刚而无礼，知其必败。孙武始见试以妇人，而犹足以取信于阖闾，使知其可用。故凡欲观将帅之才否，莫如治兵之不可欺也。今夫新募之兵，骄豪而难令，勇悍而不知战，此真足以观天下之才也。武举方略之类以来之，新兵以试之。观其颜色和易，则足以见其气；约束坚明，则足以见其威；坐作进退，各得其所，则足以见其能。凡此者，皆不可强也，故曰：先之以无益之虚名，而较之以可见之实，庶乎可得而用也。[2]

苏轼指出了武举虽然饱受批评却依然存在的重要原因：除了测验兵书和骑射，文士根本想不出更好的办法来发掘军事人才。考上武举的虽然不一定就是将才，但若废除了武举和武学，就完全没有发掘

1　姚勉：《姚勉集》卷七《癸丑廷对》，上海古籍出版社，2012，第62页。
2　苏轼：《苏轼文集》卷九《训兵旅·蓄材用》，第274~275页。

军事人才的机会。在苏轼看来，历来争论武举存废者的盲点在于他们只知讨论考试内容，却不知考试只是"无益之虚名"，其功能在于为有意军职者提供进入政府的管道。至于这些人是否就是将才，却非考试本身所能断定。真正的将才必须在实际的战争中发掘，退而求其次，则可由练兵的成效来判断。因此，武举人的优劣必须在录取后，透过持续考察其任职的表现来决定。照苏轼的意见，朝廷不应将武举人与其他的武官一视同仁，在录取之后须立即安排他们去训练新兵，并以练兵成效加以筛选，才能真正达成选拔将才的目的。

四　假涂之资——武举进士的仕宦

苏轼的意见说明了军事人才的发掘并非只透过考试即可轻易达成。武举进士既被认为具有成为将帅的素养与潜力，朝廷在官职派任上应有特殊安排，使其有一展真才实学的机会。否则，人数不多的武举进士在数量庞大的武官群之中将难以发挥影响力。

前文已指出，仁宗时代，中举者被派任为监当官，引发批评，朝廷乃明令武举进士一律派任边区或捉贼差遣，这是仁宗朝对于武举进士在任官上仅有的特殊规定。英宗朝复行武举，在现存的制度条文中并未发现对录取之后的任官有所规范，只能借由武举中第者的传记资料来分析他们的仕宦生涯。

前章已指出，从神宗朝以降，拓边工作持续进行，遂使武官的表现机会增加，部分武举进士也得以崭露头角。从他们的传记看来，在考上武举后都被派任基层的军职。例如，熙宁九年（1076），录取武举第一名的薛奕（1037~1082）派任凤翔府都监，后于元丰五年永乐城一役中战死。[1] 武举出身的徽宗朝名将何灌（1065~1126），

1　郑岳：《莆阳文献列传》卷四三《薛林陈传》，书目文献出版社，1988，据明万历四十四年（1616）黄起龙刻本影印，第1页。

是从河东地区的巡检做起，任职西、北边境三十余年，以善射为契丹人所畏服。曾随童贯攻西夏，平方腊，战功卓著。靖康元年（1126），升任武泰军节度使、河东河北制置副使，后来在女真人攻汴京城时战死。[1] 元丰年间（1078~1085）中举的徐量（1051~1112），出身儒学世家，但自幼膂力过人，喜读兵书。先入武学，再中武举，先任台州海内松门巡检，后调至陕西，参与徽宗时对羌人及西夏的战争，以战功升为昭州刺史，历知石、岚等州。[2] 其子徽言于大观二年（1108）受徽宗召见，赐武举绝伦及第，起官保德军监押，以讨西夏战功升任知火山军。靖康元年，击败金兵，升任知晋宁军兼岚石路沿边安抚使。汴京失守后，徽言据守晋宁军，力图收复河东，后为金兵所俘，不屈而死。[3] 政和八年（1118）中举的马扩（？~1151），于宣和元年（1119）以承节郎的官衔，随其父马政接待女真使者。后来出使女真，以善射赢得女真首领的信服，成为宋方与金交涉的重要人物。经过多次出使折冲，终于使金人归还燕京等地，马扩以此大功升任武翼大夫、忠州刺史。靖康之难后，马扩拒绝女真的招降，在河北组织义军与金兵作战。抗金失利后南下加入高宗的政权，历任江西沿江制置副使，沿海制置副使等要职。[4] 以上这些事迹显示北宋武举进士在军事上的贡献，也说明了他们在仕途上与经由其他管道入仕的武官并无显著的不同，都是先担任基层武职，经过长期的努力或立下显赫功劳才能成高阶将领，武举出身并未为他们带来特殊待遇。

---

1 何灌的生平见《宋史》卷三五七《何灌传》，第11225~11227页；王偁《东都事略》卷一〇七《何灌传》，北京图书馆出版社，2006，第634~636页。

2 程俱：《北山集》卷三四《故武功大夫昭州团练使骁骑尉徐公行状》，收入《景印文渊阁四库全书》第1130册，第8~15页。

3 《宋史》卷四四七《忠义二》，第13190~13194页；程俱：《北山集》卷三四《故武功大夫昭州团练使骁骑尉徐公行状》，第13页。

4 关于马扩的生平，参见黄宽重《马扩与两宋之际的政局变动》，（台北）《中央研究院历史语言研究所集刊》第61本第4分，1990，第789~808页。

　　到了高宗朝，武举进士的任官发生很大的改变。据绍兴二十六年太学博士周操的上奏，武举登科者除第一名被派任巡检外，其余全部出任监当官。[1] 这样的情形直到孝宗即位之时仍未改变。[2] 孝宗既有心恢复中原，特别重视武举，于淳熙二年（1175）将武举中第者初授的官衔与职务都加以提升，使其与文科进士相当，试图建立文、武举平等的地位。[3] 之后又模仿文臣的馆阁之职，设阁门舍人十人，以武举高第者充任，成为武职中的清位。这些阁门舍人平时伴随皇帝出入，并按时轮对，任满二年后，授予边郡知州，升迁之速，远非其他武臣所能比拟。[4] 这些政策都是为了增加武举的吸引力，并希望将优秀的武举进士逐步培养成为领兵的将才。但是，此一预期并未实现，主要的原因是当时多数的武举进士根本不愿投身军职。

　　由于武举和进士科一样要考试策论，参与武举者必然读书识字，具有投考进士科的能力，他们投入武举的原因大致有二：一部分的参与者有志于军旅生涯，希望借此追求权位。例如徽宗宣和五年（1123）中举的陈师良（？～1159），在决心报考武举时说："郭汾阳顾不足慕耶？何切切章句为！"[5] 以唐代武举出身的名将郭子仪为师法对象，质疑钻研科考时文的价值，期待由武举建立功名。但是，在宋代以"文治"为主要价值的时代，像陈师良这样的人并不多见，多数的考生是在进士科激烈的竞争压力下转投武举。尤其在神宗朝废除诸科，徽宗朝废除明法新科后，考不上进士科者只能选

1　徐松辑《宋会要辑稿》，《选举》一七之二七～二八。

2　据徐松辑《宋会要辑稿》《选举》一七之二八的记载，朝廷已于绍兴二十六年接受周操的建议，武举登科者不再派任"财谷管库之任"。但胡沂在隆兴元年仍指举人"授以榷酤征商之事，是所养非所用，所用非所养也"。见徐松辑《宋会要辑稿》，《选举》一七之二九；又可参见《宋史》卷一五七《选举三》，第3684页。

3　《宋史》卷一五七《选举三》，第3685页。

4　《宋史》卷一五七《选举三》，第3685页；卷一六六《职官六》，第3938页；叶适：《叶适集·水心文集》卷二二《厉领卫墓志铭》，台北，河洛图书出版社，1974，第422页。

5　王之道：《相山集》卷二九《故武节大夫陈文叟墓志》，收入《景印文渊阁四库全书》第1132册，第6页。

择武举。[1] 徽宗末年一位李姓太学生在改试武举时说："吾三世儒者，困场屋，一官幸捷中，何择哉！"[2] 可见，长期受挫于进士考试的士人改试武举以求有官可做，实为不得已的选择。政府为阻止这样的行为，于元丰八年（1085）规定文、武举的考生同日试于贡院，以防止文举落第的士人改报武举。[3] 到了南宋，政府仍谨慎地安排各项考试的日程，以防堵"赴两试之弊"。[4] 但是，这种禁令仅能治标，实无法阻止文举落第者在三年之后改试武举。这些以武举为求官手段的考生，多半无意于军职，只要政府不强制派任，他们便会远离军旅，寻找转任文官的管道。

北宋末年已有武举进士先出任武职，再通过锁厅试取得文科进士的功名而成为文官。不过，这样的例子很少。[5] 到了南宋，武举进士考锁厅试以求换文阶变得普遍。透过这个方式取得文科进士功名的武举人似乎不会受到其他文官的排斥，仍可在文职中继续发展。例如，武学生王卿月于乾道二年（1166）中武举，再经三年的努力，考中进士，起官县尉，四年后即升为权中书舍人。[6] 由于此一方式能让武举人取得原本难以得到的功名，以及在文职发展的机会，乃成为多数投考武举者最向往的出路。退而求其次，则是出任与军队无关的专卖或监税工作。

武举进士不任职军旅的惯例，引起官员的批判和孝宗的重视。孝宗在给予武举进士任官优待的同时，也曾与大臣讨论强制武举进士从军的可能性。但宰相洪适认为："武举人以文墨进，杂于士卒非

1　参见荒木敏一『宋代科举制度研究』，京都大学文学部東洋史研究会，1969，346-348 頁。

2　李石：《方舟集》卷一六《李隐君墓志》，收入《景印文渊阁四库全书》第1149 册，第 4 页。

3　《宋史》卷一五七《选举志二》，第3680~3681 页。

4　徐松辑《宋会要辑稿》，《选举》一八之一八。

5　目前仅发现一个例子：王宿，中武举后再试经义，改换文阶，曾任武学博士，官终朝奉郎。其生平附见于其子王衣的墓志铭。见綦崇礼《北海集》卷三五《王公墓志铭》，收入《景印文渊阁四库全书》第1134 册，第1 页。

6　楼钥：《攻媿集》卷一○二《太府卿王公墓志》，收入《四部丛刊正编》第55 册，台北，台湾商务印书馆，1979，据上海涵芬楼藏武英殿聚珍版本影印，第8~9 页。

便也。"[1]可见当时的大臣认为武举人其实擅长的是舞文弄墨，并不适合从军作战。孝宗本身对于武举进士全部从军亦有所保留。据叶适（1150~1223）的记载，武举出身的武学谕蔡镐（1143~1191）曾请求从军，但孝宗不许，理由是"三衙岂可以阶级待学官"。[2]认为蔡镐既曾担任武学谕这样清高的职位，即不适合到军中受阶级之法的管理。因此，孝宗并未强制每位武举进士到军中服务，而是派任武举高第者军职，并约定七年为从军期限，希望他们"久在军中，谙练军政，将来因军功擢为将帅。"[3]但是，这样的政策并无成效。因为"武举从军之人，往往自高，不亲戎旅。"孝宗为此特别下诏告诫，威胁将处分怠惰的武举进士。[4]到了光宗（1147~1200，1189~1194年在位）时代，愿意从军的武举进士人数却突然大增，据王栐的记载，起因于其叔父王蔺的建议：

> 淳熙甲辰，距治平百二十载矣，仲父轩山公知贡举，武举林嶪、陶天麟等来拜谢，仲父问之曰："朝廷设此科以择将帅，而公等不从军，何也？"答以不堪笞箠之辱。仲父因奏孝宗皇帝，乞更旧制，申饬三衙、沿江军帅待以士礼。至淳熙十四年，事始施行，进士皆愿从军。至绍熙庚戌，仲父以知枢密院兼参知政事唱进士第，复奏光宗皇帝，命武举进士从军，不许军帅笞辱，大罪按奏，小罪罚俸。此令一出，皆愿从军，而军中无所容之。乃自三衙立同正员之额，以至江上诸军，每举以二十四员为额，七年为任，第一名同正将，第二名、第三名同副将，第四名以下同准备将，而第二十五名以下只注巡、尉。自后军帅亦仰承朝廷优恤之意，待遇之礼与统领官等，或令其

---

1 《宋史》卷一五七《选举三》，第3684页。

2 叶适：《叶适集·水心文集》卷一四《忠翊郎武学博士蔡君墓志铭》，第255~256页。

3 徐松辑《宋会要辑稿》，《选举》一八之四。

4 徐松辑《宋会要辑稿》，《选举》一八之六。

兼同统领职事，遇出战，多令守寨，必自愿亲行阵者始听之。[1]

王栐指称淳熙十四年（1187）以后，由于新的从军规定保障武举进士不致受到长官的体罚，使武举进士从军的意愿大增。特别是在绍熙元年（1190），政府下令军队中的武举进士犯错，所属长官只能予以罚俸，不得加以杖责，严重的过失须报请朝廷处罚，更使武举进士踊跃从军，造成军中职缺不足的现象。不过，王栐的记载只反映了一个层面。真正导致绍熙元年武举进士踊跃从军的最主要原因，恐怕在于宋廷于前一年（淳熙十六年，1189）禁止武举出身者改换文资的政策。这项决定起因于知归州林颖秀的提议，颖秀批评武举士热衷于换文官的现象："武士舍弃弓矢，更习程文，褒衣大袖，专做举子。夫科以武名，不得雄健喜功之士，徒启其侥幸名爵之心。"甫于是年二月即位的光宗对此意见深表赞同，下令禁止武举进士换文。[2]在绍熙元年中举的武举进士既无改换文官的机会，只能在武阶中发展，此时朝廷下诏保障他们在军中享有特殊地位，加入军队自然比从事监当工作更有吸引力，遂促使武举进士选择军职。但是，从上述王栐的记载中可以看出，武举进士无意于军事工作的倾向并不因朝廷的政策有所改变。朝廷的优待只是使将领过度尊重武举进士，不敢派遣他们参与战斗，武举进士"不亲戎旅"的现象反而变得更加严重。另一方面，武举进士固然能够在军中坐享优待，却仍感不满，因为这终究不是他们所期待的出路。因此，在换文禁令公布的五年后，朝中出现反对的声浪：

> 绍熙五年十月十一日，臣僚言："武科许试换文资，盖不止责以兵略、骑射，诚欲益其学问而大其成就耳。比年以来，不

1　王栐：《燕翼贻谋录》，台北，艺文印书馆，1967，据百川学海本影印，卷五，第1~2页。
2　《宋史》卷一五七《选举三》，第3686页；徐松辑《宋会要辑稿》，《选举》一八之七~八。

许试换。虽日使之从军，以备将帅之选，而升差之法，止于同
正将。既塞其试换之门，又艰其仕进之路，使士以才气自负
者，将有不屑就之意，乞今后依旧许令武举人试换文资。"[1]

可见士人参与武举主要是为了换文官的机会，即使武举人中举后立
即得到同正将的军职，仍然抱怨仕进之路受阻；禁令即使中举者权
益严重受损，便减低了报考的意愿。在此情况下，武举人换文官的
禁令乃在绍熙五年（1194）被取消。但禁令取消后，武举人又故态
复萌，不愿从军。眼见武举人无意于军旅，宁宗嘉定十年（1217）
兵部侍郎赵汝述再提禁止换文的办法：

近世武举进士，甫得赐第，多弃所学，必欲镤试换文，回
视兵书戎器，往往耻谈而羞道之……今既由武艺入官，又复慕
为文臣，是右科徒为士子假涂之资，而非为国家储材之地，此
科遂成无用矣……乞自今武举出身不许再应文举，仍令考校之
官精选其艺业，庙堂之上稍优其除授。俾之练习谋略，趋事赴
功。自偏禅、制领而上，主帅、三衙繇此其选，庶几右科增
重，不为虚设。[2]

显然，只要允许改换文官，士人就会将武举当成求取文官的捷径，
违背武举设置的原意。宁宗支持这样的主张，认为"祖宗设右科，
正欲选将帅，若令换文，则分明是阙将帅一科"。于是换文的禁令
再度颁行。[3]但是，实施不过三年，又遭官员抗议，认为政府既准许
以经由其他途径入仕的武官换文阶，却单独限制武举人，显然有失

1　徐松辑《宋会要辑稿》,《选举》一八之一〇。
2　徐松辑《宋会要辑稿》,《选举》一八之一七。
3　徐松辑《宋会要辑稿》,《选举》一八之一七。

公平。朝廷因此又于嘉定十三年（1220）取消前令。[1] 两次禁止武举进士换文官的改革都告失败，武举与武学事实上已被士人当成另一条成为文官的途径，武举进士不愿从军的问题也无从解决。这样的现象持续引发批判。理宗宝祐元年（1253），进士科殿试的题目中就提道："右科之设，本以示右武，而求韬略，非特校虚文而课骑射也。兵兴累年，未闻慷慨以英略著者，其故何欤？"[2] 看来在蒙古军严重的威胁下，统治者又想起武举作为选拔将才的设计目的。虽然如此，理宗与他的继承人并没有采取行动来改变这个早已偏离设计原意的制度。

就整体环境而言，南宋武官的权力与地位明显不及文官，只凭一纸诏书就要禁止武举进士换文官，伤害其利益过深，必然引起抗议。其实，就算政府强势地执行禁令，恐怕仍难得到预期的效果。随着文、武官分途日久，南宋的士大夫与武人各自发展出不同的集体意识与价值观念。由于研习儒家典籍，武举进士往往视自己为"士大夫"的一员，例如，当光宗任命乾道二年武举状元蔡必胜（1140~1203）为知阁门事时，必胜以"前此无用士人"为由，极力请辞。[3] 又如嘉定四年（1211）中武举的王霆，于理宗时辞官返家，提出的理由是："士大夫当以世从道，不可以道从世也。"[4] 都可以看出他们以士大夫自居的心态。南宋文士也常把武举进士当成书生或士大夫来对待，例如，陈傅良（1137~1203）以武举进士徐泳才兼文武的例子，反驳"书生不知兵"的说法。[5] 武举出身者既习惯于士大夫的价值观念，不免将其带入军队之中，而与同僚格格不入。蔡必胜初任将领时谒见上司，即做出有违军中惯例的举动："故事，将官

1 徐松辑《宋会要辑稿》，《选举》一八之一八～一九。
2 姚勉：《姚勉集》卷七《癸丑廷对》，第61~62页。
3 叶适．《叶适集·水心文集》卷一七《蔡知阁墓志铭》，第318页。
4 《宋史》卷四〇八《王霆传》，第12315页。
5 陈傅良：《止斋集》卷四一《跋徐荐伯诗集》，收入《景印文渊阁四库全书》第1150册，第7页。

谒帅，皆小袖衫拜庭下。至公（蔡必胜），独袍笏肃揖，帅因请以宾礼见。"[1] 尽管官职较低，蔡必胜仍强调自己应有的尊严；在他看来，其他武官不着官服，拜谒主帅于庭下的举动有违礼制。他的长官对此行为显然不知所措，只好待以宾客之礼。由于价值观念的不同，武举进士从军容易因为自视太高，成为无法与同僚合作的特殊分子，从而妨碍了他们在军事上的表现。

另一方面，由于武举中第者被视为"士人"，他们不仅享有皇帝的青睐和制度上的礼遇，也受到文官的另眼相待。例如，理宗朝名臣杜范（1182~1245）在出掌宁国府时，建议将府城外的两个兵寨废去，以原有的兵额改设弓手，并增置县尉一名来统率。杜范强调这名县尉必须由武举出身者担任，因为"盖尉既用士人，纵有不职，必不至如右班之甚；而所以防贼盗、禁杀伤者，亦岂遽不如戎曹哉！"[2] 足见杜范视武举进士为士人，认为他们与一般的武官（右班）相比，在能力上相当，却拥有较好的操守，可以倚重。持类似看法的还有孝宗时的知南剑州吴松年（1119~1180），曾建议"差注巡检须武举中选，或任于晓民事者"。[3] 认为武举进士素质较佳，比其他的武官更适合担任巡检这个直接关系到百姓生活的职位。这两个例子都反映出文官对武举进士的礼遇和重视。宋廷两度禁止武举进士换文官都无法坚持，恐怕也是因为多数的文官视武举进士为士人，承认他们具有出任文官的资格。

由此可知，武举进士是南宋官僚中身份特殊的一群。他们出身士人，却担任武官，往往因不适应军中的文化，在军职上难有表现。但是，他们却可因政策的优待在升迁上占有优势。因此，姚勉（1216~1262）在宝祐元年批评武举已成士人"速化"之途：

1　叶适：《叶适集·水心文集》卷一七《蔡知阁墓志铭》，第317页。

2　杜范：《清献集》卷八《便民五事奏札》，收入《景印文渊阁四库全书》第1175册，第20页。

3　杨万里：《诚斋集》卷一二五《知漳州监丞吴公墓志铭》，收入《四部丛刊正编》第58册，台北，台湾商务印书馆，1979，据江阴缪氏艺风堂藏景宋钞本影印，第28页。

> 臣闻：以武设科，虽曰右武，以文求武，反不得人……贡荐额狭，选举路艰，于是以武为捷径，而求为右科之试……今之文科，必有五削而后改京者，今之武举，不出十年而可至郡守。既登武级，复试文闱，换侵其官，已在通籍之上矣。此天下之士，所以指右科为速化，而竞以趋之也。[1]

显然，武举在南宋日渐受到欢迎，是因武举进士在仕宦上具有发展的机会。由于武举高第者往往被选为阁门舍人，担任阁门舍人二年后即可外派边郡知州，故姚勉说他们"不出十年而可至郡守"。至于武举进士通过锁厅试改换文阶，官位也在刚考中文科进士者（即所谓"通籍"）之上。武举进士在文、武两途上都可能出任要职，可由几位武举状元的经历得到证明。任文职的高官如朱熠，端平二年（1235）武举状元，后换文阶，担任谏官，纠弹官员甚力，于开庆元年升任参知政事兼权知枢密院事。[2] 又如嘉熙二年（1238）的状元刘必成，于淳祐九年（1249）改换文官，后为湖南安抚副使。[3] 任武官而出掌要职者，如庆元二年（1196）状元周虎（1161~1229），起官殿前司同正将，任职军中七年后，升任武学谕，后历知光州、楚州等边郡。开禧二年（1206）知和州，据城力守，以数千人击退来犯的金兵，保全江淮，升任侍卫马军都虞候。[4] 又如乾道二年（1166）状元蔡必胜，于光宗时为知阁门事，参与"绍熙内禅"之谋，扶立宁宗，后历知楚州、庐州等边防要地。[5]

1　姚勉：《姚勉集》卷七《癸丑廷对》，第 62 页。

2　《宋史》卷四二〇《朱熠传》，第 12579~12580 页。

3　林世远、王鏊：《（正德）姑苏志》卷五一《人物九·名臣》，书目文献出版社，1988，北京图书古籍珍本丛刊据明正德刻嘉靖续修本影印，第 25 页。

4　周虎的传记参见孙应时《重修琴川志》卷八《人物》，台北，大化书局，1980，宋元地方志丛书本，第 27~29 页；刘宰：《漫塘集》卷二二《故马帅周防御圹志》，收入《景印文渊阁四库全书》第 1170 册，第 19~23 页。

5　叶适：《叶适集·水心文集》卷一七《蔡知阁墓志铭》，第 317~318 页。

　　不过，经由考中锁厅试成为文官并非易事，[1]许多期待由武举成为文官的士人只能终身屈就武阶。绍熙元年（1190）的武举状元厉仲方（1159~1212）即是如此。他在出任武官之后，屡次考文举都未能如愿。虽然他以武举状元的身份在武阶中升迁快速，却始终对担任武职感到不悦，以致在仕宦上无所发挥。[2]在南宋，恐怕有不少的武举进士就这样抑郁地过了一生。在文科进士掌控要职的政治结构中，大多数武举进士既无法顺利转换成文官，仕宦发展的空间实难与文科进士相比。叶适在盛赞武举进士蔡镐的德行、才能之余，才会感叹道："君业堕武举，用之有限，若使为士大夫，亦莫量其所至也。"[3]因此，考武举者终究是读书人的次要选择，武举人受社会尊敬的程度也难以与报考文举者相匹敌。例如，南宋建康府学给予上京参加省试的举子旅费补助，文科举子每人可得钱五万，武科举子只有两万，武举人显然要低文举人一等。[4]

　　由此可见，武举和武学在设立之初是被期待成为政府选拔将才的方式，实际上却成为读书人求取官职的另一条途径。南宋时代，士人数量不断增加而文举的录取名额增长有限，使科考竞争日益激烈，迫使更多的举子选择武举。从孝宗朝开始，武举每次录取四十余人，进士科录取的人数则多半在四五百人之间。[5]武举的存在等于增加举子百分之十的入仕概率，关系考生权益至深。随着文科进士的录取率的下降，武举为众多落榜的士人提供出路，减轻登第困难所产生的问题。在此情况下，南宋官员虽对武举有诸多抱怨，却没有人敢倡议废止。

1　嘉定十三年，右正言张次贤在奏书中说："然能中两科者，不过挺特翘楚之辈，岂能一一舍武就文乎？"见徐松辑《宋会要辑稿》，《选举》一八之一九。

2　叶适：《叶适集·水心文集》卷二二《厉领卫墓志铭》，第421~422页。

3　叶适：《叶适集·水心文集》卷一四《忠翊郎武学博士蔡君墓志铭》，第257页。

4　周应合：《景定建康志》卷三二《儒学志五·贡士》，台北，大化书局，1980，宋元地方志丛书本，第9页。

5　南宋历次进士科录取人数的统计，参见何忠礼《宋史选举志补正》，第297~301页。

　　由于南宋参与武举者都是读书人，即使他们出任武官，仍常以文艺才能或表现著称于世。例如单炜（1195~1207），以武举官至路分，却以书法的长才而"著声江湖间，名士大夫多与之交。"[1]以开禧年间（1205~1207）战功闻名的周虎，也擅长文艺："文词敏赡，落笔若不经意，而深于运思者或愧之。作大字端劲，独步当世。"[2]相对地，南宋武举人在军事上的表现远不及北宋。尤其是在宁宗嘉定十年（1217）以后，南宋陷入长期的对外战争之中，武官取得了前所未有的权力与表现机会，[3]但武举人却鲜少在此有利的环境中崭露头角。较知名的只有王霆，曾在两淮地区建立战功，官至行左领军卫大将军，知蕲州。[4]因此，单就军事的功能而言，南宋的武举比北宋更缺乏实效。

五　"武"中之"文"——军事知识的定位

　　武举和武学从选举将帅之法，变成"士子假涂之资"，不仅反映了宋代武官地位的低落，也显示了军事之学在当时学术体系中尴尬的处境。当宋代士人将其价值观施用于军事领域，成立武举和武学，他们就必须面对一个新的问题：既然兵家为主的军事教育和考试必须存在，则兵学应如何在以儒学为主的学术体系中定位？这个"武"的学术应该取得独立地位，还是成为"文"的附属品？

　　如同文、武官分为东、西两班，文、武官的选拔称为"左选""右选"，武学又称为"右学"或"西学"，以对应于被称为

1　周密：《齐东野语》卷一二《姜尧章自叙》，中华书局，1983，第212页。

2　刘宰：《漫塘集》卷三二《故马帅周防御圹志》，第23页。

3　参见方震华《晚宋边防研究（A.D.1234－1275）》，硕士学位论文，台湾师范大学历史研究所，1992，第121~124页。

4　王霆在中举后担任军职，曾参与绍定三年（1230）的扬州之役，击退李全的南犯；端平年间力守光州，拒退蒙古军的入侵。参见《宋史》卷四〇八《王霆传》，第12313~12315页。

"左学"及"东学"的太学。[1] 从名称上来看，武学取得了与太学等文科学校对等的地位，代表政府对于文、武两种人才的同等重视，是一项前所未有的措施。曾任吏部尚书的刘才邵（1086~1158）对高宗大加赞扬此一成就：

> 臣闻文所以致治，武所以定功，二者相须，阙一不可。故上之人选才以为用，下之人因时以有为，虽不一致，然会其大要，不过文与武而已。自昔盛时，莫不并用而不偏废。至唐设为武举，其校试选举之法可谓详矣。然不闻兴学，是养之无其素，安得为尽善哉！……国朝规摹，远出前古，设科置学，既两得之。逮兹圣时，恢隆至治，祗率祖宗之成宪，兴崇学校之教法，文化之美，郁郁乎比隆于周。乃者复建庙学，教养武士，用三舍之法以升迁之，待之可谓至矣。多士家被教养作成之赐，莫不思自策励，以仰称德泽，而可用之才将辈出矣。于是兼收而无遗，岂不盛哉！[2]

在刘才邵看来，既然一个国家需要文治与武功两方面的成就，对文、武两种人才应同等重视，以制度化的方式加以培养和选拔，而宋代正是第一个在文、武两方面都建立教育及考试之法的朝代，因而能维系文、武两种价值的平衡发展，这是超越唐代而可与周代媲美的成就。可见，在教育体系中文武并重，是宋代文士引以为自豪之处。

但是，部分文士固然在理论上肯定"文"与"武"的对等地

1　武学称为"西学"与"右学"的例子，见慕容彦逢《摛文堂集》卷九《论武学上舍人奏状》，台北，艺文印书馆，1971，据常州先哲遗书本影印，第11~12页；陈傅良：《止斋集》卷一二《忠训郎武学博士李兴时知融州敕》，第18页。

2　徐松辑《宋会要辑稿》，《崇儒》三之三五～三六。刘才邵的生平见《宋史》卷四二二《刘才邵传》，第12606~12607页。

位，在现实运作上却并未给予"武"独立发展的空间。文士所提倡的"武学"只限于谋略的层面，亦即偏重军事学问中属于"文"的这一部分，像武艺、勇力等素养虽与战场胜负有密切关系，并不受他们的重视，武学中不教授武艺就是这种态度的反映。在他们看来，只要读书，拥有知识，就可以统兵立功。从北宋到南宋，这样的观念日渐强化，南、北宋文士对于狄青（1008~1057）事迹的不同记录就是一个例证。仁宗朝以降，狄青是最受文人称颂的当代武将，相关的文献中多次提及范仲淹劝狄青多读书的故事。例如，王珪的《狄武襄青公神道碑》中说："仲淹尝以《左氏春秋》授公，以为将者不可不知，匹夫之勇无足尚也。公于是自春秋战国至于汉以来成败之迹，概而能通。"[1] 余靖（1000~1064）的《宋故狄令公墓铭》也说："（范）文正尝以《左氏春秋》授公（狄青）曰：'熟此可以断大事，将不知古今，匹夫之勇，不足为也。'公于是晚节益喜书史，既明见时事成败，尤好节义。"[2] 这些北宋时期的记载强调狄青的学术素养，说明他并非只有匹夫之勇，但并未将狄青的战功与其熟读的书籍之间建立起直接的关联。到了南宋末年，狄青熟读《左传》的意义就被夸大了。由袁燮（1144~1224）撰写，理宗（1205~1264，1224~1264 年在位）御书，置于临安武学的《登科题名记》中说："近世狄武襄最善用兵，乃于《左氏春秋》得之。是故为将而不知古今，一夫之勇耳。"[3] 将狄青之所以能统兵立功，完全归功于熟读《左传》，书本知识被描述成将领之所以善战的基础。狄青生前曾受嫉视其权位文官的打击，但在他死后，现实的利益冲突不复存在，文士转而宣扬狄青生平事迹中符合文人价值的部分。[4] 这种宣传日益

1　王珪：《狄武襄青公神道碑》，收入《名臣碑传琬琰集》，上集卷二五，第 402~403 页。

2　余靖：《武溪集》，书目文献出版社，1988 北京图书馆古籍珍本丛刊据成化九年〔1473〕刊本影印，卷一九《宋故狄令公墓铭》，第 4 页。

3　潜说友：《咸淳临安志》卷一一《行在所录·学校》，第 44 页。

4　狄青在担任枢密使期间受文官攻讦的历史，参见方震华《权力结构与文化认同：唐宋之际的文武关系（875~1063）》，第 179~182 页。

夸大，狄青的战功竟成为实践文人价值观的模范。这个例子说明了宋代文人如何借着文字，强化其价值观念，使得士人更坚信读书足以解决军事问题。

文士将军事学问窄化为书本上的谋略之学，已经削减了兵学的发展空间，而统治者基于维护权力的私欲，又进一步加以钳制。军事之学毕竟不同于儒学，儒学提倡的礼乐教化有助于既有秩序的维持，但兵学知识则可能使平民具有反抗的能力，威胁皇权的行使。因此，宋代君主全力提倡儒学，对于军事之学的态度就很矛盾。一方面，君主肯定书籍对于统兵的重要性，要任用知书之将，要求武官学习兵法。另一方面，又恐惧这些知识为野心家所利用，危害其政权，而要禁止兵学在民间的传播。景德三年（1006），真宗下诏严禁民间学习和持有兵书：

> 天文、兵法，私习有刑，著在律文，用防奸伪。顾兹群小，尚或有违……两京、诸路管内，除准敕合留阴阳卜筮书外，应元象器物、天文星算、相术图书、七曜历、太乙雷公式、六壬遁甲、兵书、先诸家历算等，不得存留及衷私传习。有者限一月陈首纳官，释其罪，令官吏当面焚毁讫奏。限满不首，隐藏违犯，并当处死。[1]

诏书中对禁书的规定很广泛，凡是与兵法相关的书籍皆下令焚毁。可见宋廷虽然号称奖励学术，对其忌讳的学科仍是毫不留情地予以打压。宝元二年（1039），仁宗为使书禁的执行更有效率，下令详细订定禁止流传的兵书清单，导致"除《孙子》，历代史天文、律历、五行志，并《通典》所引诸家兵法外，余悉为禁书"。[2]宋廷将

1　宋绶、宋敏求编《宋大诏令集》卷一九九《禁天文兵书诏》，中华书局，1962，第734页。
2　李焘：《续资治通鉴长编》卷一二三，宝元二年正月，第2893页。

《通典》及史书中所引用的兵法排除在禁止范围之外，实因这些兵书的内容可随史书流传，除非将所有史书一齐禁绝，否则根本无从管制，故新的规定并不表示放宽管制。除了《孙子》之外，单独刊行的兵书全部在禁止之列，实际上是对民间流传的军事之学进行全面查禁。这样的政策，引发提倡研习兵学者的批评。范仲淹在天圣五年（1027）上书执政说：

> 昔成周之盛，王道如砥，及观《周礼》，则大司马阵战之法，粲然具存。乃知礼乐之朝，未尝废武。今孙、吴之书，禁而废学，苟有英杰，受亦何疑？且秦之焚书也，将以愚其生人，长保天下。及其败也，陈胜、吴广岂读书之人哉？[1]

既然认为将帅必须熟读兵书以具备谋略，就不应为了惧怕民众叛乱而禁止兵学的研习，更何况反叛政府者不一定就是研习兵书的人。另一方面，朝廷的禁止政策，仍不能保证兵学不在民间流传。景祐元年（1034），富弼在提倡武学时说：

> 况虽欲禁止，今蓄书之家，往往皆有。假使处私室熟习，如韩、彭、苏、李，陛下何由知之？是禁之适足自禁，不能禁人，不若不禁之愈也。必未能行于天下，且可行于学中。[2]

民间研习兵书既然难以彻底查禁，由官方设立的武学，可以让对兵学有兴趣者在政府的监控下进行研读，实有助于统治者筛选和控制军事知识的流传，减低危害政权的可能性。因此，武学的成立，实有加强管制研习兵学的用意。此外，武举考试也被用来引导兵学的

1　范仲淹：《范文正公文集》卷九《上执政书》，第222页。
2　富弼：《上仁宗论武举武学》，收入赵汝愚编《宋朝诸臣奏议》卷八二，第893页。

学习内容。例如，庆历七年（1047），朝廷规定武举考试的试题不得牵涉《阴符》等禁书的内容。[1] 借着考试来主导兵书的学习，阻止禁书传播的用意至为明显。

等到神宗朝编订《七书》，成为武学中唯一的教材及武举考试的主要内容，其他的兵学作品乃不能在武学中研习。这样的做法固然使统治者得以掌控军事知识的传授，却使兵学的发展受限。在政权的监控之下，武学的教育只是在训练学生应付武举考试，而武举考试的重心又是原本用来测验经学与文学素养的策论，出题者是熟悉儒学的文官，这自然会引导参与武学与武举的士人将注意力转向儒学和文学。因此，武学生华岳（？~1221）在上书宁宗时说自己自幼苦读兵学秘术，但为求进入武学只能"易真实之兵，为章句之士；变汗血之心，为选举之学"。[2] 由此可知，武学中所研习的其实仅是应付科考的学问，而非实用的军事之学。

正因为如此，在理论上太学与武学应传授不同的学问，实际上的区别却很有限。两所学校的学官经常互换，在任命武学学官的诏书中，更是明白指出两学的互通性。例如，"右学犹左学也，朕既妙选，凡掌东学之士，则右学可以次举矣"。[3] 这等于揭示：武学与太学根本没有什么区别，太学的教官就适合在武学任教。另一份任命太学正孙元卿为武学博士的诏书更说："尔以文行，简在东胶，誉处盛矣。推所讲明，施其右学，将见诸生不但习孙、吴而已，则朕之所以用汝也可"。[4] 所谓"东胶"指的是太学，故此一诏书是要孙元卿将太学教学的精义，用于武学的讲授，因为武学生应具备的素

1　李焘：《续资治通鉴长编》卷一六一，庆历七年十二月，第 3893 页。

2　华岳：《翠微北征录》卷一《平戎十策》，解放军出版社，1987，中国兵书集成据元抄本影印，第 32 页。

3　陈傅良：《止斋集》卷一七《武学谕黄襃然除武学博士主管架阁文字蒋来叟除武学谕敕》，第 18 页。

4　翟汝文：《忠惠集》卷一八《太学正孙元卿除舞学博士制》，收入《景印文渊阁四库全书》第 1129 册，第 4 页。按：此处"舞学"当为"武学"。

养，不仅止于孙子、吴子的兵法而已。凡此都可以看出，两个学校在教学上的相似性。

不仅学官如此，南宋的武学生也与太学生有密切的互动。到临安就读官学的学生主要是为了取得科举省试的资格，进入武学与太学的差别，仅在于未来投考武举或是文举。因此，有的士人甚至同时报考太学和武学，以求增加录取的机会。[1] 正由于武学生与太学生来自相同的背景，交往密切，武学生在发动学潮时，往往能得到太学生的支持。例如，宁宗嘉定三年（1210）因知临安府赵师睪下令笞挞两名武学生，引发武学生罢课抗议，太学生也随即罢课声援，上书攻击赵师睪，最后导致师睪被罢免。[2] 南宋晚期，武学、太学、京学和宗学的学生往往联合上书皇帝，鼓动政治风潮，形成政坛上强大的力量。[3] 这些现象证明了武学生虽然在名义上接受军事教育，实际上却与其他习文的学生没什么差异，彼此在身份认同上并无距离，故能相互合作而无隔阂。

教学的内容及师生的身份都显示南宋的武学不具备独立地位。北宋时代反对设立武学的文士，主要的顾虑是不愿在儒学教育之外，另有独立的军事教育，事实的发展证明他们是过虑了。武学到了南宋已被融入了儒学教育与科举考试体系之中，与其他的官学没什么差别。"文"与"武"表面上是平行对等，实际上却是相互纠葛，结果是武举与武学都成为低一等的附属品，只是提供士人一条录取率较高，但发展性较低的仕宦之途。

1　叶适：《叶适集·水心文集》卷二二《厉领卫墓志铭》，第 421 页。

2　参见王建秋《宋代太学与太学生》，台北，中国学术著作奖助委员会，1965，第 301~302 页。

3　淳祐四年（1244），理宗在右丞相史嵩之遭逢父丧后下令"起复"，引发四学的学生轮番上书反对，最终迫使理宗撤回前令，显示临安城内四学学生的影响力。参见佚名撰，王瑞来笺证《宋季三朝政要笺证》卷二，中华书局，2010，第 151~160 页，《宋史》卷四一四《史嵩之传》，第 12425~12426 页；周密《癸辛杂识》后集《三学之横》、别集下《史嵩之本末》，中华书局，1988，第 66~67、288~289 页。

结　语

宋代以儒立国，追求文治，重视教育与科举，相对地贬抑了"武"的地位。但是，军事终究是一个政府必须处理和面对的课题，以文士为核心的统治阶层势必对此提出对策。追溯武举与武学成立的背景，这两项制度初设于仁宗时代，正是北宋文官开始掌控了军事决策的时期。文官对职业军人的表现感到不满，以自己的思考模式和价值观念建立新的武官选任制度，以读书和笔试的方式来培养、选拔他们所期待的良将。武举提倡者忽略了高阶武官应从基层军职逐步培养的事实，乐观地认定透过科举的方式可发掘有用的将帅。但是，实际的结果却与他们的期待大相径庭。

宋代的文官对武人的表现不满，却多半不愿投身军职，使得透过制举从官员中选出高级武官的理想无从实现，只能以常态性的武举自民间选才。这些中第者既无行政资历，只能被授予基层职位，无法立即成为将帅。加上武举测验的方式与文举类似，造成绝大多数的武举参与者并非武人，而是进士科考试受挫的士人。所以，文官想借着考试和教育改变武官的素养，但实际影响的仍是士人阶层而非武人。因此，军功、荫补等固有的武官入仕途径无法废除，武举进士出身者在武官群中所占的比例一直很低。宋代政府虽力图避免武举成为进士科之外的次要选择，却始终无法改变这个事实。南宋朝廷两度禁止武举进士换文官都告失败，等于默认考不上进士的士人以武学与武举作为求官的另一途径。

武举进士在身份认同上与士人接近，与职业军人相疏离，影响他们从军的意愿。从北宋到南宋，武举进士不愿从军的现象日益严重，即使政府以强制或利诱的手段让他们进入军队，他们仍是军中的特殊分子，难与同僚合作。就军事层面而言，武举的实际功能随着时间发展而递减。但是，每当军事危机产生，武举便成为文官讨论的热门话题。看来宋代的文官习惯于读书、应举，遇到政治难题便寄望以这样的方式来解决。只是读书、科考与统兵作战之间存在着无可超越的差距，正如苏轼指出的，单靠考试就想得到将才，未免缘木求鱼。因此，文士对武举的各种建议纷陈，始终不能改变武举功效不彰的事实，充分显示了文士在处理军事议题上的无能为力。

设置武举与武学原本的目的是强化军队战力，但参与者多半无意于军职；本是测验与试者的军事能力，考试内容却与进士科差异有限；本为选拔将帅，实际上被士人当成求官的捷径。凡此种种，都反映了实际状况与制度设计明显不符，致使在军事层面上能发挥的功能有限。但是，这两项制度却因为四项因素而存在。首先，武举与武学落实了统兵能力来自读书的观念，而这个理念正是知书的文官掌控军事事务的理论基础。承认武举失败而将其废除，等于是宣告透过读书和笔试无法培育和选拔将才，切断了书籍知识与军事作战的关联，代表文士缺乏处理军政的能力，文官自然不愿接受这样的结果。其次，在设科和置学之外，文士想不出更好的办法来发掘合乎其标准的军事人才。透过这两个方式录取的将才固然有限，但是，若无此管道，民间的军事人才更没有一展长才的机会。第三，武学与武举具有象征文、武平等的意义。军事既是施政不可或缺的部分，则不论政府现实上多么崇尚"文治"，都要象征性地维持"武"的平等地位。在文科的考试和学校之外，另设武举、武学以显示统治者对"武"的重视，让赵宋政权拥有"兼隆文武"的外貌。第四，为受挫于进士科的举子提供另一条出路。仁宗时期的文官仍然在担心儒学的价值受到兵学的挑战，故朝廷以"专由于儒术"为由废除武举。随着读书、应举风气的普及，到了南宋，统治阶层需要忧虑的已不再是儒学的提倡，而如何安顿众多考不上进士科的士人。武举的录取名额固然只有进士科的十分之一，却给予文举落第者另一个希望。武举牵涉到众多士人的前途、地位和权力，自然难以废除。

武举与武学的名不副实只是宋代政府无力处理军事的一个层面。以文治为立国号召的统治阶层刻意压制"武"的价值，对于民众的习武多所猜疑，但又无法否认军事对其政权的重要性，如何处理军事事务就成为一大难题。表面上，武举和武学的建立提升了"武"的地位，其实是文士以"文"的理念来处理"武"的问题，将军事之学的发展置于政权的监控之下。结果是使武学和武举成为太学及进士科的附属品。其实，"武"自有其学术体系和价值观念，只是文士不肯承认，而力求使"武"成为"文"的附庸。于是，"文"与"武"应分而未分，徒然限制了整个国家在军事领域的发展空间。

宋代文人根据自身所学来规划军事制度，并不限于武官培养与选拔的层面，关于军队组成方式的讨论，更能看出文人根据历史知识来构思政策的现象。对宋代士人而言，要强化军事力量不仅要提升将领的素养，也必须注意士兵的来源与组织方式，这就涉及军队制度的规划，为数众多的争论由此而展开。

（原载《台大历史学报》第 33 期，2004 年 6 月，

第 1~42 页）

第三章　理想兵制的形塑

——唐宋时期的兵农合一论

前　言

由现存资料看来，尽管在先秦时期已有《孙子》《吴子》等兵学论著出现，但是，关于军队制度的专门性论述直到唐代中期仍未出现。同样地，唐代以前编撰的史书，也很少对兵制进行系统性的记录。班固（公元 32~92 年）的《汉书》大概是唯一的例外，由于视"兵"为"五刑"之首，乃在《刑法志》中对西汉以前的军事制度进行有系统的论述。[1] 从此之后，直到唐代中期，兵制发展历史

---

1 《汉书》卷二三《刑法志》，第 1079~1091 页。

的讨论仍无明显进展。[1]这种对军队制度的忽视，逐渐地因为唐代文人倡议府兵制度而产生变化。自安史之乱爆发，军队的跋扈与叛变成为李唐政权无解的难题，士人因而对召募组成的军队至感不满。这种对现实的失望，促成了恢复府兵传统的呼声，相关的历史论述逐渐发展完成，也促进士人讨论军队制度的风气。

　　唐代文士有关府兵的讨论，产生于兵乱频仍的时代，论点之中不免掺杂了他们对于现实情势的不满；加上此一制度已久未运作，自西魏以来相关的记载又十分零散，种种因素都影响论述的精确性。不过，中、晚唐时期的府兵论述虽出自多位文人之手，却具有相同的内涵：府兵被描述成一个迥异于募兵的军队体制，以"兵农合一"或"寓兵于农"为制度核心。对于宋代读书人而言，透过这些论著来理解府兵制度，远比从其他史书中搜集零星的资料来得容易，而且他们同样亲身体验募兵制的各种缺失，对于唐代倡议恢复府兵者的论点颇能产生认同。如此一来，宋人有关军事制度的讨论大致是在唐人的论点上发展，形成了一种以"兵农合一"为理想兵制的基本信念。

　　从唐至宋，文士有关军队体制的讨论，不仅是中国兵学传统上的新发展，对于宋代的军事政策也有重大的影响。随着宋代士人政治的开展，文官对于军队的控制权大增，他们对于"兵农合一"的信念不再徒托空言，而是致力落实于实际政策之中。本章借由分析唐、宋时期对府兵制的论述，说明唐、宋士人视"兵农合一"为理想兵制的现象，以显示此时期军事议论上的特色，及其造成的现实影响。

1　杜佑在唐德宗时期完成《通典》，为制度史的书写开创新局，但《通典》中的《兵》是以记载前代的用兵作战之法为主，未对历史上的军事制度进行讨论。

一 唐代的恢复府兵论述

在府兵制实际运作的时代里，我们很难找到针对此一制度的讨论，看来当时人对于这个军队制度及其历史的沿革并不十分重视。现代学者关于唐代军队的研究已经指出，府兵只是初唐军队组成的一个部分，当时还有蕃兵及兵募（临时召募或征发的士兵）的存在。[1] 既然军队的来源与组织是多元的，并非只有府兵这"一种"军队，当时人对其重视有限就不令人意外了。唐玄宗（685~762，712~756 年在位）开元年间（713~741），因为府兵逃亡严重，必须由新的军队来取代，在张说（667~730）的主导下，募"彍骑"来取代职司宿卫的府兵，使得府兵体制的运作近乎全面中止，在当时也未见反对的意见。时人袁映参加"神岳举"，[2] 在回答"府兵云耗，闲人轻去"的问题时说：

> 臣又闻之：兵戈者，威不轨而昭文德也；兆庶者，忘帝功而畏苛政也。边鄙预备，谁能去军？参决违方，时闻失业。总寰瀛而观偃伯，则三边之戍役，不足多也；据天下而览兆人，则万一之遁逃，不足怪也。况国家皇极作义，七政有伦，增新军以保厘，革浮惰而绥辑，何忧乎府兵之耗，何有乎冗食不归？虽休勿休，惟陛下之圣虑也。[3]

在袁映看来，士兵及百姓因赋役繁重而逃亡，乃人情之常，既不足

---

1 陈寅恪最早指出府兵可能不是唐初各项军事行动中的主力，见《论唐代之蕃将与府兵》，收入《陈寅恪先生论文集》，台北，文理出版社，1977，第 665~668 页。另可参见唐长孺《魏晋南北朝隋唐史三论》，武汉大学出版社，1992，第 405~414 页。

2 "神岳举"通常于封禅后举行，故袁映此文应作于开元十三年（726）玄宗封禅泰山之后不久。玄宗封禅的时间，参见刘昫等编《旧唐书》卷二三《礼仪志三》，中华书局，1975，第 891~892 页。

3 李昉等编《文苑英华》卷四八一《神岳举贤良方正策》，中华书局，1966，第 8 页。

为怪，亦不须过虑，只需召募新的军队来补充，注意安定百姓生活，谨慎面对即可。显然，袁映并不认为府兵制度失去原有功能，为其他军队所取代是什么严重的事情。事实上，自武后时代以降，唐室持续组织新的军队，以补充府兵的流失，也难怪袁映对府兵的削减视若平常。[1] 值得注意的是，对于同一事件，北宋文人有全然相异的看法。例如，欧阳修（1007~1072）在《新唐书·兵志》的序言中认为在唐太宗（598~649，626~649 年在位）之后，继位之君更改府兵之制，直接导致国家的衰乱。[2] 司马光（1019~1086）在《资治通鉴》中记载开元十年（722），张说召募壮士充宿卫以取代府兵之事时，也写下了"兵农之分，从此始矣"的评论，[3] 将府兵制度的停止运作，视为社会结构由兵农合一转变至兵农分离的巨大变化。显然，十一世纪的士人对于玄宗中止府兵制度的评价，与八世纪前期的意见有重大的歧异。这种差异的形成是受到中唐以后的历史发展，以及倡议府兵制度言论的双重影响。

　　玄宗晚年的失政引发安史之乱，唐的国势随之一蹶不振。乱平之后，唐室仍受吐蕃等及跋扈藩镇的持续威胁，军事问题成为影响国家治乱的关键因素。柳宗元（773~819）评论唐政之失，指出："失不在于州而在于兵，时则有叛将而无叛州。"[4] 颇能代表中唐士大夫对于国势衰微原因的解释。在此情况下，士人开始讨论军队的体制，期待重建朝廷可以有效控制的军队，以应付内、外的军事压力。于是，产生了以初唐军队为典范，恢复府兵制度的意见。

　　现存唐人倡议府兵的言论，以李泌（722~789）与德宗

1　从武后主政时代开始，唐政府陆续组成"团结兵"以弥补府兵的流失，参见日野開三郎『唐府兵制時代の團結兵について』，收入氏著『日野開三郎東洋史學論集』第一卷『唐代藩鎮の支配体系』、東京都、三一書房、1980 年 9 月、201-254 頁；方积六《关于唐代团结兵的探讨》,《文史》第 25 辑，中华书局，1985，第 95~108 页。

2　欧阳修等编《新唐书》卷五〇《兵志》，中华书局，1975，第 1323 页。

3　司马光：《资治通鉴》卷二一二，开元十年九月，中华书局，1956，第 6753 页。

4　柳宗元：《柳宗元集》卷三《封建论》，中华书局，1979，第 72 页。

（742~805，779~805 年在位）有关恢复府兵方式的对话最为详细，这段资料收录在李泌儿子李繁（？~829）于大和初年撰写的《邺侯家传》中。[1]由于《邺侯家传》的可信度，宋代学者已颇多质疑，[2]而且李泌提议恢复府兵之事在新、旧唐书中皆未经记载，更令人怀疑此一提议是出于李泌的主张或仅为李繁的杜撰。不过，考订此一事件的真伪并非本研究的目的。由于在唐代后半期，政府从未试图重建府兵制度，李泌是否真的曾建议恢复府兵，对于唐代历史的发展而言并无重大意义。值得注意的是此段对话对后代读者造成的影响，这一点可由讨论《邺侯家传》的内容入手。

李繁的记载是以问答的方式呈现，李泌在回答德宗"朕欲复府兵之制，如何"的询问时，首先提及府兵建立的时代背景，并一一细述其战功：

> 初置府兵，而东魏霸相高欢大举来伐……扫境内以敌之。除守御之师，共有众三万，战于沙苑。臣五代祖为右军，以师七千伏渭曲，欢大败，遂取东魏河东、汾、绛之地，后又得梁之蜀、汉、襄、邓及汉东。周受魏禅后，竟平北齐，灭梁于江陵，破陈吴明彻于邗沟，陈氏所保江南而已……隋受周禅，九年而灭陈，天下一统，皆府兵之力也……后北破突厥、西灭吐谷浑、南取林邑、东灭流求，皆府兵也……皇朝因之，平定天下。贞观中，北灭突厥、延陀，列州府至瀚海；西取龟兹等城郭诸国，置二庭，尽臣西域君长；灭吐浑，已而复之；降羌、

1　据《直斋书录解题》，李繁在狱中自知将死，恐其父之功业无传，乃撰成此书。依《旧唐书·李繁传》的记载，李繁在宝历二年（826）外放亳州刺史，在任内因擅自发兵捕杀群贼，为监察御史舒元舆诬陷下狱，于大和三年（829）赐死。参见陈振孙《直斋书录解题》卷七，收入《景印文渊阁四库全书》第674册，第6页；《旧唐书》卷一七上《文宗本纪上》，第533页；卷一三○《李繁传》，第3624页。

2　参见陈振孙《直斋书录解题》卷七，第6页；洪迈：《容斋随笔·四笔》卷一一《册府元龟》，中华书局，2005，第742页。

> 党项为三十六州。高宗东灭高丽、百济，迁其人于中国，列其
> 地为州县，以新罗为鸡林都督府，以波斯为大疾陵都督府，亦
> 府兵也。[1]

此段文字将西魏、北周、隋、唐的重要军事成就全都归功于府兵，使读者以为从西魏至唐，连续四个王朝的政府都倚赖府兵这"一种"军队来面对战争，不仅能统一中国，并进而征服四夷。但是，现代学者的研究已指出此一观点的错误。例如，隋文帝（541~604，581~604 年在位）派兵平陈，总数高达五十余万，不可能全是府兵。[2]至于唐代前期对四夷用兵，府兵在全体军队中所占的比重并不高，反而是兵募、蕃兵扮演较重要的角色，将唐代初期的军事成就全归功于府兵，实属过分夸大，也掩盖了唐朝前期军队组成复杂的实况。[3]

除了对外敌的战功，李泌更进一步强调，府兵的另一个优点在于将领不能利用府兵发动叛乱，士兵也不会以下犯上：

> 自置府兵，未有能以之外叛、内侮及杀帅自擅者。自废以
> 来，召募长征健儿，而禄山得以为乱，至今不定，复之为便。

此处明显是针对安史之乱以降藩镇军队的诸多跋扈、叛乱的事迹而立论，宣称实行府兵制时无此弊端。此种论点形塑府兵迥异于募兵的形象，并且主张募兵制的建立是因府兵的消失而来，使得读者以为安禄山（703~757）造成的各种政治、军事乱象，都是府兵被废而

---

1 《邺侯家传》全书已佚，部分内容散见于唐、宋人的著作中，李泌论府兵的部分被保存在王应麟所编的《玉海》。见王应麟《玉海》卷一三八《兵制》，第18~24页。下文所引《邺侯家传》之文皆出此一文献，不再一一注明。

2 古怡青：《唐代府兵制度兴衰研究——从卫士负担谈起》，台北，新文丰出版社，2002，第504页。

3 参见唐长孺《魏晋南北朝隋唐史三论》，第410~413页；康乐：《唐代前期的边防》，台北，台湾大学文史丛刊，1979，第146~171页。

产生的后果。

府兵制既然如此卓越，为何会在玄宗时代消失？李泌归咎于高宗（628~683，649~683 年在位）以降，统治阶层对府兵的轻视及虐待，致使士兵逃亡避役，政府不思改善，反而以募兵来取代。至于恢复此一制度的办法，李泌依据府兵"农隙教试，阅兵仗"的特性，主张在关中地区，逐年将朝廷掌控的募兵转化成兵农合一的府兵：

> 关东之师，约三年而代，今始一年矣。给荒地、牛、种、农具，而官为之籴，每人所获不啻绢百匹。年将满，下诏有愿住者，给所开地为永业；家口愿来，令州府给长牒，续食。不二三更代，则关中已实，不假征戍矣。因遂以为府兵，移旧府名即而置之，分隶京师诸军、诸卫。有寇，则以符契发付边将；无寇，分番宿卫，府兵成矣。

李泌期望透过授予农地、耕牛、农具及种子，先让召募而来的职业兵转变为农民，日后再将这批农民组织成为府兵，负责宿卫与守边之责。我们已经很难确定李泌的计划是否付诸执行，[1] 就算曾经下令施行，显然并未达成预期的效果。因为在宪宗（778~820，805~820 年在位）元和元年（806），白居易（772~846）在对策中又提出了十分类似的呼吁，显示府兵仍未恢复：

> 夫欲分兵权、存戎备、助军食，则在乎复府兵、置屯田而已。昔高祖始受隋禅，太宗既定天下，以为兵不可去，农不可废，于是当要冲以开府，因隙地以营田。府有常官，田有常

---

1 现存的史料中只有《资治通鉴》记录此一计划曾经付诸实施，但内容仅有"戍卒应募，愿耕屯田者什五六"，后文亦未再提及此事。见《资治通鉴》卷二三二，贞元三年六月，第 7495 页。

业，俾乎时而讲武，岁以劝农，分上下之番，递劳逸之序。故有虞，则起为战卒；无事，则散为农夫。不待征发，而封域有备矣；不劳馈饷，而军食自充矣，此亦古者尉候之制、兵赋之义也。[1]

白居易认为太宗建立府兵，配合屯田，实行兵农合一体制，士兵在平时从事农业生产，轮番从事军事任务。其优点在于：军人无事则耕作，有事则作战，政府不必花钱养兵，却随时有军队可用。居易的说法虽然简短，却清楚地将兵农合一描述成为能同时解决军事与财政问题的良法，并且特别强调唐太宗创设府兵，显然有意将此一制度与贞观盛世的产生进行联结。

杜牧（803~852）在文宗（809~840，827~840 年在位）大和八年（834）撰写《原十六卫》，同样将府兵的建立归功于太宗，并视恢复府兵为重现唐初盛世之法。[2]杜牧首先从军队控制的角度来分析府兵的优点：

> 始自贞观中，既武遂文。内以十六卫畜养戎臣，外开折冲果毅府五百七十四以储兵伍……上府不越一千二百人。三时耕稼，被襁耡耒；一时治武，骑剑兵矢。禆卫以课，父兄相言，不得业他。籍藏将府，伍散田亩，力解势破，人人自爱。虽有蚩尤为师，雅亦不可使为乱耳。及其当居外也，缘部之兵，被檄乃来，受命于朝，不见妻子。斧钺在前，爵赏在后，以首争首，以力搏力，飘暴交捽，岂暇异略？虽有蚩尤为师，雅亦无能为叛也。自贞观至于开元末，百五十年间，戎臣、兵伍，未

---

1 《白居易集》卷六四《四十五复府兵置屯田》，中华书局，1979，第 1341~1342 页。
2 关于杜牧撰写《原十六卫》的背景，黄清连已有深入的讨论，见黄清连《杜牧论藩镇与军事》，收入黄清连编《结网编》，台北，东大图书公司，1998，第 351~405 页。

始递篡。[1]

杜牧强调府兵是平时农耕，只在冬季农隙时治武，有战争时才组成军队作战；由于不会长期服役，军士与统兵将领的关系不深，不会支持叛将反抗朝廷。所以，从太宗朝至玄宗开元时期，未曾有武将、军人的叛变发生，此一观点与李泌对府兵的称颂大致符合。至于这个理想体制的衰微，杜牧则归咎于执政者的一念之差，导致错误的决策：

> 至于开元末，愚儒奏章曰："天下文胜矣，请罢府兵。"诏曰："可。"武夫奏章曰："天下力强矣，请搏四夷。"诏曰："可。"于是府兵内铲，边兵外作，戎臣兵伍，湍奔矢往，内无一人矣。起辽走蜀，缭络万里，事五强寇，十余年中，亡百万人，尾大中干，成燕偏重，而天下掀然，根萌烬燃，七圣肝食，求欲除之，且不能也。

照杜牧的说法，府兵之废全因"愚儒"的建议，造成君主转而倚重边兵，伏下日后安史之乱的种子。与《邺侯家传》相比，可以发现杜牧对府兵衰落原因的解释十分简单。李泌认为府兵的消失是高宗至玄宗时代长期处置失当的结果，杜牧则完全归咎于玄宗及其臣下的错误决策。其实，府兵的衰落，有其复杂的政治、社会、经济与文化因素，并非单纯由于统治者单一的决策所造成。[2]由此看来，杜牧对于唐代兵制变革的复杂历史背景并不了解，他在文章最末说："伏惟文皇帝十六卫之旨，谁复而原，其实天卜之大命也。"将府兵

---

[1] 杜牧：《樊川文集》卷五《原十六卫》，台北，汉京文化事业有限公司，1983，第89~91页。下文所引《原十六卫》出处相同，不再注明。

[2] 历来史家对于府兵制衰落的原因有诸多研究，综合性的讨论可参见古怡青《唐代府兵制度兴衰研究——从卫士负担谈起》，第466~519页。

的恢复视为拯救国家困局的根本方法，却未曾提出具体的做法，这似乎显示他主观地相信府兵可以靠君主的决心而重建。杜牧提出此一论点，恐怕是与他对当时武官的不满有关。《原十六卫》的后半部都是在批判武将的败行劣迹：

> 近代已来，于其将也，弊复为甚。人嚣曰：廷诏命将矣！名出视之，率市儿辈。盖多赂金玉，负倚幽阴，折券交货所能也，绝不识父兄礼义之教，复无慷慨感慨之气。百城千里，一朝得之，其强杰慓勃者，则挠削法制，不使缚己，斩族忠良，不使违己，力壹势便，罔不为寇；其阴泥巧狡者，亦能家算口敛，委于邪幸，由卿市公，去郡得都，四履所治，指为别馆。或一夫不幸而寿，则戛割生人，略匝天下，是以天下每每兵乱涌溢，齐人乾耗，乡党风俗，淫瀰衰薄，教化恩泽，壅抑不下，召来灾沴，被及牛马。

认为当时武将的道德与素质低下，却享有统治百姓之权，于是贪赃枉法，迫害良民，成为一切灾祸的根源。杜牧对武人的批判十分严厉，反映出心中强烈的恶感。因此，他视府兵为解决军人跋扈、滥权的理想体制，期待统治者立即恢复以消弭武人之祸。这样简单而夸大的论述，固然可以引起后代读者对于府兵体制的向往，却不利于此一传统的真正实现。受杜牧影响的士人不免以为：府兵既因君主一念之差而消失，则可以靠决策者的一声令下而恢复。事实上，造成此一体制衰落的原因远比杜牧所描述的复杂，要想恢复府兵的实际过程，自然远比杜牧及其支持者所想象的更为艰辛。

　　杜牧等人的作品阐述了府兵制的诸多优点，那么这样的体制是否合乎儒家经典中的理想？刘蕡在大和二年（828）的对策中有清楚的陈述：

臣闻古者因井田而制军赋，间农事以修武备，提封约卒乘之数，命将在公卿之列，故兵农一致而文武同方，可以保乂邦家，式遏祸乱。暨太宗皇帝肇建邦典，亦置府兵，台省军卫，文武参掌，居闲岁则橐弓力穑，将有事则释耒荷戈，所以修复古制，不废旧物。今则不然。夏官不知兵籍，止于奉朝请；六军不主兵事，止于养勋阶。军容合中官之政，戎律附内臣之职。首一戴武弁，疾文吏如仇雠；足一蹈军门，视农夫如草芥。谋不足以翦除凶逆，而诈足以抑扬威福；勇不足以镇卫社稷，而暴足以侵轶里闾……臣愿陛下贯文武之道，均兵农之功，正贵贱之名，一中外之法，还军卫之职，修省署之官，近崇贞观之规，远复成周之制，自邦畿以刑于下国，始天子以达于诸侯，则可以制猾猾之强，无逾检之患矣。[1]

认为周代的兵制是配合井田制而来，唐太宗建置府兵制正是"成周之制"的重现。等到府兵废止，兵、农开始分离，军政由宦官主导，文官难以过问。职业军人因而跋扈不法，敌视文官、农民。因此，建议文宗必须恢复府兵的传统，以制裁当时为恶于天下的武人和宦官。刘蕡与杜牧一样，严厉批判晚唐军人违法犯禁造成的危害，而将改革时弊的希望寄托于恢复府兵。

李繁、刘蕡和杜牧对府兵的论述都是文宗大和年间（827~835）完成，我们可以说晚唐文士的府兵论述至此已经发展成熟。府兵被描绘成符合三代圣王"寓兵于农"的理想制度，军队由农民组成，三时农耕，一时治武；政府不必花钱养兵，又不须担心军队为将领所私有；承平时可防制内乱，战争时可对抗外敌。事实上，如此理想的军队根本不曾在历史上出现过，杜牧等人的说法只是反映出当时武人不受朝廷节制的现实。不过，这些论述所形塑的府兵制度何

1　《旧唐书》卷一九〇下《文苑·刘蕡传》，第 5074~5075 页。

其完美，也难怪后代读书人为之心动了。

　　不过，即便府兵的完美形象已被杜牧等人所形塑，但此种观点若缺乏具体事例的印证，恐怕不易产生深远的影响。终唐之世，文士恢复府兵的呼声未曾被朝廷落实，但某些地方官的施政作为，却符合复府兵论者"三时务农，一时讲武"的兵农合一理论，成为强化此一论述的证据。第一个例子是唐德宗时代，昭义节度使李抱真（733~794）在泽潞地区建立的一支强大的步兵：

　　　　抱真密揣山东当有变，上党且当兵冲，是时乘战余之地，土瘠赋重，人益困，无以养军士。籍户丁男，三选其一，有材力者免其租徭，给弓矢，令之曰："农之隙，则分曹角射；岁终，吾当会试。"及期，按簿而征之，都试以示赏罚，复命之如初。比三年，则皆善射，抱真曰："军可用矣。"于是举部内乡兵，得成卒二万，前既不廪费，府库益实，乃缮甲兵，为战具，遂雄视山东。[1]

抱真以几年的时间，利用农闲之时训练一批农民成为战士，得以节省养兵经费，充实财政，最终以此军队对抗叛乱的河北藩镇，成为德宗朝安定北方局势的重要力量。[2] 另一个事例是文宗时代，李德裕（787~850）在四川为应付南诏而成立的民兵，《新唐书》中记载其做法是："率户二百取一人，使习战，贷勿事，缓则农，急则战，谓之'雄边子弟'。"[3] 同样是按户征集，兵农合一的民兵组织，被认为是李德裕借以稳定四川局势的一支军队。

　　值得注意的是，上述的两个例子在唐代并不受到重视。李抱真的事迹固然记录于《旧唐书》之中，但现存的其他唐代文献中

---

1 《旧唐书》卷一三二《李抱真传》，第3647页。
2 《旧唐书》卷一三二《李抱真传》，第3648页。
3 《新唐书》卷一八〇《李德裕传》，第5332页。

皆未提及此事。在唐代的笔记中反而记载李抱真为了潞州的军资
匮乏，设计诱骗为当地百姓信服的老僧焚身，借机敛取信徒大量财
物，才得以充实府库的故事。[1] 反映出时人并不认为李抱真之所以能
达成"府库益实"的成绩，组织"兵农合一"的军队是唯一因素。
至于"雄边子弟"的记载则不见于现存的唐、五代文献中。在李德
裕丰富的仕宦生涯中，担任剑南节度使仅两年多，恐怕不是十分受
时人重视的一段经历。[2] 直到北宋，相关的记载才开始出现，并随着
时间的推移日益增加。不过，虽然有多部宋代文献记载此事，但书
写的内容却几乎完全一致，应是出自同一史源的结果。追溯其立论
依据，应是出自李德裕撰写的《西南备边录》一书。《西南备边录》
现已亡佚，据宋人的描述，李德裕撰此书于大和六年（832），记录
其在四川的各项边防部署。[3] 此书未曾被唐代其他文献提及，应是
"雄边子弟"一事在当时未受重视的主因。

　　正由于这两个结合兵农的"实例"并未留下详细的资料，我
们难以得知李抱真与李德裕的做法是否与府兵传统有关。同样地，
我们也不知道这两支地区性的农民军队，究竟是形成了长期的制
度，还是随着抱真与德裕的去职而消失？不过，对于宋代"兵农合
一"的支持者而言，这些问题都不在思考的范畴之内，他们往往未
经深入讨论，便直接引用这两个例子来证明府兵制或兵农合一理想
的可行性。例如，仁宗（1010~1063，1022~1063 年在位）嘉祐四年
（1059），李昭亮（992~1063）、庞籍（988~1063）等地方长官共同
上奏，支持在河北地区组织兵农合一的"义勇"，就指出：

1　佚名：《玉泉子》，上海古籍出版社，1958，第 23~24 页；李绰：《尚书故实》，台北，艺文印
　　书馆，1965，百部丛书集成本，第 21~22 页。

2　据《旧唐书》，李德裕于大和四年十月任剑南西川节度使，大和六年十二月返京任兵部尚书，
　　参见《旧唐书》卷一七下《文宗本纪下》，第 539、547 页。

3　王应麟：《玉海》卷一四一《兵制》，第 4~5 页。传世的李德裕文集中有《进西南备边录状》，
　　可见曾以此书上呈。见李德裕《李文饶文集》卷一八，收入《四部丛刊正编》第 36 册，台
　　北，台湾商务印书馆，1979，影印常熟瞿氏藏明刊本，第 5 页。

前代之制，车乘甲卒皆赋于民，四时蒐狩，农隙讲事，行师临敌，振旅策勋，皆布在方策。兹事已远，且以唐言之：泽潞留后李抱真籍户丁男，三选其一，农隙则分曹角射，岁终都试，以示赏罚，三年皆善射，举部内得劲卒二万。既无廪费，府库益实，乃缮甲兵为战具，遂雄视山东。是时天下称昭义步兵冠于诸军，则近代之显效。而或者谓民兵只可城守，难备战阵，诚非通论也。[1]

以李抱真成功的事例来论证民兵制度不仅合于古法，更有实际成功的前例可循。既然唐代潞泽地区的民兵，在战力上更胜于当时召募而成的藩镇军队，证明民兵不仅能守护乡土，更能出征作战。这样的推论完全不考虑泽潞地区的特殊性，将一个地区短暂成功的经验，化约成为超越时空、放诸四海皆准的通则。南宋的杨冠卿（1138～?）则借李德裕的前例来论证恢复府兵制是可行的。他说："至李德裕帅剑南，家鸠一壮卒，缓农急战，号为'雄边子弟'，则与府兵之法果相远乎？"[2]于是，晚唐文人的府兵论述，搭配两位地方官的具体施政，成为宋人讨论军事制度的重要依据。

二　宋代的兵农合一论

唐代灭亡后，对于府兵的讨论也暂告终止。五代的政治权力多由职业军人所掌控。这些戎马出身的权贵习于募兵的传统，文士则因缺乏实权，对军政少有置喙的机会。直到北宋真宗（968~1022，

1　李焘：《续资治通鉴长编》卷一八九，嘉祐四年三月，第4558~4559页。

2　杨冠卿：《客亭类稿》卷八《府兵之制》，收入《景印文渊阁四库全书》第1165册，第13页上。

997~1022年在位）时代，复府兵之议才再度出现。[1]这一方面是因为
自太宗晚年一连串对外用兵失利，引发士人对当时军队的不满；另
一方面，文官权力自宋初持续扩张，开始介入军事事务，乃提倡改
革，而恢复府兵则为其在军事上最主要的意见。

　　对北宋倡议兵制改革者而言，改革之所以必要，尚不仅止于对
外战争的挫败，更在于养兵开支造成财政的沉重负担，在仁宗朝因
西夏战争而大幅扩军后尤其严重。张方平（1007~1091）对仁宗说：

> 　　三代而下，言治国者，惟汉唐至我朝焉。天下其犹故也，
> 以言乎蠹，则益多矣。汉以兼并，唐则释老，我朝加以兵马。
> 蠹出于一，百姓有不足者；蠹出于二，国且虚乏；三蠹并生，
> 若之何而冀上下之丰给也！[2]

认为军队已为宋政府带来前所未有的财政负担，而造成此一现象的
根本原因则是因为兵农分离。方平接着陈述："自三代而下，逮于
唐，兵农一本。"但到了唐玄宗时，"废折冲府，立武士帐，而兵农
始判"。因此，他倡议民兵与屯田，希望达成"精兵皆在南亩矣"
的目标。[3]这明显是受晚唐府兵论述的影响，视府兵的废除为"兵农
合一"演变为"兵农分离"的关键，而其具体改革主张则与前述白
居易的意见类似，都是期望以屯田为基础，重建兵农合一的体制。

　　张方平组织农民为兵的主张，在当时相当流行。自西夏战争爆

1　真宗咸平年间，京西转运副使朱台符建议改变兵、农分离的现况，在各地组织农民为"义
军"，布衣陈贯也上书请籍边民为府兵，取代禁军戍边之责。参见李焘《续资治通鉴长编》卷
四四，咸平二年闰三月，第938页；卷五九，景德二年三月，第1322~1323页。
2　收入黄淮、杨士奇编《历代名臣奏议》卷二一九《兵制》，上海古籍出版社，1989，影印明永
乐十四年内府刊本，第14~15页。编者系此奏于庆历元年。另可参见张方平《张方平集》卷
一五《原蠹下篇》，第187~188页。
3　黄淮、杨士奇编《历代名臣奏议》卷二一九《兵制》，第15页。

发，"议者多言唐之府兵可复"；[1] 宋廷也开始在河北、河东和陕西三路大量征召乡兵，以补"正兵"的不足。[2] 战事结束后，庆历三年（1043）九月，参知政事范仲淹（989~1052）应仁宗手诏，条陈十事，一般称为"庆历变法"，其中第七事是"修武备"，主旨在修复唐代府兵之法：

> 臣闻：古者天子六军以宁邦国，唐初京师置十六将军、官属，亦六军之义也；诸道则开折冲、果毅府五百七十四，以储兵伍。每岁三时耕稼，一时习武。自贞观至于开元百三十年，戎臣、兵伍无一逆乱。至开元末，听匪人之言，遂罢府兵。唐衰，兵伍皆市井之徒，无礼义之教，无忠信之心，骄蹇凶逆，至于丧亡……请约唐之法，先于畿内并近辅州府，召募强壮之人，充京畿卫士，得五万人以助正兵，足为强盛。使三时务农，大省给赡之费；一时教战，自可防虞外患……此实强兵节财之要也。侯京畿、近辅召募卫兵已成次第，然后诸道效此，渐可施行。[3]

强调复府兵是为了"强兵节财"，可见财政的考量与军事的需求同等重要，而其对府兵的描述皆是节录杜牧《原十六卫》中的文字。正因如此，范仲淹和杜牧一样，把府兵制的恢复看得太过单纯，认为政府透过召募一批"三时务农""一时教战"的士兵，就可以让府兵制重新运作。但实际的状况并非如此，尤其时值西夏战争结束不久，官员多期待减少军事开支以舒缓民众的负担，仲淹却倡议召募新的军队，显然不合时宜，连自己的同僚都不能认同；他在《答

1　《欧阳修全集》卷八一《内殿承制孟均可千牛卫将军制》，第1180页。

2　《宋史》卷一九〇《兵志四》，第4706页。

3　范仲淹：《政府奏议》卷上《答手诏条陈十事》，第535页；李焘：《续资治通鉴长编》卷一四三，庆历三年九月，第3431~3441页。

手诏条陈十事》的各项主张，只有府兵未曾推动，实不令人意外。[1]

范仲淹的计划并未实现，但府兵传统仍是推动"兵民合一"理念者的重要依据。英宗治平元年（1064），宰相韩琦（1008~1075）建议在陕西重新组织民兵：

> 三代、汉唐以来，皆籍民为兵，故其数虽多而赡养至薄，所以维制万方而威服四夷，又非近世所蓄冗兵可及也。唐置府兵，最为近古，天宝已后，废不能复。因循至于五代，广募长征之兵，故困天下而不能给。今之义勇，河北几十五万，河东几八万，勇悍纯实，生于天性，而有物力资产、父母妻子之所系，若稍加简练，亦唐之府兵也。陕西当西事之初，亦尝三丁选一丁为弓手，其后刺为保捷正军，及夏国纳款，朝廷拣放，于今所存者无几。河北、河东、陕西三路，当西北控御之地，事当一体。今若于陕西诸州亦点义勇，止刺手背……一时不无小扰，而终成长利。[2]

韩琦认为府兵制接近三代的传统，而宋廷若能组织北方百姓成为义勇，并加以挑选和训练，即能达到府兵制的功能。英宗接受此一提议，征召超过十三万的陕西百姓组成义勇，北方三路的义勇数量合计已超过三十六万。[3]

仁、英两朝在北方三路组织的民兵数量虽多，但并未真正取代召募而来的"正兵"，使得募兵所带来的问题并未解决。神宗朝王安石（1021~1086）推动"新政"，期待以"保甲"革除募兵的种种弊端，此一政策实从对府兵制的理解衍生而来。王安石所撰的《熙

1　李焘：《续资治通鉴长编》卷一四三，庆历三年九月，第3444页；并可参看余靖的反对意见，参见李焘《续资治通鉴长编》卷一四九，庆历四年五月，第3604页。

2　李焘：《续资治通鉴长编》卷二〇三，治平元年十一月，第4915页。

3　《宋史》卷一九〇《兵志四》，第4707~4708页。

宁奏对日录》曾记载他与神宗（1048~1085，1067~1085 年在位）对
兵制的讨论：

> 余因为上言："募兵之害，终不可经久，金以为如此。"余
> 曰："今养兵虽多，及用则患少，以民与兵为两故也。又，五代
> 祸乱之虞，终未能去，以此等皆本无赖奸猾之人故也。"上因
> 问府兵之制，曰："何处言府兵最备？"余曰："《李邺侯传》，言
> 之详备。"上曰："府兵与租庸调法相须否？"余曰："今上番供
> 役，则以衣粮给之，则无贫富，皆可以入卫出戍，虽未有租庸
> 调法，亦可为也。"[1]

王安石认为现行的募兵制既耗财，又缺乏战斗力，其根本原因在于
兵民分离，必须恢复府兵，而《邺侯家传》（即《李邺侯传》）则是
他理解府兵制度的主要依据，后来特别抄写一份进呈给神宗。[2]因
此，《邺侯家传》对于府兵战功的诸多描述，让安石对兵农合一军队
的战力有很强的信心。例如，文彦博（1006~1097）曾质疑安石的主
张，认为民兵难以远成边境。安石反驳说："前代征流求，讨党项，
岂非府兵乎！"[3]显然是引用李繁的文字来证明自己的主张。

为取代募兵，王安石推动保甲，从征调农民进行军事训练着
手，期待使兵农能真正合一。他对神宗说："民兵成，则募兵当减
矣。"[4]神宗也认为："经远之策，必至什伍其民，费省而兵众，且与
募兵相为用矣。"[5]显然，推行民兵不是一蹴可几，必须与先募兵相

---

1 朱熹：《朱子文集》卷八三《跋王荆公进邺侯遗事奏稿》引《熙宁奏对日录》，台北，德富文
   教基金会，2000，第 4089 页。

2 朱熹：《朱子文集》卷八三《再跋王荆公进邺侯遗事奏稿》说："熹家所藏荆公进《邺侯家传》
   奏草。"可见王安石所呈之"邺侯遗事"即是《邺侯家传》。见《朱子文集》，第 4117 页。

3 《宋史》卷一九二《兵志六》，第 4774 页。

4 《宋史》卷一九二《兵志六》，第 4778 页。

5 《宋史》卷一九二《兵志六》，第 4774 页。

互配合，再逐步减少募兵的数量。只是民兵与募兵并用的结果，最后造成"募兵之费竟不能撙，而保甲之扰遍天下"的失败结局。[1]

北宋两次倡议改革兵制皆未成功，是否改变了统治阶层对于府兵制的看法？答案似乎是否定的。高宗初年军情危急，庞大的军费开支须以各种专卖收入及杂税来弥补，对此做法，统治阶层有所讨论：

> 〔绍兴二年（1132）十月〕庚戌，宰执奏禁私酒事。上曰：
> "私酤亦害国计。"吕颐浩曰："茶、盐榷酤，今日仰以养兵，若
> 唐府兵可复，无养兵之费，则可罢，不然，舍此何出？"[2]

从吕颐浩（1071~1139）之言看来，府兵的恢复仍被高宗君臣视为解决财政困难、纾解人民负担的重要方法。只是在兵马倥偬之际，政府显然无力恢复府兵，只能继续以正税以外的手段，增加政府收入以养兵，即便这样的政策造成平民的负担沉重，亦视为无可奈何之举。如此一来，百姓的沉重负担便长期得不到解决，统治阶层即便了解此一问题，却也提不出具体的对策。淳熙六年（1179）孝宗（1127~1194，1162~1194 年在位）与大臣讨论《淳熙法册》的编订时说：

> "朕不忘恢复者，欲混一四海，效唐太宗为府兵之制，国
> 用既省，则科敷民间诸色钱物可悉蠲免，止收二税，以宽民力
> 耳！"（赵）雄等奏："圣念及此，天地、鬼神实临之，必有阴
> 相，以济大业。"[3]

1　朱熹：《朱子文集》卷八三《跋王荆公进邺侯遗事奏稿》，第 4090 页。
2　熊克：《中兴小纪》卷一三，台北，文海出版社，1968，第 11 页上。
3　徐松辑《宋会要辑稿》，《帝系》一一之一〇；并参见不著撰者《皇宋中兴两朝圣政》卷五七，台北，文海出版社，1967，第 12 页。

看来要解决财政问题，减轻百姓的负担，府兵制仍是一切希望之所寄。只是孝宗认为恢复府兵须待光复北方故土之后，则此一理想何其遥远。因此，尽管南宋政府未曾再推动全面性恢复府兵的政策，但以府兵为解决国政弊端的观念仍然存在；改变募兵制不仅是为了军事目的，更是为了节税爱民。

三　质疑意见及其局限

由以上讨论可知，宋代官员对于兵制的讨论基本上是承袭晚唐文官关于府兵制的论述，及少数地方官推行兵农合一的实际个案，发展出以"兵农合一"为理想兵制的理念。不过，随着兵制改革工作的持续推展，相关讨论日益增加，"兵制史"甚至成为专著。[1]论著既多，新的观点逐渐产生，部分论述开始跳脱唐人的窠臼，指出传统复府兵制论述存在的缺失。司马光的论点堪称早期的代表。英宗治平元年（1064），宰相韩琦扩大"义勇"的数量，身为谏官的司马光六度上殿面奏，表达反对意见，[2]他指出推行"兵农合一"的社会经济背景已经消失：

> 古者兵出民间，民耕桑之所得，皆以衣食其家，故处则富足，出则精锐。今既赋敛农民之粟、帛以赡正军，又籍农民之身以为兵，是一家独任二家之事也，如此，民之财力安得不屈！岂非名与古同而实异乎？[3]

在司马光看来，推行"兵农合一"的前提是，农民生产皆为其家所

1　陈傅良的《历代兵制》就是一个例子。其他南宋时期讨论兵制的专著，可参见赵国华《中国兵学史》，福建人民出版社，2004，第447~465页。

2　李焘：《续资治通鉴长编》卷二〇三，治平元年十月，第4915~4922页。

3　司马光：《温国文正司马公文集》卷三二《义勇第五札子》，第5页。

有。如果政府既向人民征收赋税，又要他们服役当兵，势必造成沉重的负担。显然，新兵制的推行必须与整体税赋制度相配合。宋神宗亦有类似的看法，前文已提及他曾对王安石说："府兵与租庸调法相须。"可见已注意到府兵制的恢复不仅是征召一批士兵，让他们同时务农、治武即可轻易达成，而须有其他社会经济政策与条件的配合才可能成功。因此，府兵制的推动将牵涉到政国家租税制度的调整，不是单从军队组织进行改革就可达成。

南宋时期，陆九渊（1139~1193）同样从社会经济的角度来思考府兵制度，反对轻率地恢复府兵。他在回答"问唐取民制兵建官"的策论中，认为府兵的设立与均田制的实施是互为表里的。因此，"唐府兵之法，固可为复军旅卒伍之渐矣，然授田之制不行，则府卫之制不可复论"。由此可见，陆九渊认为府兵制的恢复并非单纯的军事问题，而是牵涉到土地与赋税制度，欲复府兵，不能只就军队本身进行改革，必须先从实行井田制着手，这是对唐代以来复府兵论述的重大修正。不过，陆九渊并未否定恢复府兵制的理想，仍然视唐代制度"为复三代之渐"，而三代之法则是他认定最理想的制度。陆九渊主张重建府兵及唐代其他制度，须要采取渐进式的方法，但并未对此提出具体说明。[1]

相对于陆九渊从执行的角度，提出异于唐人的看法，叶适（1150~1223）则对传统的复府兵论述提出根本性的质疑，他从批判《新唐书·兵志》出发，厘清府兵制发展的历史事实：

> 《新史》言："唐立府兵之制，颇有足称。"又言："古之兵法，起于井田。"又言："此高祖、太宗之所以盛。"按：府兵成于周、隋，《史》非不知，而谓之唐立，何也？每观后世之

1　陆九渊对于府兵制的讨论，见《陆九渊集》卷三一《问唐取民制兵建官》，锺哲点校，中华书局，1980，第367~369页。

论，皆谓当寓兵于农，故共称府兵，以为得先王之遗意。然历考战国、秦汉之后，至未立府兵之前，兵农本未尝相离，何待寓也？惟其苦争好战，屡斗不息，民失耕作，无以转饷，则国贫而兵弱尔！宇文、苏绰患其然也，始令兵、农各籍，不相牵缀，既隶府额，长征莫返，而居者晏然不知。缘此，国富兵强，奋其至弱，卒以灭齐。隋文因之，平一宇内。当其时，无岁不征，无战不克，而财货充溢，民无失业之怨者，徒以兵、农判而为二故也。然则岂必高祖、太宗所以盛哉？乃遵其旧法行之耳。[1]

叶适认为府兵制并非唐代才创立，而其特殊之处，正在于改变战国以来的传统，实施兵农分离。如此一来，在西魏、北周战乱频仍的时代中，由专司战斗的府兵四处征战，一般平民的经济活动则不受骚扰，故能使国家富强，唐高祖、太宗不过是沿袭旧制而已。在此基础上，他进而批判复府兵论者以"兵农合一"为府兵制的核心概念，是"误离为合，徇空谈而忘实用"。[2]

　　与叶适同属永嘉学派的吕祖谦（1137~1181）在《历代制度详说》中也认为府兵制是兵农分离，不应与周代行井田制的军队混为一谈。[3]朱熹（1130~1200）对此意见颇表赞同："永嘉诸公以为兵、农之分，反自唐府兵始，却是如此。盖府兵家出一人，以战、以戍，并分番入卫，则此一人便不复为农矣。"[4]同样认为加入府兵者即不再务农。不过，朱子即便同意叶适的看法，却未因此而改变他对于府兵制和兵农合一政策的支持。据朱门弟子的记录：

1　叶适：《习学记言》卷三九，收入《景印文渊阁四库全书》第849册，第16~17页。

2　叶适：《习学记言》卷三九，第17页。

3　吕祖谦：《历代制度详说》卷一一，收入《景印文渊阁四库全书》第923册，第10上~11页上。

4　黎靖德编《朱子语类》卷一三六《历代三》，中华书局，1994，第3249~3250页。

　　（朱子）取荆公议府兵奏稾，及邺侯与德宗议复府兵之说，令诸生诵之。曰："如今得个宰相如此，甚好。"[1]

显然朱子仍是遵循唐人论述的架构来理解府兵制，期待有执政者复行李泌、王安石的政策。他又说"本朝养兵蠹国"，认为"今之两淮、荆襄义勇皆可用，但人多不之思耳"。[2] 仍是希望以兵农合一的民兵来取代募兵。

　　因此，争论府兵制是否真的符合"兵农合一"原则，无碍于南宋学者对于结合兵农为理想兵制的坚持。即便是叶适对唐代以来复府兵论者的说法有所批判，他的军事改革主张仍未脱唐人的窠臼：

　　今自守其州县者，兵须地著，给田力耕。千里之内，番上宿卫，已有诸卫前兵，不可轻改，因其地分，募乐耕者，以渐归本。边关扞御，尽须耕作，人自为战。三说参用，由募还农，大费既省，守可以固，战可以克。[3]

此种透过授田给现有的士兵，使其屯田耕种，以建立兵农合一兵制的主张不是与李泌、白居易的建议不谋而合吗？由此可见，尽管宋南学者对于兵农合一至兵农分离的历史演变过程有不同的见解，也对府兵制是否合乎三代圣王之制提出质疑，但这些都无碍于他们视"兵农合一"为理想兵制的基本信念。类似的现象也出现在部分反对民兵政策的论述中。例如，司马光曾上奏英宗，强烈反对韩琦征召陕西"义勇"的政策，但他在奏书中也说：

　　今来刺义勇之后，正军皆可废罢，此乃万世之长策也，愿

1　黎靖德编《朱子语类》卷一三〇《本朝四》引《广录》，第3102页。

2　黎靖德编《朱子语类》卷一三〇《本朝四》，第3102页。

3　叶适：《习学记言》卷三九，第17页。

陛下行之勿疑。若自置义勇以来，未尝经阵敌使用，今来虽有
义勇，正军亦未可废罢，则何忍以十余万无罪之赤子，尽刺以
为无用之兵乎！[1]

可见温公仍然肯定以"义勇"取代既有由召募而成的"正军"是
"万世之长策"，只是质疑韩琦的政策并无法达成此一目标，因而提
出反对。

由以上讨论可知，"三时治农，一时讲武"的兵农合一论实为宋
代文人心目中理想兵制的核心要素，这样的理念对于当时读书人影
响的程度究竟有多广？也许南宋的科举参考书能给我们一些概念。
在一个科举社会中，专为士人准备科考策论所写的书籍，恐怕是当
时销路最广的著作之一。以《八面锋》一书为例，在题为《不习不
能，不久不精》的文章中提到：

孰谓士大夫之习射、兵之寓农有不可施于今日耶？抑尝以
乡兵水战之事而观之，三丁择一，蠲其租赋，闲月习射，岁终
大校，李抱真施之于泽潞，比三年而皆为精兵……然则士大夫
之射、兵之寓农，诚使讲而习之，习而久之，三代乡射之法，
井田郊遂之制，可复见于今日也。[2]

引李抱真之例，既认为寓兵于农绝非不可实现的理想，端视主其事
者是否能持久推动，只要能持之以恒，三代兵农合一的理想必能重
新建立。在另一篇《法不虑其终者必坏》中又说：

西汉而下，创法垂制，得三代之余意者，莫唐若也！夫取

---

1 司马光：《温国文正司马公文集》卷三二《义勇第五札子》，第5页。
2 陈傅良：《八面锋》卷三，收入《景印文渊阁四库全书》第923册，第3页上、下。

民之法，每患其轻重不均，唐则一之以租调；养兵之法，每患其坐食无用，唐则处之以府卫。[1]

将府兵制视为接近三代圣王之法，能解决养兵问题的优良制度。可见以"兵农合一"为中心的府兵制仍是书中讨论军事议题的理想典范。

万千的科考参与者接触这样的理念，而后其中一部分人通过考试成为官僚。因此，每当宋政权遭遇军事危机，文臣则提出组织民兵为应敌之策，就不令人惊讶了。例如，建炎元年（1127），女真南侵，同知枢密院事张悫（？~1128）建言："三河之民，怨敌深入骨髓，恨不歼殄其类，以报国家之仇。请依唐人泽潞步兵、雄边子弟遗意，募民联以什伍，而寓兵于农，使合力抗敌，谓之巡社。"[2] 理宗时，面对蒙古军的威胁，许应龙（1168~1248）作《民兵论》，主张："民兵可用，胜如官兵。"其依据也是："李抱真昭义步兵，足以制山东之变；李德裕雄边子弟，足以捍南诏之强，其成效大验，盖可考也。"[3] 宋、蒙交战三十多年之后，度宗咸淳四年（1268）右正言黄镛在上奏时仍说："今守边急务，非兵农合一不可。"[4] 这些例子都反映出唐代前例对宋代文官军事理念的深刻影响，"兵农合一"是他们改革现状的希望所寄，只是在现实的层面上，其成效始终都未达理想之境。

结　语

唐代后半期文士有感于召募而来的职业兵产生诸多问题，遂以

1　陈傅良：《八面锋》卷四，第 6 页上。
2　《宋史》卷三六三《张悫传》，第 11347 页。
3　许应龙：《东涧集》卷一三《民兵论》，收入《景印文渊阁四库全书》第 1176 册，第 1~2 页。
4　《宋史》卷四六《度宗本纪》，第 900 页。

提倡恢复府兵制作为改革时弊的对策。但是，由于府兵早已不复存在，这些倡议者对旧制度的理解有限，论点流于夸大，在当时无法真正落实，却深刻影响后代士人的军事观念。宋代士人因而将府兵与募兵视为截然不同的体制，认为府兵废止后才有募兵的出现；并且相信"兵农合一"的府兵，战力强大，又不需耗费政府的财源。这样的概念，加上中、晚唐地方官组织农民为军的两个实例，使得宋人普遍视"兵农合一"为兵制的典范，可以解决募兵制存在的种种问题。影响所及，在学术上促成了对古代兵制的讨论，探讨军事制度的典范，成为宋代士人学术活动的重要一环。反映在史学写作中，则是开创出《兵志》与《历代兵制》的书写。在欧阳修《新唐书》首度列入《兵志》后，各朝官修"正史"皆撰写《兵志》，军事制度史成为中国传统史学的重要部分。

在军事议题上，对于兵农合一的追求，直接促成了宋代政府的军事改革。但是，以"兵农合一"为解决"兵弱财匮"问题的良方，近乎认为，只要能以民兵取代募兵，政府就可以不必花钱养兵，却随时可得堪用之兵，既忽略了维持国防必然有相当物力资源的投入，也低估了兵、农两种不同职业在结合上的困难。于是，组织农民为兵的政策，始终无法取代召募而来的职业军。但是，即使在现实上屡经挫折，两宋文士却始终未放弃此一理想。

过去学者对于宋朝军事体制的讨论多着重于召募而成的"正兵"。其实，受"兵农合一"理想的影响，宋代政府长期兼用募兵与民兵。因此，民兵体制对宋代历史发展的意义是值得关注的课题。至于募兵与民兵的优劣之争，自神宗时代随着保甲政策的推动而展开，最终形成合理化募兵制的论述，对于宋代的军队和政治体制产生深远的影响。

（收入黄宽重主编《基调与变奏：七至二十世纪的中国》，台北，政治大学历史系等，2008，第 3 册，第 85~105 页）

第四章　养兵卫民
——募兵制合理化论述在宋代的建构

前　言

受到"兵农合一"理念的影响，宋代批判"养兵"的言论众多，南宋后期，章如愚编《山堂考索》，曾引用一段对宋代养兵之制的评论："而二三百年间，之所以变易政令，则曰：养兵之害；下之所以游谈聚议，则曰：养兵之害。言利者不一二，而言害者已千百。"[1] 可见，宋代批判"养兵"的意见众多，因此而产政治改革运动。不过，宋代文献中对于政府花钱募兵持肯定意见者虽然较少，却受到部分现代学者的重视。尤其是其中一段宋太祖（927~976，960~976 年在位）向赵普（922~992）

1　章如愚：《山堂考索·续集》卷四四《兵制门·宋朝兵》，第 4 页。

论述"可以利百代者，唯养兵也"的故事，经常被宋史研究者引用，甚至据此而论断"养兵政策"为太祖建国的基本政策。这种说法的主要依据，是晁说之（1059~1129）在元符三年（1100）四月，所上封事中的一段文字：

> 臣窃闻：太祖既得天下，使赵普等二三大臣陈当今之大事，可以为百代利者。普等屡为言，太祖俾更思其上者。普等毕思虑，无以言，乃请于太祖。太祖为言："可以利百代者，唯养兵也。方凶年饥岁，有叛民而无叛兵；不幸乐岁而变生，则有叛兵而无叛民。"普等顿首曰："此圣略非臣下所能及。"行之至今，百四十有一年矣，天下有泰山之安，而无一日飞尘之警，何劳措意于其间邪？[1]

据此，太祖有鉴于募兵制度造成兵、民分离，使其无法联手叛乱，因而视"养兵"为维系政权长期安定的重要手段，此种看法迥异于宋代常见从财政负担、战斗力强弱等角度来批判募兵制的意见。现代学者因而主张：募兵制度在宋代备受批评，却始终存在，即因两宋诸帝恪遵太祖养兵以防止兵、民联合为乱的"祖宗家法"。[2]但是，观察北宋君臣对于兵制的相关讨论，则不免对此一说法有所怀疑。如果晁说之的论述无误，这段宋太祖与赵普的对话发生在一百四十一年前，即北宋建国的建隆元年（960）。在元符三年以前，

---

1 晁说之：《嵩山文集》卷一《应诏封事》，收入《四部丛刊广编》第36册，台北，台湾商务印书馆，1981，据上海涵芬楼景印旧钞本影印，第29页。

2 邓广铭在1980年发表《北宋的募兵制度及其与当时积弱积贫和农业生产的关系》，首先指出"防弊之政"为太祖立国之法，募兵制度即被赋予这样的功能。此后，张德宗的《北宋的养兵政策》发扬此一见解，提出太祖创立"养兵政策"为宋代立国、治军基本政策的说法。周銮书的《宋代养兵政策剖析》继续阐述这个看法。参见邓广铭《北宋的募兵制度及其与当时积弱积贫和农业生产的关系》，《中国史研究》1980年第4期，第61~77页；张德宗《北宋的养兵政策》，《河南师范大学学报》1982年第4期，第67~73页；周銮书《宋代养兵政策剖析》，《江西师范大学学报》2000年第3期，第131~143页。

北宋君主与臣僚对于兵制的讨论繁多，却未曾有人提及此一对话。现存的宋代官、私文献中，记述此一故事的，除了晁说之本人，就是他的学生兼姻戚朱弁（1085~1144）所编撰的《曲洧旧闻》，友人邵博（？~1158）写的《邵氏闻见后录》，[1]以及南宋末年编纂的几部类书。[2]不免令人怀疑，这段太祖与赵普的对话，很可能是经晁说之的记录才得以流传。进一步从历史背景来分析，宋初政府被动地承袭自唐代以来实施已超过一百五十年的募兵体制，在当时并没有人提出批判的意见。宋太祖既非"养兵"一事的创始者，何须对时人早已习见的事实提出合理化的解释？难道他能预知数十年之后，范仲淹（989~1052）、王安石（1021~1086）等人会倡议以府兵或保甲来取代募兵吗？何况宋太祖能取得帝位实为"叛兵"拥立的结果，足见"有叛兵而无叛民"依然可以造成王朝的更替，既有此经验，太祖为何会特别重视养兵造成"叛兵"与"叛民"不能并存的结果？

更值得注意的是，在宋代广泛流传的一个故事中，太祖对于养兵一事有相当不同的考量：

> 开宝末，议迁都于洛。晋王言："京师屯兵百万，全藉汴渠漕运东南之物赡养之，若迁都于洛，恐水运艰阻，阙于军储。"上省表不报，命留中而已。异日，晋王宴见从容，又言迁都非便。上曰："迁洛未已，久当迁雍。"晋王叩其旨，上曰："吾将

1　参见朱弁《曲洧旧闻》卷九，与《师友谈记》等书合刊，中华书局，2002，第212页；邵博《邵氏闻见后录》卷一，中华书局，1982，第1页。朱、邵二人之书皆刊行于南宋高宗时代。朱弁与晁说之的关系见朱熹《朱子文集》卷八三《跋朱奉使奏状》，第4086~4087页；卷九八《奉使直秘阁朱公行状》，第4789~4795页。邵博反新法的政治立场与晁说之相同，在《邵氏闻见后录》卷二〇有一条记载"晁以道为予言……"，另卷一九有一条载："晁以道问予：'梅二诗何如黄九？'"皆反映二人交游的关系（第160、149页）。

2　例如，王应麟《玉海》卷一三九《兵制四》，第26页，《山堂考索·续集》卷四四《兵制门》，第4页；刘达可编《璧水群英待问会元》卷六四，收入《四库全书存目丛书》子部，类书类，上海古籍出版社，1995，第168册，第3~4页；卷六八，第10~11页。

> 西迁者无它，欲据山河之胜而去冗兵，循周、汉之故事以安天
> 下也。"晋王又言："在德不在险。"上不答。晋王出，上谓侍臣
> 曰："晋王之言固善，姑从之，不出百年，天下民力殚矣。"[1]

据此，太祖深感养兵支出造成的潜在危害极大，并预言若不迁都以
减少京师的驻军，百年之内，军费的支出必将导致民力困乏。那
么他怎么可能对养兵一事持完全肯定的看法，而视之为"可以利百
代者"？

以上两个关于太祖的故事，在现代学者的研究中都经常被引
用，但其内容却有相互矛盾之嫌，究竟何者为真？叶适在《习学记
言》中，已论辩太祖考虑迁都或真有其事，但是，太祖与晋王的对
话则为后人据所见之事实增补，非当日之实录。[2]其实，从故事中
"京师屯兵百万"及"不出百年，天下民力殚矣"二段文字可以推
知，在仁宗（1010~1063，1022~1063 年在位）朝大幅扩军造成沉重
财政负担后，才可能产生此种传说。同样地，晁说之在一百多年后
所记述太祖与赵普的对话，恐怕也应视为后人建构的传说。现代
学者的研究已经指出，宋代文人对于"祖宗"或"祖宗之制"的
描述，往往出于自身所理解的帝王行为规范或治国原则，不一定
等同于历史的实情。[3]因此，我们不应仅根据晁说之的一家之言，
就认定宋初的统治者是从社会控制的角度来规划军事制度，进而形

1　王禹偁：《建隆遗事》，邵伯温：《邵氏闻见录》卷七，第 66 页。李焘《续资治通鉴长编》卷
　　一七，系此事于开宝九年四月太祖至洛阳南郊之后，并同时记载李符、李怀忠反对迁都的意
　　见。其后自注："晋王事据王禹偁《建隆遗事》，正史阙之。"（第 369 页）由此可见，《建隆遗
　　事》为晋王反对迁都故事的来源，唯此书为后人托名王禹偁所作，所记内容有许多不可信之
　　处，南宋著名史家李焘和王明清已多所辨明。参见徐规《王禹偁事迹著作编年》，商务印书
　　馆，2003，第 207~208 页。

2　叶适：《习学记言》卷四七《吕氏文鉴》，第 4 页。

3　参见邓小南《祖宗之法——北宋前期政治述略》，生活·读书·新知三联书店，2006，第
　　530~531 页；李立：《宋代政治制度史研究方法之反思》，收入包伟民主编《宋代制度史研究百
　　年》，商务印书馆，2004，第 35 页。

成赵氏子孙奉行不悖的"养兵政策"。历史上许多传说的形成，往往有其长期发展的历程，其背后也隐含复杂的政治或文化因素。我们应探究：以兵、民分离有助于政权稳定，来合理化募兵制度的说法是在何种背景下出现，又为何被归功于宋太祖？此种论点造成的影响为何？本章从探究"可以利百代者，唯养兵也"说法在北宋后半期的形成过程入手，有助于我们了解宋代君臣有关兵制的争议及其历史意义，并可观察宋人兵制论述中所反映的政治文化特色。

一　兵制争议的源由

晁说之在元符三年上封事的目的，是对刚即位的徽宗（1082~1135，1100~1126 年在位）批判自哲宗（1077~1100，1085~1100 年在位）绍圣元年（1094）以来，复行神宗朝"新法"的政策。之所以提及太祖与赵普之间的对话，则为了反对北方三路再度积极推行教阅保甲的政策。[1] 从神宗朝开始，因王安石积极推动民兵制而引发的保甲政策之争，实为北宋君臣关于"兵农合一"的民兵制与"兵农分离"的募兵制优劣之争的缩影，至晁说之上奏之时，此一争议已存在了约一百年。如此长时期地论辩兵制，实属前所未见的现象。现代学者往往视募兵制为宋代兵制的特色，并以此来证明"唐宋变革"的理论，将宋代军事发展上的种种特色归

1　保甲政策从神宗初年开始推行，其牵涉范围甚广，除了军事之外，还包括治安、税收及青苗钱敛放等工作。其中与民兵制关系密切的是"教阅保甲"，实施于河北、河东、陕西及京师地区。至于"不教阅"的保甲则推行于全国，其主要功能并不在军事任务。林瑞翰在《宋代保甲》一文中对此有所说明，见（台北）《大陆杂志》第 20 卷第 7 期，1960，第 13~20 页。元祐年间"旧党"主政，对保甲法有许多批判，主要的部分也是针对"教阅保甲"的相关问题而来，不过保甲在冬季的教阅仍被保留下来。等到哲宗亲政，积极推行保甲的教阅，遂引发晁说之的批评。参见赵汝愚《宋朝诸臣奏议》卷一二四《兵门·民兵下》，第 1364~1376 页；徐松辑《宋会要辑稿》，《兵》二之三七。

因于唐、宋之际，义务兵制改为募佣兵制。[1] 其实，召募体制在中国历代有长期的传统，唐代立国之初即兼行募兵与府兵，至玄宗（685~762，712~756 年在位）朝之后更以募兵为主体。[2] 因此，采行召募制并非宋代所独有，也不必然引发争议，那么导致北宋君臣对兵制争论不休的原因究竟何在？

文彦博（1006~1097）与宋神宗（1048~1085，1067~1085 年在位）讨论兵制时的一句话提供了线索，他说："自古皆募营兵，遇事息即罢。"[3] 我们可以说，宋代军事问题的核心不在于募兵，而在于"不罢"。自唐中叶以来，政府长期维持募兵，导致军队数量庞大，宋代承袭此一现实而继续发展，募兵数量更是空前，形成了所谓的"冗兵"。早在真宗（968~1022，997~1022 年在位）在位初期，王禹偁即呼吁裁减冗兵，[4] 此后类似的意见持续出现。宋代政府之所以维持数量庞大的军队，在于统治阶层存有强烈的不安定感。北宋继承唐末、五代之乱局，君臣们对于政权更迭的印象深刻，常恐步上前朝的后尘；加上定都开封，无险可守，更增添危机感，因而在京师屯驻重兵以求稳定政权。此种观念至迟在太宗（939~997，976~997 年在位）时代已然成形。张洎（933~996）对太宗说："今天下甲卒数十万众，战马数十万匹，萃在京师，本固兵强，邦家之利也。"[5] 反映出时人视朝廷掌控重兵为政权安定的基

1　参见曾瑞龙《经略幽燕（979~987）——宋辽战争军事灾难的战略分析》，第 22 页。较详细的讨论参见曾瑞龙、赵雨乐《唐宋军政变革史研究述评》，收入包伟民主编《宋代制度史研究百年》，商务印书馆，2004，第 165~228 页。

2　学者对唐代前期的兵制有不同的看法，但基本上都肯定在府兵之外另有召募体制的存在。参见康乐《唐代前期的边防》，第 146~190 页；张国刚《关于唐代兵募制度的几个问题》，收入氏著《唐代政治制度研究论集》，台北，文津出版社，1994，第 29~53 页；唐耕耦《唐代前期的兵募》，《历史研究》1981 年第 4 期，第 159~172 页；孟彦弘《唐前期的兵制与边防》，《唐研究》第 1 卷，北京大学出版社，1995，第 245~276 页。

3　杨仲良：《续资治通鉴长编纪事本末》卷六六《议减兵数杂数》，第 7 页。

4　李焘：《续资治通鉴长编》卷四二，至道三年十二月，第 897 页。

5　李焘：《续资治通鉴长编》，转引自《山堂考索·后集》卷四〇《兵门》，第 7 页。"萃"字原作"卒"，据马端临《文献通考》卷一五二《兵考四》第 1327 页改。

石。至仁宗时期，此种主张更为流行，造成军队数量的不断增加。例如，张方平（1007~1091）在庆历元年（1041）上奏说：

> 京师本古之陈留郡，天下四冲八达之地，自唐室已前尝为重藩。五代朱温始封梁王，后因其宫府广定而为都。五姓相承，共十一帝四十九年，乱亡之速，自古无有。抑由都城四向无险阻之形、藩篱之固，逼近戎狄，方镇握强兵于外，乘禁卫之虚弱，本末倒置也。国朝太祖皇帝深虑安危之计，始削诸节度之权，屯兵于内，连营畿甸，又修完西京宫内，盖有建都之意。然利于汴渠漕挽之便，因循重迁。先帝通好北戎，即叙西戎，尔时可以减戍消兵，致生民于富厚矣。太平三十年，使军士坐费仓库以困天下，非不深思远谋也，知祖宗本意，依重兵而为国，势不可去也。[1]

朝廷所在位置缺乏自然形势的屏障，容易导致政权不稳，五代的殷鉴不远；维持大量的常备兵力以求自保，被视为太祖恃以立国的传统，即便在国内、外皆无战事的时期，也不敢减少军队的数量。关于太祖"以兵为卫"的说法，[2]在北宋中、晚期受到普遍的认同，部分文士甚至以"汉唐以地为险，本朝以兵为险"，作为合理化定都汴梁的理由。[3]

　　但是，常备军的数量太过庞大，造成军事管理上的困难，宋代

---

[1] 张方平：《张方平集》卷二一《上论京师卫兵事》，第302~303页；赵汝愚编《宋朝诸臣奏议》卷一二《兵门·禁卫·上仁宗论京师卫兵单寡》，第1336页。

[2] 陈师道（1053~1101）语，见《后山集》卷九《上曾枢密书》，收入《景印文渊阁四库全书》第1114册，第15页。

[3] 秦观：《淮海集》卷一三《安都》，收入《四部丛刊正编》第50册，台北，台湾商务印书馆，1979，据海盐涉园张氏藏嘉靖中刊小字本影印，第1~2页。关于宋人"以兵为险"理念的发展，可参看王明荪《兵险德固——论北宋之建都》，氏著《宋史论文稿》，新北，花木兰文化事业有限公司，2008，第273~303页。

在军政上高度集权中央，又使问题变得更为严重。在通信和运输技术都不发达的时代，中央政府面对超过百万的军队，在供应物资及管理控制上都至为困难，无谓的浪费与有意的贪污因而难以避免，结果是上层与下层同受其害：朝廷花费大量的资源以养兵，基层的士兵却很难得到足够的收入，以致无法专注于军事任务。自仁宗朝以降，指责或禁止官员克扣军人粮饷的诏书持续颁布，[1] 但士兵生活困窘的问题并未因此而得到解决。[2] 军人既为生计所苦，乃必须自谋生财之道，严重影响其军事本务。宋神宗为大力整顿军队，严格加强士兵的训练，但当士兵专注于军务时，生计即成问题。例如，元丰四年（1081）"教阅新法"的实行造成士兵生活上的困境：

> 上批："闻东南诸路自团立将兵以来，军人日亲教阅，旧习工作技巧以资私费者，无暇为之；及巡检下就粮诸军，例得添支，间能获贼，亦沾赏典，今已招置土兵，更不轮流出入，亦是窒其衣食一途。由此，军中甚有贫极，日不能糊口者，可速博访利害措置。"遂诏淮南、两浙、江南、荆湖、福建、广南路转运、提点刑狱司，密体量将兵自降教阅新法后，军士有无赔费以闻。[3]

朝廷颁行新的教阅规定与设置土兵，本为促使募兵更加专注于军事本务，但其结果却是伤害了军士的日常生计。可见军人的薪俸固然是政府重大的财政负担，但分配到每位士兵的数量却是有限的，军士靠"工作技巧"以维生是政府长期默许的事实。元祐元年（1086），苏辙（1039~1112）更直指自"将兵法"实施以来，持续的

1　此类诏书内容大致都在指责官员未能尽责，见《宋史》卷一九四《兵志八》，第4843~4845 页。

2　例如，王安石在熙宁年间对神宗说："今士卒极窘，或云有衣纸而摄甲者，此最为方今大忧。"参见李焘《续资治通鉴长编》卷二二〇，熙宁四年四月，第5403 页。

3　李焘：《续资治通鉴长编》卷三一二，元丰四年五月，第7574 页。

严格军事训练导致士兵生计无着，如何能期待他们尽力作战：

> 诸道禁军自置将以来，日夜按习武艺，剑㦸、击刺、弓
> 弩、斗力，比旧皆倍……臣访闻：凡将下兵皆蚤晚两教，新募
> 之士或终日不得休息，士卒极以为苦……今平居无事，朝夕虐
> 之以教阅，使无遗力以治生事，衣食殚尽，憔悴无聊，缓急安
> 得其死力！臣请使禁军，除新募未习之人，其余日止一教，使
> 得以其余力为生。[1]

由此可知，宋代禁军长期在军中服役，只是造成军事工作"专业
化"的形式，实质上"以其余力为生"的士兵并未真正脱离经济生
产，自然无法专注于军事。

北宋士兵经常汲汲于生计，势必削弱其战斗能力，军队缺乏战
力的事实又进一步增添北宋君臣的不安全感，使其不敢裁减军队。
王安石有一首题为"省兵"的诗，即反映了这种心态：

> 有客语省兵，兵省非所先。方今将不择，独以兵乘边。前
> 攻已破散，后距方完坚。以众抗彼寡，虽危犹幸全。将既非其
> 才，议又不得专。兵少败孰继？胡来饮秦川。[2]

认为宋军在战场上难以克敌制胜，只有维持大量的军队以弥补素质
上的不足，期待以众制寡，即使不幸遭遇挫折，仍然有足够的部
队可以继续抗敌。苏轼也指出：自立国以来，在边境上数量庞大的
屯军，只是制造兵力壮盛的表象以吓阻敌人，使其不敢来犯，若要
宋军真正上阵交锋则不可恃。[3]明知军队不堪战斗，却又必须维持

1　苏辙：《栾城应诏集》卷三八《乞禁军日一教状》，第667~668页。

2　王安石：《王安石诗集》，收入《王安石全集》卷一二，台北，河洛图书出版社，1974，第71页。

3　苏轼：《东坡奏议》卷一四《乞增修弓箭社条约状二首》，线装书局，2004，第7~19页。

重兵的矛盾心态，也反映在神宗的一段话："边兵不足以守，徒费衣廪，然固边圉又不可悉减。"[1]明知现有的军队因欠缺战力而不可依靠，却又害怕少了这些部队，边防更无保障。在此情况下，即使军队成为国家沉重的负担，仍不敢断然地进行裁减。因此，想要真正解决"冗兵"的问题，很难只从减少士兵的数量来入手，而必须在体制上思考全盘的改变，以求既满足国防的需求又能减少财政负担。于是，以"兵农合一"的民兵取代召募的职业兵的主张逐渐流行。

早在真宗咸平年间（998~1003），征调边民为府兵，以取代戍边募兵的主张已被提出。[2]为应付辽军的南侵，真宗下令在河北和河东地区开始组织居民为"强壮"作为守卫乡里的力量，至澶渊之盟后仍定期于农闲时征集教阅。[3]仁宗时代，由于军队缺乏战力，再加上养兵造成沉重的财政负担，激起批判募兵制的声浪。王沿（？~1044），在天圣年间（1023~1032）上奏：

> 本朝制兵、刑，未几于古。自北人通好三十年，二边常屯重兵，坐耗国用，而未知所以处之。请教河北强壮，以代就粮禁卒之阙，罢招厢军，以其冗者隶作屯田，行之数年，渐成销减，而强壮悉为精兵矣。[4]

认为募兵戍边有违古制，应训练河北的"强壮"以取代出戍的禁军。欧阳修（1007~1072）在仁宗景祐（1034~1038）、宝元年间（1038~1040）作《原弊》《本论》，对募兵制的缺失有深入的批评。

---

1 《宋史》卷一九二《兵志六》，第4773页。

2 李焘：《续资治通鉴长编》卷五九，景德二年三月，第1323页。

3 《宋史》卷一九〇《兵志四》，第4711页；李焘：《续资治通鉴长编》卷七一，大中祥符二年二月，第1594页；大中祥符二年六月，第1617~1618页。

4 李焘系此奏于王沿被任命河北转运副使时，但注明详细上奏年月待考，参见李焘《续资治通鉴长编》卷一〇六，天圣六年七月，第2476页。

《本论》指出"兵不足威于外而敢骄于内"的弊端，尽管士兵所得的赏赐为数甚多，却是"小不如意，则群聚而呼，持梃欲击天子之大吏"。在欧修修看来，朝廷难以控制统驭军队，其窘境无异于五代之时。[1]《原弊》则指"强农"为国家之本，而募兵导致丁壮去农而从军，对农业发展将造成根本性的阻碍：

> 古之凡民长大、壮健者皆在南亩，农隙则教之以战。今乃大异，一遇凶岁，则州郡吏以尺度量民之长大而试其壮健者，招之去为禁兵；其次不及尺度而稍怯弱者，籍之以为厢兵。吏招人多者有赏，而民方穷时争投之。故一经凶荒，则所留在南亩者，惟老弱也，而吏方曰："不收为兵，则恐为盗。"噫！苟知一时之不为盗，而不知其终身骄惰而窃食也。[2]

由此可见，募饥民为兵以防其沦为盗贼的做法至迟在仁宗时代已被采行，反映出部分地方官员企图借由募兵来维持辖区的治安。但是，地方官员的一时权宜之计并不代表已形成政府的一贯政策或合理化募兵制的理念。在欧阳修看来，募饥民为兵或可救急于一时，却对国家的长远发展造成严重损害。假设真如晁说之所言，太祖在建国之初即宣誓"养兵"可以"为百代利"，视兵农分离为安定国家的良法，则欧阳修之言等同于批判祖制，在当时为何不会引发批判或责难？

事实上，在仁宗朝，不仅未曾有人以"太祖之制"来反驳欧阳修的观点，对募兵的批判意见更是随着时间的推移而愈来愈多。这是因为西夏战事爆发，宋军连番失利，更加凸显军队组成的缺

---

1 《欧阳修全集》卷六〇《本论上》，第 860~863 页。此文中有"今宋之为宋，八十年矣"，故应作丁康定元年（1040）。

2 《欧阳修全集》卷六〇《原弊》，第 870~871 页。此文中有"自景德罢兵三十三年矣"，应作于景祐三年（1036）。

失，而论者往往归咎于募兵制。于是，官员接连提出建立府兵或民兵以改革军队的计划。例如，范仲淹在庆历三年（1043）提出"十事疏"作为变法改革的蓝本，在军事上即以恢复府兵之制为重点。[1] 张方平、包拯（999~1062）等人皆以唐代的前例，向仁宗建议民兵可用。[2]

在西夏战争期间，北宋政府为求巩固边防，不仅更加重视河北、河东地区"强壮"的征集，又在陕西地区组织"弓箭手"，征召平民担任军事任务。战争结束之后，扩大民兵的工作仍持续进行。特别是在英宗时代，在韩琦（1008~1075）的主持下，在陕西、河东、河北三路组织平民为"义勇"，数量接近三十六万人。[3] 但是，随着民兵数量的大幅增加，质疑或批评的意见也开始出现。民兵的征调必然对平民的经济活动造成妨碍，而地方官在征集时往往只追求数量而不顾平民的经济和健康状况，更容易导致平民的破产甚至死亡。梅尧臣（1002~1060）有《田家语》《汝坟贫女》两首诗，记载康定元年（1040）陕西征集"弓箭手"，造成许多平民死于路途的悲惨景象。[4] 司马光（1019~1086）在英宗治平元年（1064）激烈抗议在陕西扩大推行"义勇"的政策，一个主要原因亦在于此：

　　臣伏见康定、庆历之际赵元昊叛乱，王师屡败，死者动以万数。国家乏少正兵，遂籍陕西之民，三丁之内选一丁以为乡

---

1 《政府奏议》卷上《答手诏条陈十事》，第 535 页。

2 张方平的建议见《乐全集》卷一三《武备论》，收入《景印文渊阁四库全书》第 1104 册，第 3~7 页。包拯的建议见《包孝肃奏议集》卷八《议兵·请留禁军不差出招置士兵》，收入《景印文渊阁四库全书》第 427 册，第 8~10 页；李焘：《续资治通鉴长编》卷一六六，皇祐元年二月，第 3986~3987 页。

3 《宋史》卷一九〇《兵志四》，第 4706~4708 页。

4 梅尧臣：《宛陵先生集》卷七《田家语》《汝坟贫女》，收入《四部丛刊正编》第 43 册，台北，台湾商务印书馆，1979，据上海涵芬楼藏明刊本影印，第 7~9 页。

弓手，寻又刺充保捷指挥，差于沿边戍守。当是之时，闾里之间惶扰愁怨不可胜言。耕桑之民不闻战斗，官中既费衣粮，私家又须供送，骨肉流离，田园荡尽。陕西之民比屋凋残，至今二十余年终不复旧者，皆以此也……自西事以来，陕西困于科调，比于景祐以前，民力减耗三分之二，加之近岁屡遭凶歉，今秋方获小稔，且望息肩，又值边鄙有警，众心已摇，若更闻此诏下，必大致警扰，人人愁苦，一如康定、庆历之时，是贼寇未来而先自困弊也。[1]

认为西夏战争期间民兵征集所造成的伤害，经二十多年仍难以复原，若再度组织民兵必然引发民间的骚动。

另一方面，司马光认为政府组织的民兵只是有名而无实，并不具备上阵作战的能力：

今乡兵则不然，虽有军员节级之名，皆其乡党族姻，平居相与拍肩把袂、饮博斗殴之人，非如正军有阶级上下之严也。若安宁无事之时，州县聚集教阅，则亦有行陈旗鼓，开弓彄弩，坐作叫噪，真如可以战敌者。彼若闻胡寇大入，边兵已败，边城不守，胡骑杀掠蹂践，卷地而来，则莫不迎望风声，奔波迸散，其军员节级将鸟伏鼠窜，自救之不暇，岂有一人能为县官率士卒而待寇乎？以臣观之，此正如儿戏而已。[2]

民兵看来数量庞大，训练精熟，其实仅是承平时代的表象；一旦真正遭遇军事危机，缺乏实战经验的民兵并无杀敌的能力与勇气，政府消耗庞大的人力与物力所得之结果，不过是一场儿戏。此外，

1　司马光：《温国文正司马公文集》卷三一《义勇第一札子》，第 7 页。
2　司马光：《温国文正司马公文集》卷三二《义勇第四札子》，第 3~4 页。

民兵制的推行，不仅妨害平民的日常生计，上阵作战又将危及其生命。民众若不愿承受这些风险，可能走上叛乱一途。对统治阶层而言，民兵的反叛显然比不具战斗力更值得警惕。司马光在熙宁三年（1070）九月上奏神宗，反对派任义勇戍边，即对此有所忧虑：

> 近闻环庆路用义勇与西贼战斗，望风奔溃，死伤甚多，致主将陷没，此义勇不可用之明验也。臣窃闻议者犹欲教阅义勇以抗西贼……国家既重赋敛以尽其财，又逼之战斗以绝其命，是驱良民使为盗贼也。彼为官军则惜生，故望风退走；彼为盗贼则必死，自可以一敌百。臣恐今日教之挽射击刺，乃它日为盗之资也。[1]

政府训练民兵的本意是有助于国家安全，但在司马光看来，平民既要负担赋税，又要临敌作战，沉重的负担反而可能造成平民群起反抗，而军事训练正可能助长他们对抗政府的能力。

司马光是早期反对民兵制的代表人物，但他的奏书只是单纯地提出对民兵的批判，并不涉及任何肯定募兵制的理念。他对英宗说："若果然胡寇曾深入，因得义勇之力而败退，今来刺义勇之后，正军皆可废罢，此乃万世之长策也，愿陛下行之勿疑。"[2]也就是说如果民兵真能在军事上产生效果，以民兵取代募兵亦无不可，只是他不认为义勇能够产生实际功效。因此，在仁、英宗时期，官员对于兵制的争议已经出现，募兵制颇受批判，但民兵制的成效亦遭质疑，至于合理化募兵制的意见，目前只有由强至（1022~1076）记载的一段韩琦的谈话：

1　司马光：《温国文正司马公文集》卷四二《乞不令陕西义勇戍边及刺充正兵札子》，第4~5页；赵汝愚编《宋朝诸臣奏议》卷一二三《兵门·民兵上》，第1362页。

2　司马光：《温国文正司马公文集》卷三二《义勇第五札子》，第3~4页。

　　公（韩琦）尝从容议及养兵事，慨然曰："琦有所思而得之，未尝语人，人亦未必信。养兵虽非古，然积习已久，不可废之，又自有利处，不为不深。昔者发百姓戍边无虚岁，父子、兄弟有生离死别之苦。议者但谓不如汉唐调兵于民，独不见杜甫《石壕吏》一篇，调兵于民，其弊乃至此。后世既收拾强悍无赖者，养之以为兵，良民虽税敛良厚，而终身保骨肉相聚之乐，此岂小事！又其习练战阵，而豪壮可使，安得与农夫同日道也！[1]

从安定百姓生活的角度出发，韩琦赞美召募职业兵可避免平民因兵役而被征调，而且专习战斗的士兵较农民有更高的战力。不过，从"未尝语人，人亦未必信"一语，可以看出这种肯定募兵制的看法因有违当时主流的意见，只能在私人场合表达。前文已提及，韩琦当政时仿效府兵制，推广"义勇"的组织，显见他自己在军事政策上亦未能免俗。强至在英宗治平四年（1067）至神宗熙宁四年（1071）担任韩琦的属官，大概因此而听闻韩琦不愿公开的意见。[2]不过，在神宗即位之后，王安石积极推动保甲法，企图将恢复府兵的意见付诸实现，更加激化朝廷中对于兵制的辩论。为了说服神宗，安石提出了诸多说法批判募兵，持反对意见者则相应地发展出合理化募兵制的论述。在两方论辩的激荡下，公开肯定募兵制度的论点开始出现。

1　朱熹、李幼武编《宋名臣言行录五集》后集卷一《丞相魏国韩忠献王琦》，引自强至《韩忠献公遗事》，第 410~411 页。

2　强汝询：《求益斋文集》卷八《祠部公年谱》，收入《续修四库全书》编纂委员会编《续修四库全书》第 1553 册，上海古籍出版社，2002，据上海辞书出版社图书馆藏清光绪二十四年（1898）江苏书局刻本影印，第 18~22 页。

二　保甲政策与争议的激化

与过去提倡民兵制的诸多文臣相同，王安石计划改革募兵制，有财政上的考量。熙宁二年（1069）十月，神宗与王安石讨论节省财政支出，安石即提出"减兵最急"，方法是"鼓舞三路百姓习兵"。[1]可见安石的军事改革是希望以民兵取代募兵，以达到节财的目的，与仁宗朝以来提倡府兵论者相似。不过，安石之所以反对募兵制，更是由于认定募兵是以"奸悍无赖之人"为兵。他在嘉祐五年（1058）上书仁宗时，即批判募兵素质的低劣导致国防情势的不安：

> 今之学者以为文武异事，吾知治文事而已，至于边疆宿卫之任，则推而属之于卒伍，往往天下奸悍无赖之人，苟其才行足自托于乡里者，亦未有肯去亲戚而从召募者也……今乃以夫天下之重任，人主所当至慎之选，推而属之奸悍无赖、才行不足自托于乡里之人，此方今所以誢誢然，常抱边疆之忧，而虞宿卫之不足恃以为安也！[2]

在王安石看来，召募体制造成军人大多来自社会上才能和品行最差者，由他们承担保卫国家之重任，实在令人感到不安。此一困境的产生，在于宋朝未能恢复先王之法，而是承袭五代的传统，他在熙宁元年（1068）对神宗说：

> 然本朝累世，因循末俗之弊……未尝如古大有为之君，与学士大夫讨论先王之法，以措之天下也……兵士杂于疲老而未

1　杨仲良：《续资治通鉴长编纪事本末》卷六六《议减兵数杂数》，第2143页。

2　王安石：《王安石文集》卷一《上仁宗皇帝言事书》，收入《王安石全集》，第5~6页。有关此一上书内容的详细讨论，参见東一夫『王安石新法の研究』、923-977頁。

尝申敕训练，又不为之择将而久其疆场之权；宿卫则聚卒伍无赖之人，而未有以变五代姑息羁縻之俗。[1]

在王安石看来，宋的军队实为继承五代"末世之俗"的产物，必须讲求先王之法，另立军制加以取代。他在熙宁二年闰十一月又对神宗言养兵之害，认为问题的根本在于改变"民与兵为两"的现况，而主张复府兵。[2] 次月又在廷议时进一步阐释此一理念：

> （熙宁二年十二月乙亥）上问："唐都关中，府兵多在关中，则为强本。今都关东而府兵盛，则京师更不足待外方。"安石曰："府兵处处可为，又可令入卫。"（吕）公弼与韩绛皆以入卫为难。文彦博曰："曹、濮人专为盗贼，岂宜使入卫？"安石曰："曹、濮人岂可应募诸班诸军者？应募皆暴猾无赖之人，尚不以为虞；义勇皆良民，又以有物力户为将校，岂可却以为虞？"[3]

文彦博主张像曹州、濮州这样盗贼屡见地区的民兵不能至京师执行宿卫工作，王安石的反驳是：现今京城禁军中岂无曹、濮之人？在安石看来，信任由"无赖"组成的禁军，却对由"良民"组成的民兵有所疑虑，实属自相矛盾而难有说服力。由此可见，王安石从道德的角度，将"兵民为两"的募兵与"兵民合一"的民兵截然二分为不同的群体，认定民兵是由有钱人（有物力户）统帅良民而组成，绝对比由召募无赖的正兵更为忠诚可靠。在各地组织民兵以取

---

1 《王安石文集》卷三《本朝百年无事札子》，第 34 页。

2 王安石撰写的《熙宁奏对日录》，转引自《朱子文集》卷八三《跋王荆公进邺侯遗事奏稿》，第 4089 页。

3 杨仲良《续资治通鉴长编纪事本末》卷六六《议减兵数杂数》，第 2148~2149 页。《宋史》的记载相同，唯"曹、濮人岂可应募诸班诸军者？"作"曹、濮人岂无应募？"见《宋史》卷一九二《兵志六》，第 4773~4774 页。

代募兵所扮演的角色，乃成为安石在兵制上的基本立场。

不过，在执行的层面上，王安石考虑现实状况，主张采取渐进的方式，而非断然废除募兵。熙宁三年七月，王安石计划将北方原有的"义勇"加以训练和教阅，他与神宗之间有以下的对话：

> 王安石进呈蔡挺乞以义勇为五番教阅事，上因论及民兵。安石曰："募兵未可全罢，民兵可渐复，虽府界亦可为。至于广南，尤不可缓，今中国募禁军往戍多死，此害于仁政。陛下诚罢军职，以所得官十二三，鼓舞百姓豪杰，使趋为民兵，则事甚易成。"上患密院不肯措置义勇事，安石曰："陛下诚欲行，则孰能御？此在陛下也。"因为上言国之大政在兵、农。上曰："先措置得兵乃及农。缘治农事须财，兵不省则财无由足。"安石曰："农亦不可以为在兵事之后，前代兴王知不废农事乃能并天下。兴农事自不费国财，但因民所利而利之，则亦因民财力而用也。"[1]

神宗将"兵"放在施政上的第一优先，甚至超过儒家"农本"的传统，对于军事的重视可见一斑。作为最高决策者，神宗对于军队体制的态度实有决定性的影响。[2] 若只看此一记载，可能会认为神宗和王安石对于兵制改革的主张是一致的，即逐步组织民兵以减少募兵，达成省兵节财的目标。神宗更强调减少募兵为节财之要务，政府唯有在财政有余的情况下才能兴农事。

但是，当年十二月，司农寺订定"畿县保甲条制"，开始有系

1　李焘：《续资治通鉴长编》卷二一三，熙宁三年七月，第5171~5172页。
2　过去对于神宗时期改革运动的研究以王安石为焦点，20世纪80年代以来，学者日渐重视神宗作为决策者的角色与其产生的影响，陆续发表相关研究，崔英超和张其凡于2004年发表的《熙丰变法中宋神宗作用之考析》一文中对此趋势有所讨论，但也指出学界对于神宗的研究仍显不足。该文见《暨南学报》（人文科学与社会科学版）2004年第3期，第116~123页。

统地推行保甲，作为民兵组织的基础时，神宗开始向王安石表达
疑虑：

> 上曰："民兵虽善，止是妨农事，如何？"安石曰："先王
> 以农为兵，因乡遂寓军旅。方其在田，什伍已定，须有事乃发
> 之以战守，其妨农之时少。今边陲农人则无什伍，不知战守
> 之法，又别募民为戍兵。盖边人耕织不足以给衣粮，乃至官
> 司转输劳费，尚患不足，遇有警急，则募兵反不足以应敌；无
> 事，则百姓耕种不足以给之，岂得为良法也！"上曰："止是民
> 兵未可恃以战守，奈何！"安石曰："唐以前未有黥兵，然可以
> 战守。臣以为募兵与民兵无异，顾所用将帅如何尔。将帅非难
> 求，但人主能察见群臣情伪，善驾御之，则人材出而为用，而
> 不患无将帅；有将帅，则不患民兵不为用矣！"[1]

由此可知，王安石的理想在于透过军事组织，动员农民，恢复"先
王以农为兵"的传统；神宗却担心兵与农的结合，将造成农民分身
乏术，可能使农业产量与军队战力同时趋于低落。王安石在回答时
显得辞穷，无法针对此种质疑提出有力的回应，只是继续批判募兵；
强调兵农分离的现况，导致边区驻军在平时缺乏衣食，到战时又无
力应敌的困境，必须有新的政策加以解决。显然，安石的回答仅触
及当前的缺失，未能对农民如何兼顾农事与战斗提出具体的答案。
至于"募兵与民兵无异，顾所用将帅如何尔"的说法，未免强辞夺
理，若照此逻辑，国防的强化应从选择将帅入手，又何须对军队体
制进行改革？因此，神宗的疑虑很难被化解，也影响到他推动民兵
制的决心。

　　随着保甲政策的推行，反对声浪不断出现。熙宁四年（1071）

1　李焘：《续资治通鉴长编》卷二一八，熙宁三年十二月，第5300页。

三月，神宗在面对部分臣僚批判保甲政策时，曾对王安石说："久远须至什伍百姓为用，募兵不可恃。"[1] 表达对以民兵为军队主体的支持。但是，他同时向其他的大臣询问对募兵与民兵优劣的看法，显然对以民兵取代募兵的计划产生疑虑。枢密使文彦博为此写了一篇奏章，全面批判王安石的观点。文彦博的论点可分为三大部分。首先，他极度肯定既有募兵体制，认为组织完备，并无进行改变的必要：

> 三四年前，枢密院检录得开宝初至治平中，内外兵马大数颇甚详备，遂议酌中定为永额，比至道前即差多，方庆历中即颇减。内壮根本，外护边陲，去冗留精，适用损费，搜补训练，皆有条理。又以三路邻于羌胡，即有属户、蕃兵、弓箭手之类；以至次边州军，尽置义勇，缓急调发，以应征防。若守将处之得宜，经久必无阙事。兼向时诸路郡县，额外增置弓箭手，亦欲防虞盗贼。如此纪纲，臣以谓深协方今之宜，颇得备预之理。设有未至，或有废坠，即当弥缝振举之可也。恭惟太祖、太宗之定天下也，止用此兵。真宗、仁宗、英宗之守天下也，亦用此兵。累圣相承，而无异道，历年弥久，而无异法，故臣以谓协当今之宜，得备预之理，有未至而废坠者，弥缝而振举之可也。[2]

借由强调当时的禁军数量比仁宗庆历时期已多所削减，文彦博主张"省兵"并无必要。他也指出，自宋开国以来，募兵就是军队的主体，并有蕃兵、义勇、弓箭手等作为辅助。整体设计已十分完备，

---

1 李焘:《续资治通鉴长编》卷二二一，熙宁四年三月，第5375页。
2 文彦博:《文潞公文集》卷二〇《论本朝兵政》，线装书局。2004，影印明嘉靖五年刻本，第7~8页；参见李焘《续资治通鉴长编》卷二二一，熙宁四年三月，第5376~5377页。以下引文皆出自同一来源，不再一一注明。

之前诸帝相承，并无更动，如果有需要加强的部分，也仅需针对未能有效执行的部分进行补足。接着，他进一步强调祖宗以来军事体制的优点：

> 今陛下以睿圣之德，承祖宗隆盛之业，中原之人不识兵戈者几百年。历观前古，致治未有如此之安且久也。故生齿繁多，逾于二汉；封疆广远，过于三代……陛下必欲舍此，而别求治道以致太平，更易兵制以张威武，固非臣愚所及。

强调宋代长治久安的成就早已超越两汉、三代，建议神宗不必"别求治道"，也无需"更易兵制"，文彦博企图借由建立本朝传统的优越性，来削弱王安石"复先王之制"主张的合理性。在文章的最后，文彦博请求神宗让他辞去枢密院的职位，并对组织平民为兵可能导致的负面影响提出警告：

> 况臣备位枢府，所主惟兵，不能上副盛意，委曲经画，尸禄之责所不能逃。伏望圣慈察臣前后累上章奏，听解枢机之重柄，并还将相之印绶，得以散秩俾守外郡，从愚臣知止之分，全朝廷退人之理，臣不胜大幸。然臣久蒙天地之恩，敢忘犬马之报。窃谓兵民犹水，水能载舟，亦能覆舟。禁暴戢兵，武之七德，不戢自焚，自古所戒。凡更制维御之方，深愿慎之、重之。区区之诚，庶补万一，冒犯宸听，不任陨越惶惧之至。

值得注意的是，文彦博强调"兵民犹水，水能载舟，亦能覆舟"，完全是从控制人民的角度，思考民兵组织所可能衍生的弊端。他认为对平民施以军事训练，改变兵农分离的现状，固然可能强化国家的武备，但精通武艺的平民却有推翻赵宋政权的可能。本书第二章已指出，北宋君臣对于平民研习兵书可能造成的负面影响颇感忧虑，此处文彦博对于组训农民的担忧可谓如出一辙。

文彦博的反对未能阻止王安石的计划，但神宗也不让文彦博去职。由此可见，神宗即便未完全赞同文彦博的批判，至少部分内容是让他心动的。此后的几年间，王安石依照自己对府兵制的理解，推动民兵的组织和训练，并不断与朝中的反对者进行论辩。双方争执的焦点集中于文彦博前述的两大主张：省兵节财的必要性与民兵组织的潜在危险性。例如，熙宁五年（1072），王安石与文彦博在讨论禁军"逃亡之法"的修订时，也牵扯"省兵"的议题：

> 枢密使蔡挺请沿边而亡满三日者斩。安石曰："沿边有非军兴之所，不可一概坐以重刑。本立重法，以禁避寇贼及军兴而已。"帝曰："然。"文彦博固言："军法臣等所当总领，不宜轻改，如前代销兵乃生变。"安石曰："前代如杜元颖等销兵，乃其措置失当，非兵不可销也。且当萧俛时，天下兵至多，民力不给，安得不减？方幽州以朱克融等送京师，请毋遣克融还幽州煽众为乱，而朝廷乃令克融等飘泊京师，久之不调，复遣归北。克融所以复乱，亦何预销兵事？"[1]

借反对修订军法，进而提及唐穆宗（975~824，820~824 年在位）时期因"销兵"政策引发的叛变，文彦博显然是借题发挥，质疑安石省兵的主张可能造成政权不稳。而王安石以唐穆宗时代"天下兵至多，民力不给，安得不减"为理由加以反驳，则是重申养兵耗财的弊端必须解决的一贯立场。

文彦博之外，其他官员也质疑民兵可能危害政权的安定。熙宁五年，参知政事冯京（1021~1094）对神宗表达相似的忧虑："张角

---

1 《宋史》卷一九三《兵志七》，第 4811 页。

以有部分故能为变，今保甲亦恐豪杰有乘之者。"[1] 以东汉黄巾之乱为前例，认为起而为乱者必须先在民间拥有组织，而保甲的推行正可能为有心叛乱者所利用。面对此种声浪，王安石的回应是："三代禁防百姓严密之意，能什伍其民，维持之以法制，则天下定。"[2] 主张保甲军事方式组织人民，就能达到防制百姓为非作歹的目的。此种仿效"三代"的体制，既是政府稳固统治的工具，不可能为反叛者所利用。由此亦可看出，安石推行保甲具有恢复他素来崇尚的三代"什伍百姓之法"的用意。

随着朝廷中争议的持续进行，神宗受反对意见的影响，立场开始改变。他在熙宁五年一月与王安石有以下的对话：

> 上言："太祖善御兵。"又言斩川班事，安石曰："五代兵骄，太祖若所见与常人同，则因循姑息，终不能成大业。惟能勇，故能帖服此辈，大有所为。然恃募兵以为国，终非所以安宗庙、社稷，今五代之弊根实未能除。"上曰："如庆卒柔远之变，赖属户乃能定。庆卒所以不敢复偃寨者，惩柔远之事，恐属户乘之故也，然则募兵岂可专恃？"[3]

可见，神宗对于募兵的骄纵颇有戒心，而防制骄兵之法在于以其他军事力量相制衡，例如边境上的蕃兵（属户）。既然国防安全不可全然依赖募兵，神宗显然同意王安石以民兵制衡募兵的主张。但是，神宗猜忌募兵，对民兵也同样有所戒惧。熙宁五年五月，神宗与王安石首次在保甲政策上爆发明显分歧，起因即在于此：

> （熙宁五年五月）他日，上批付中书："保甲浮浪无家之人，

1　李焘：《续资治通鉴长编》卷二二〇，熙宁五年二月，第5589页。

2　李焘：《续资治通鉴长编》卷二三〇，熙宁五年二月，第5590页。

3　李焘：《续资治通鉴长编》卷二二九，熙宁五年一月，第5580页。

不得令习武艺。"安石曰："武艺绝伦又累作凶愿，若不与收拾，
恐生厉阶。"上曰："可收拾作龙猛之类。"安石曰："须随材等
第与收拾。"上终虑浮浪人习学武艺为害，以保甲法不如禁军
法严密。安石曰："保甲须渐令严密，纵使其间有浮浪凶恶人，
不胜良民之众，即不能为害。"[1]

神宗担心组织平民进行军事训练，可能强化无赖之徒作奸犯科的能
力，不利于政权稳定，与前述司马光、文彦博、冯京等人的看法相
似。神宗在此时要禁止"浮浪无家之人"习武，应是受到文博等人
议论的影响。在王安石看来，作奸犯科之徒是社会中潜存的不安力
量，必须加以控制，而保甲组织就是防范的机制。透过保甲组织多
数的良民为兵，将能有效防制少数不逞之徒为乱。神宗显然并不接
受此一理念，认定只有将无赖之徒召募为禁军，置于严密军法的控
制之下，才能有效防范。因此，训练民兵将导致社会不安的疑虑始
终存在他的心中。当两个月后保甲开始在河南地区推行时，神宗又
对王安石说："曹州人喜为盗，若习兵得无不便乎？"[2]显然，就社会
控制的角度而言，神宗无法接受全盘以民兵取代募兵的意见。

　　王安石推行保甲是希望减少募兵，但是，神宗虽有意推动民
兵，却对全面以民兵取代募兵的任务颇有疑虑，安石则几度向神宗
表达他并非计划全面取消募兵。他在熙宁三年对神宗说："募兵未
可全罢，民兵可渐复。"[3]又说："然臣已尝论奏，募兵不可全无。《周
官》国之勇力之士，属于司右，有事则可使为选锋，又令壮士有所
羁属，亦所以弭难也。"[4]显然，他也承认募"壮士"为兵有巩固统治
的功能，但这些募兵终究只是军队中的少数。在王安石的规划中，

1　李焘：《续资治通鉴长编》卷二三三，熙宁五年五月，第 5650 页。

2　李焘：《续资治通鉴长编》卷二三五，熙宁五年七月，第 5710 页。

3　李焘：《续资治通鉴长编》卷二一三，熙宁三年七月，第 5171 页。

4　李焘：《续资治通鉴长编》卷二一八，熙宁三年十二月，第 5299 页。

兵制的改革须逐步推行，未来国家的军队是以民兵为主体，而召募士兵只限于少数的"勇力之士"。熙宁四年，安石更清楚地对神宗指出：民兵初期的功能在"使与募兵相参，则可以消募兵骄志，省养兵财费，事渐可以复古"。[1]可见兵制改革的最终目标仍是"复古"，也就是达成三代"兵农合一"的理想，而民兵与募兵的"相参"只是过渡期采行的手段。王安石既坚持此种理念，乃不断利用机会强调民兵优于募兵，以及削减募兵的必要性，因而持续与神宗发生争议。

神宗既对民兵取代正军的工作有所疑虑，便无意于削减募兵的数量。熙宁六年（1073）八月，神宗与王安石为陕西路供应弓箭手粮草一事相争辩，即牵涉到两人对于削减募兵数量的认知差异：

> 上曰："如保甲、义勇，将来岂不费粮草？"安石曰："保甲、义勇，乃须计置减募兵，以其粮米供之，如府界罢四千兵，所供保甲之费，才养兵所费之十三。"上曰："府界募兵亦未减得。"安石曰："既有保甲代其窠坐，即不要此四千募兵。可指合要兵数，减此四千。今京师募兵，逃、死放停一季，亦须及数千，但勿招填，即是减得。"[2]

民兵组训成功后，开始执行军事任务，仍需政府供应后勤的开支，安石认为民兵既可取代正军的工作，应裁减募兵，将部分省下的经费转移供应民兵的开支。但是，神宗不愿削减募兵数量，对于保甲的推动可以减少军费的主张，似乎也产生了怀疑，他的立场已与熙宁三年说"兵不省则财无由足"时有了很大的改变。

尽管神宗已表达反对减少募兵的立场，王安石仍不愿放弃理

1　李焘：《续资治通鉴长编》卷二二一，熙宁四年三月，第5392页。

2　李焘：《续资治通鉴长编》卷二四六，熙宁六年八月，第5999页。

想，双方在熙宁八年（1075）四月又为募兵与民兵的优劣争辩：

> 又论河北事，安石以为募兵不如民兵，籴米不如兴农事。
> 先是，安石在江宁，尝言兵少，乞募兵。于是，上举以问，安
> 石曰："今厢军诚少，禁兵亦不多，然须早训练民兵，民兵成则
> 当减募兵。"上曰："禁军无赖乃投募，非农民比，尽收无赖而
> 厚养之，又重禄尊爵养其渠帅，乃所以弭乱。"安石曰："臣在
> 翰林，固尝论黥兵未可尽废，但要民兵相制。专恃黥兵，则唐
> 末、五代之祸可见；且黥兵多则养不给，少则用不足，此所以
> 须民兵也。"[1]

神宗再次强调无意削减募兵的数量，并以消弭内乱为理由，拒绝以
民兵取代募兵。显然他已改变"久远须至什伍百姓为用，募兵不可
恃"的主张，仍将募兵定位为军队的主体。由此看来，反对民兵的
官员从政权稳定的角度所提出的质疑，似乎影响了神宗的立场，召
募无赖以消弭内乱，成为他在规划兵制上考虑的一项要素。但是，
"弭乱"显然不是王安石考虑军队体制的重点。他关心的是募兵太
多则政府财力不足，数量少则不足以承担防务，此种两难的问题
应如何解决。因此，从财政及边防上的考量，安石强调民兵优于募
兵，军队须以民兵为主体。两人关心的重点既不相同，在兵制的主
张上便难以形成共识。

要想以民兵取代正兵，不仅要增加民兵的数量，更要使其真
正具有战斗能力。针对此点，王安石在熙宁八年四月力主河东路大
幅削减正军养马的数量，代之以义勇、保甲的养马，使民兵在战时
有足够的战马抗敌。不过，枢密院官员反对此一提议，引发双方的
争辩。安石主张训练民兵既然是为了取代募兵，民兵就必须拥有战

---

1 李焘：《续资治通鉴长编》卷二六二，熙宁八年四月，第6375页。

马，以应付未来作战的需求，故须挪用正军养马的经费。枢密院官员则认为，减少正军养马的数量，将立即损害军队的战力，主张等民兵养马有成后再行定夺，强调"若朝廷且令官军、民兵两不废弛，训练经久，必有可用"。神宗最终采纳枢密院的主张，不削减正兵的养马开支，而以三司经费支应民兵养马的需要。[1] 由此可见，神宗虽推行保甲，却不愿因此而减少正兵的数量和相关经费。熙宁八年已是王安石执政的末期，他借推行保甲以取代正兵，并减少养兵经费的目标，终究得不到实现。

由以上讨论可知，保甲政策的推行并未减少北宋的募兵数量，而是走向维持募兵与扩张民兵并行，造成军队数量更加膨胀。这个结果的产生，并非肇因于王安石无意改变募兵制。从仁宗时代上《言事书》开始，安石对募兵体制不断批判，只是神宗对于军事的改革始终自有主张。从他与安石的论辩中可以看出，神宗对于民兵的战斗力与可靠性存有疑虑，仍将募兵定位为国家军队的主体，而以组织民兵来达到既牵制又辅助正兵的双重目的。由于神宗始终忧虑宋的军力不足以抗衡契丹，其所关注的重点在如何有效地整训军队，将之用于战场。因此，修订兵书、强化士兵的训练才是神宗关注的焦点。[2] 这与王安石从财政和道德的角度思考，视改革军队组成方式为实现"先王之法"的手段，有很大的差异。募兵与民兵并用的结果，造成军费的支出始终不能减少。正因如此，批判养兵的言论并不因王安石的去职而消失。例如，于神宗朝曾任翰林学士的孙洙（1031~1079）就批评："前世之兵，未有猥多如今日者也；前世制兵之害，未有甚于今日者也。"[3] 元丰二年（1079），河北路转运判

1　李焘：《续资治通鉴长编》卷二六二，熙宁八年四月，第 6405~6406 页。

2　《宋史》卷一九五《兵志九·训练之制》："神宗留心武备，既命立武学、校《七书》以训武举之士，又颁兵法以肄军旅，微妙渊通，取成于心，群臣莫望焉。"（第 4859 页）显示神宗在军事改革上有其独特的关注重点。

3　王明清：《挥麈录·余话》卷一，中华书局，1961，第 285 页。孙洙的事迹见王偁《东都事略》卷八五《孙洙传》，第 289~290 页；《宋史》卷三二一《孙洙传》，第 10422~10423 页。

官吕大忠上奏，指出国家的心腹大患不在于外敌的入侵，而是养兵消耗了大量资源，除患之法则在于削减禁军：

> 必使天下井牧其地，伍两其民，无事则耕，有事则战，是臣之愿也，未可遽行。如汉之屯田、唐之府兵，亦足为善法，而不能尽用，则今日养兵，终危道也……臣谓今日之寨户近于屯田，今日之义勇近于府兵，如广募而精教之，以销禁兵之弊。一寨户之勇过于禁兵十人，五义勇之费不敌禁兵一人，以此校之，养兵大费已省其半矣。[1]

吕大忠的论点与王安石十分类似，以恢复兵农合一为最终的目标，但必须透过仿效汉代屯田与唐代府兵逐步达成，而组织义勇和寨户以取代募兵则为当前具体可行的方式。

相反地，朝廷中也存在肯定既有兵制的意见。曾巩（1019~1083）在元丰三年（1080）十一月上奏中，赞扬宋代的募兵为超越前代的优良制度：

> 臣闻古者兵出于农，故三时耕稼，一时阅武，其于四时蒐田，则又率之从事。然则农之用力于兵，以少言之，岁当两月，计其大概，则今之专力之兵，一当古之兼农之兵六。先王之制：天子六军，大国三军，次国二军，小国一军，军万二千五百人，其余夫以为羡卒。周有天下，诸侯之国千有八百，以中数率之，通有兵二万五千，为兵四千五百万，而羡卒未在其数。以今之兵一当其六，今有兵百万，为八、十倍少于古。以迹言之，其专力、兼农之势固异，以多少言之，其用人之力，费人之财，今可谓省矣！古者兵出于农，故干

---

[1] 赵汝愚编《宋朝诸臣奏议》卷一二一《兵门·兵议下·上神宗论养兵》，第1334页。

戈、车乘、马牛亦皆取具，而国无预焉；今兵出于国，故干
戈、车乘、马牛亦皆取具，而民无预焉，此今之兵又于民为便
者也……宋兴，拨乱世反之正，太祖外削藩服，而归之轨道；
内操师旅，而束以法制。天下之恶子，非鳍之以刑，而自列于
行伍；非驱之以暴，而自就于绳墨，以镇城邑，以戍疆场。非
独为朝廷之用，其于天下之良民，得以乐职而安业者，实赖其
力。况又其费少于古，其便多于民，近世以来制兵之善，未有
及此者也。[1]

我们很难确定以史学素养著称的曾巩，是否真的相信周代军队数量
超过四千五百万人。但是，他宣称周代军队数量是宋朝的八至十
倍，显然是为了削弱王安石等人复行三代兵农合一主张的合理性，
以凸显本朝兵制优于前代之处。宋代养兵百万的事实，在曾巩的描
述中具有诸多优点：消耗较少的人力和财力，军需用品又不需平民
准备；并且将天下之"恶子"转化成军人，以护卫国家，使良民得
以安居乐业。如此一来，"费少"与"便民"成为曾巩合理化募兵的
理由。

由以上讨论可知，熙宁年间（1068~1077）推行的军事政策更
加确立了北宋募兵与民兵并行的体制，也激化了北宋君臣对于募兵
与民兵优劣的争议。长期以来，民兵倡议者多质疑召募无赖为兵的
可靠性及养兵造成的财政困境，而以"三代兵农合一"作为改革的
依据。支持募兵制者不仅要对推广民兵组织所可能产生的负面影响
提出质疑，也势必建立合理化募兵制的理论依据。强调太祖兵制为
优于前代的传统，以"兵民分离"可控制无赖之徒及减少平民的兵
役负担，来合理化养兵的支出，乃成为支持募兵论者的主要观点。

---

1 曾巩:《元丰类稿》卷三〇《请西北择将东南益兵》，台北，故宫博物院影印元刊本，1988，
第11~12页。

神宗受到这些议论的影响，逐渐形成自己的立场；在王安石去职后，他亲自主导政策的走向，以整顿军队战力，积极对外扩张为首要重点。元丰四、五年间（1081~1082），正是他自觉施政有成，积极对外用兵的时期。他在元丰五年六月，与大臣讨论对外用兵政策时，也对于自己整顿军事的想法提出总结：

> （上）又曰："天下事莫重于兵，社稷安危所系，措兵既定，则其他皆粉泽而已。"章惇曰："古人以戎、祀为大事，盖事神、治人莫重于此。"上曰："戎与兵异。甲胄起戎，盖兵至于用则谓之戎。祭祀测鬼神之情状为难，用兵测敌人之情状为难，古人所以常合而言。"……又曰："前世为乱者，皆无赖不逞之人。艺祖平定天下，悉招聚四方无赖不逞之人以为兵，连营以居之，什伍相制，节以军法，厚禄其长，使自爱重，付以生杀，寓威于阶级之间，使不得动。无赖不逞之人既聚而为兵，有以制之，无敢为非，因取其力以卫养良民，各安田里，所以太平之业定，而无叛民，自古未有及者。艺祖养兵止二十二万，京师十万余，诸道十万余。使京师之兵足以制诸道，则无外乱；合诸道之兵足以当京师，则无内变。内外相制，无偏重之患，天下承平百余年，盖因于此。"王珪曰："《国朝会要》言国朝兵制虽详，然莫能推明其意。"张璪曰："非陛下神圣，孰能知之。"[1]

神宗即位之初，曾询问王安石"本朝所以享百年天下无事之故"，[2] 经过十多年来关于兵制的争议，神宗似乎已找到了答案。长期安定的根本原因在于"措兵既定"，而所谓的"措兵"是指平时军

1　李焘：《续资治通鉴长编》卷三二七，元丰五年六月，第 7883~7884 页。
2　《王安石文集》卷三《本朝百年无事札子》，第 33 页。

队的组织，而非战场上的军事行动。太祖"措兵"的成功，在于召募无赖之徒为兵，加以严密的控制，使一般平民免除兵役，安居田里而不会反叛；并且使中央与地方的军队数量相近，形成相互牵制，两项要素的配合，使政府得以有效控制社会而维持长期稳定。此种论述根基于神宗在熙宁八年提出召募无赖为兵以"弭乱"的说法，并融合文彦博、曾巩等人的肯定太祖兵制的观点，形成以社会控制为核心，而美其名为"卫养良民"的理论，并将之归功于太祖的发明。由王珪与张璪（？~1093）的回答来看，神宗对于募兵制的阐释实为他们前所未闻。显然，神宗在此塑立了一个有关于太祖创立理想兵制的典范，[1]在王安石看来是承袭"五代姑息羁縻之俗"的募兵制，反而被神宗诠释为国家安定的基石。

神宗公开肯定募兵制，等于否定了王安石以民兵取代募兵的主张。但是，神宗认为民兵具有制衡和辅助正军的功能，因而继续推行保甲制，确立双轨并行的军队组织。[2]在元丰年间（1078~1085），神宗积极将训练"正兵"的方式应用于保甲之上，并扩大其施行范围。[3]在保甲组织推广的同时，正军的数量亦持续扩增。[4]事实上，神宗将自己所诠释的"艺祖养兵之制"与王安石提倡的"三代民兵之制"结合，成为相辅相成的体制，共同构成他推动开疆拓土事业的

---

1 南宋林駉在记载神宗此一论述后说："深矣哉，我艺祖立国之谋也；神矣哉，我神宗察治之智也。"亦可证明此种对太祖兵制的诠释出于神宗个人的发明。见林駉《古今源流至论·续集》卷一，收入《景印文渊阁四库全书》第942册，第34页。

2 为确保正兵与保甲体制的并行不悖，神宗以严格的罚则，禁止担任保甲的平民应募成为正军；参见李焘《续资治通鉴长编》卷三三四，元丰六年三月，第8041页。

3 例如，从元丰二年开始，河北、陕西地区的义勇、保甲要比照正军诵习"教阅法"，见徐松辑《宋会要辑稿》，《兵》二之一五。元丰年间政府强化保甲军事训练的详细情形，参见東一夫『王安石新法の研究』，764—760頁。

4 李焘引《兵志》的记载，指熙宁年间禁军数为五十六万八千多人，元丰时禁军为六十一万两千多人。参见李焘《续资治通鉴长编》卷三五〇，元丰七年十二月，第8397页。

资本。[1] 只是这样综合性的军事政策，出于神宗的独创，其实行的结果不论对倡议民兵或募兵的官员而言都难以满意，以至神宗身故之后，批判声浪四起。

三 祖宗之制与三代之法的对抗

王安石削减募兵的努力不仅未能实现，反而在推动保甲的过程中，促成肯定募兵制论述的发展。王安石的民兵主张一方面倡议"复三代之法"，一方面批判"召无赖为兵"，反对王安石者势必在这两方面提出反驳。神宗在元丰五年对兵制的评论，既树立了太祖在"措兵"上超越前代的典范地位，又以有利于社会控制来合理化召募无赖为兵的政策。因此，他对于召募制的肯定很容易被利用来驳斥民兵论的不当。神宗死后，批判保甲政策的官员往往引神宗的观点为据，即使神宗正是保甲的积极推动者。

元丰八年（1085）三月，神宗去世后，朝臣纷纷提议废止新法，保甲法亦是被攻击的焦点之一，相关的奏章颇多。[2] 反对者不仅指出保甲政策造成的各种实际危害，他们也忧虑"民习武事"的结果将导致社会治安的恶化。[3] 于是，他们经常以保甲有碍社会安定为由，来批判王安石复"三代兵农之制"之不当。例如，元祐元年（1086）三月，御史孙升纠弹在河北地区主持保甲政策的刘定和狄谘，并援引宋太祖为典范来批判复行"三代之法"：

1　神宗对西夏用兵，以正军为主力，同时亦调动保甲、义勇以支应后勤。例如，元丰四年七月下诏："将来入界，陕西义勇、保甲除占使并应募人外，许差馈运粮草，如不足即差夫。"民兵甚至直接参与战斗工作，例如，元丰六年三月下诏："攻米脂城义勇、保甲，重伤赐绢三十匹，稍重减半，轻伤十五至七匹。"参见李焘《续资治通鉴长编》卷三一四，元丰四年七月，第 7605 页；卷三三四，元丰六年四月，第 8043 页。

2　在赵汝愚编《宋朝诸臣奏议》中就收录了八篇，见卷一二四《兵门·民兵下》，第 1364~1376 页。

3　元祐元年二月，苏辙上言："民自近岁皆苦于重敛，储积空匮。若此月不雨，饥馑必至，盗贼必起。保甲之余，民习武事，猖狂啸聚，为患必甚。"参见李焘《续资治通鉴长编》卷三六六，第 8784 页。

伏以先朝始议推行天下保伍之法，要在辨察奸伪，屏除盗贼而已。小人欺罔，遂进邪说，令教府界、三路之民，使之知兵。呜呼！其亦不思而已矣。自先王道德之泽熄，而礼义之俗坏；三代井田之法废，而兼并之徒兴。千百年间，积习陵夷，兵民乃判。世变之异，惟圣智为能通之。以太祖、太宗雄材大略，深虑远谋，并一四海，降慑群雄，措子孙帝王万世不拔之规模，顾不知养兵之为费，而独严兵器之禁者，示民不可使知兵也。[1]

孙升认为自井田之法消失，兵、民之分早已确立，主政者必须体认局势的变异，发展新的军事体制，而非一味复古。宋太祖、太宗采行募兵，正是为后代奠定奉行的典范，"使民不可知兵"以强化社会控制，比节省养兵的开销更为重要。苏轼也认为兵、民分离已久，无法再恢复古制，他在与司马光讨论免役法时提道：

法相因则事易成，事有渐则民不惊。昔三代之法，兵农为一，至秦始分为二，及唐中叶，尽变府兵为长征之卒。自尔以来，民不知兵，兵不知农；农出谷帛以养兵，兵出性命以卫农。天下便之，虽圣人复起，不能易也。[2]

认为府兵制消失后，政府已不再征调平民为兵。兵、民分离，各司其职既然已是长期的传统，就不是执政者的意志所能改变。

在元祐年间（1086~1094）编成的《神宗实录》中，史官也引用神宗的意见批判王安石的民兵政策：

1　李焘：《续资治通鉴长编》卷三七二，元祐元年三月，第 9019 页。

2　苏轼：《苏轼文集》卷二七《辩试馆职策问札子二首》，第 791 页。此札子于元祐二年进呈。

初，王安石议减正兵，以保甲民兵代之，于是始置提举教
阅之使，后又及于西北三路。太祖皇帝惩唐末、五代之乱，始
为军制，联营厚禄，以收才武之士；宿重兵于京师，以消四方
不轨之气，番休互迁，使不得久而生变，故百余年天下无事，
虽汉唐盛时，不可以为比。养兵之费，一出于民，而御戎捍
寇，民不知有金革之事。安石曾不深究，而轻议变易，苟欲以
三代之法行之于今，盖不思本末不相称，而利害异也。世议不
以为然，后卒改焉。[1]

这段称颂太祖募兵之制的议论，实为神宗元丰五年论点的删节版，
以太祖为养兵体制的创始者，将"百余年天下无事"归功于治军的
得法，以"民不知有金革之事"来合理化人民支付养兵开销的事实；
进而借神宗的观点批判保甲法，指责王安石不知太祖军制的优点而
欲复"三代之法"的不当。

元祐诸臣既肯定募兵的功能，也反对削减募兵的数量。"养兵
卫兵"的说法成为他们合理化庞大军费支出的依据。例如，在元祐
六年（1091）讨论如何删减政府开支时，主政大臣特别强调军费的
支出不应减少：

（元祐六年十月）丙寅，迩英读《宝训》至节费，吕大防
奏曰："浮费固当节，至于养兵以御患而民不劳，故养兵之费不
可节。"王岩叟曰："大凡节用，非谓偶节一事便能有济。须每
事以节省为意，则积日累月，国用自然有余。"上曰："然。"[2]

以"御患而民不劳"来合理化募兵的花费，并且强调节省财用并非

1　李焘：《续资治通鉴长编》卷三〇一，元丰二年十一月，第7324页，李焘自注："此据墨本编
　　入"。"墨本"指元祐时期修成的《神宗实录》。

2　李焘：《续资治通鉴长编》卷四六七，元祐六年十月，第11149页。

透过改革单一项目就能达成。由此可见，随着募兵制合理化论述的发展，"省兵节费"主张的合理性直接遭遇挑战，这个自仁宗朝以来不断被提出的政治诉求，在当时大臣的眼中已不具价值。

等到绍圣年间（1094~1098），哲宗亲政，以恢复神宗的政策为施政主轴，新党再度掌权，开始进行《神宗实录》的重修工作。[1] 负责的史官对于前述元祐史臣的议论十分不满，特别写了一条签贴加以反驳：

> 检会王安石《日录》，安石尝建言于先帝曰："惟太祖军制于今可行，今所置保甲，民兵也，于太祖军中制法并不相干。"则先朝未尝改太祖军制，前史官乃以三代兵农之法为非，以诬先朝善政，合删去。[2]

由于王安石的《日录》已亡佚，我们无从得知王安石是在何种状况下对神宗提出保甲与太祖军制不相妨碍的见解。不过，绍圣史臣引用此段文字，反映了新党在重新推行教阅保甲时，既要重申"三代兵农之法"的正当性，同时又须强调保甲并未违背太祖旧制，以防反对者批判民兵组织违背了太祖所立之法。自王安石推动变法以来，反对者不断以违背"祖宗故事"或"祖制"为由提出异议，元祐时期更是如此。"祖制"在宋代的政治论述中具有极高的权威，成为政治人物用以合理化自己主张及批判政敌的工具。新党中人自不能承认他们的作为是在违反"祖宗家法"，以免自贻政敌话柄。[3] 因此，他们极力辩驳保甲的推动无关于改变太祖所订之兵制。如此

---

1 《神宗实录》经多次修订，产生了不同的版本，详情参见王德毅《北宋九朝实录修纂考》，收入氏著《宋史研究论集》第 2 辑，台北，新文丰出版公司再版，2008，第 102~113 页；蔡崇榜：《宋代修史制度研究》，台北，文津出版社，1991，第 82~98 页。

2 李焘：《续资治通鉴长编》卷三〇一，元丰二年十一月，第 7324 页李焘自注。

3 关于宋代"祖宗家法"在政治运作上的意义，参见邓小南《祖宗之法》一书，特别是第 436 页提及王安石亦曾以祖宗旧制为理由，来反制政敌之主张。

一来，保甲的再次推行便无碍既有的募兵体制。新党中人只复行民兵之制而不谈减少正兵，实质上已背离了王安石推动军事改革的原意。[1]

不过，由于"三代兵农之法"仍是新党重新推动保甲政策的依据，反对者自会引用别的典范加以对抗。晁说之指兵、农分离出于宋太祖之创制，其目的即是引用优于前代的"祖宗之制"来反驳"合兵民为一，古之制也"的论点。[2] 神宗主张召募无赖为军，可使社会上"无叛民"，晁说之以此为基础，进一步区分"凶岁"与"乐岁"，将募兵制产生的兵、民分离的现象，诠释为"有叛民而无叛兵"与"有叛兵而无叛民"，再透过太祖与赵普诸人对话的方式来呈现此种论点，以凸显太祖超越群臣的卓越性。神宗称颂太祖的募兵政策为"自古未有及者"，晁说之则代以典范意义更强的"可以利百代者"。事实上，以自己的理念重新诠释太祖的作为，本为晁说之的学术特色，朱弁对此有所记载：

> 太祖皇帝抱帝王雄伟之姿，殆出于生知天纵。其所注措，初不与六经谋，而自然相合。晁以道（说之）云："曾子固元丰中奉诏作论，论成，以吾观之，殊未尽善。某尝谓太祖有二十事，皆前代所无，出于圣断，而为万世利者，今《实录》中略可数也。惜乎！子固不及此，吾所深惜也"。[3]

曾巩（曾子固）作《太祖皇帝总叙》，共论十事，皆以宋太祖超越汉高祖为言，又将太祖比拟成尧舜，为"三代所不及"。[4] 这样的称

1　绍圣时期以降，新党中人推行保甲政策，反而使军队的数量益形增加，最后成为北宋军事上的致命伤，叶适对此有深刻的批判。参见叶适《叶适集·水心别集》卷一一《兵总论二》，第782 页。

2　晁说之：《嵩山文集》卷一《应诏封事》，第29 页。

3　朱弁：《曲洧旧闻》卷一，第83 页。

4　曾巩：《元丰类稿》卷一〇《太祖皇帝总叙》，第26~27 页。

颂，在晁说之看来仍不足够。为求建立太祖至高无上的典范地位，他将《太祖实录》中约略可见的事实，推衍发明为二十件"为万世利者"的伟大传统，"养兵"显然即是其中之一。在朱弁的笔下，宋太祖俨然成为实践儒家经典义理的圣王，也应是受晁说之影响的结果。这种对太祖的称颂既是晁说之个人的创见，我们也就不难理解，太祖对赵普论述养兵可以"为百代利"的故事，在宋代流传不广的原因。

晁说之所叙述的太祖与赵普的对话由于传述者不多，对于合理化募兵制的贡献有限。被广泛征引的，还是神宗在元丰五年的谈话。[1] 因此，肯定募兵制收养无赖以达到巩固统治与保卫良民的概念，在神宗时代已发展完成。但是，出现以社会控制来合理化募兵的论点，并不表示"养兵弭乱"是北宋政府维持大量募兵的主因。尽管我们可以找到政府召募饥民、无赖为兵以防其为乱的例子，[2] 显示宋代统治阶层确实有意借募兵吸收无业者以求安定社会。不过，采行召募政策时往往会吸引社会上无业者为兵，实为历史上常见的现象，绝非宋代所独有。[3] 如果北宋实行募兵制的主要目的是为了吸收社会上的无赖之徒，则政府应在全国各个地区平均地进行召募，尽一切可能将潜在的游手无业者纳入军队管理。但是，北宋军队的实际分布极不平均，绝大部分的军队屯驻在黄河流域，长江以南军队所占的比例很低，[4] 招兵的工作也因此主要是在京东、京西及北方三

---

1 除前引《续资治通鉴长编》《古今源流至论》外，南宋时期编撰的史书、类书或笔记中收录神宗此一谈话者颇多，例如，陈均：《皇朝编年纲目备要》卷二一，中华书局，2006，第508页；彭百川：《太平治迹统类》卷三〇，第32页；朱弁：《曲洧旧闻》卷九，第212~213页；章如愚：《山堂考索·后集》卷四〇《兵门》，第19页；刘达可编《璧水群英待问会元》卷六五，第7~8页。
2 这些例子，南、北宋都有，参见王曾瑜《宋朝军制初探》，中华书局，2011，第263~265页。
3 康乐讨论唐玄宗时代召募制的扩大时，主张当时大量存在的游民为募兵推动的基础。参见氏著《唐代前期的边防》，第189页。
4 王曾瑜曾列表统计仁宗朝禁军的分布情况，可以看出明显的地域差异。参见氏著《宋朝军制初探》，第43~66页。

路来进行，难以全面地吸纳社会上的无业者。[1] 由此可见，吸纳无业
者并非北宋君臣在兵制设计上的主要考量。

就现实层面的影响而言，"养兵卫民"的说法除了成为反驳"兵
农合一"论的理由外，也成为统治者合理化赋税征收的借口。如
同吕大防（1027~1097）在元祐六年以"养兵御患而民不劳"为由，
强调兵费支出不可删减，南宋君臣也有类似的意见，宁宗时度正
（1166~1235）曾提道：

> 臣闻养兵以捍边，竭民之粟帛而民不怨者，以其被坚执锐
> 以御侮于其外，而使之安居乐业，以耕稼于其内也。[2]

平民真的会因为军队抵御外侮，就不在意政府加在他们身上的沉重
赋税吗？看来部分的士大夫已做出此种假设。于是，南宋君臣们讨
论民众的赋税负担时，往往表达出一副无可奈何的态度，将各种苛
捐杂税归咎于不得不支付的军费。孝宗（1127~1194，1162~1194 年
在位）与转运使沈度间的对话是个很好的例子：

> 两浙路计度转运使沈度奏事，上宣谕曰："前日观卿所奏盐
> 事甚详，朕已尽蠲十五万缗，以宽民力。"度奏曰："福建上四
> 州之民，久以盐为苦，今陛下一旦尽捐之，深得圣人藏富于民
> 之义。"上曰："朕意欲使天下尽蠲无名之赋，以养兵之费，未
> 能如朕意。"度奏曰："陛下恻怛爱民，出斯语，固已与天为一
> 矣，四海九州孰不欣戴！"[3]

1　《宋史·兵志》中所记北宋召募的事例，绝大部分是在这五个路进行，见《宋史》卷一九三
　　《兵志七》，第 4800~4810 页。
2　度正：《性善堂稿》卷六《条奏便民五事》，收入《景印文渊阁四库全书》第 1170 册，第 7 页。
3　徐松辑，陈智超整理《宋会要辑稿补编》《食货五十·盐》，全国图书馆文献缩微复制中心，
　　1988，第 795 页。

孝宗希望借由减免杂税来显示自己的爱民之心，但实际所削减的数量甚少，于是归咎于养兵的花费，暗示各种杂税不能减少，皆是兵费不能减少所致。沈度则极力奉承，好像皇帝只要宣示减除杂赋之意，百姓就能感受到君上的爱民之意。问题是养兵之费真的无法减少吗？叶适曾上奏孝宗说：

> 呜呼痛哉！养兵以自困，多兵以自祸，不用兵以自败，未有甚于本朝者也。而议者犹曰："恃兵之固，制兵之善，可因而不可改，可增而不可损。"是厚诬太祖而重误国家也。[1]

在叶适看来，南宋的国防问题在于养兵太多，但统治阶层却视此为太祖以来不可更改之传统。殊不知太祖的成功之处正在于兵少，而非维持重兵以求自保。度正在前引的奏书中也指出，民众不抱怨军费太多是建立在军队能防御外患的前提之上，但当时军中弊端丛生，根本缺乏战力，无法达成应尽的责任，因此他主张省兵节财。[2] 由叶、度两人的论点，反映出对提倡裁兵省费的南宋文官而言，当时流行的"养兵卫民"理念正是他们必须驳斥的。

南宋灭亡之后，养兵卫民的说法仍然影响史学家对于宋代军事体制的论述。元代马端临的《文献通考》在论述宋代兵制时，大篇幅引用元丰五年七月修成的《两朝国史》。此书为仁、英两朝的国史，乃神宗于元丰四年下令王珪编修，次年七月修成，[3] 在《志》的部分，对于宋代军事体制有详细的描述。其主要论点则承袭神宗肯定募兵的意见，一开始即赞美太祖"制兵"有道，故

1　叶适：《叶适集·水心别集》卷一一《兵总论二》，第 782 页。

2　度正：《性善堂稿》卷六《条奏便民五事》，第 7~9 页。

3　杨仲良：《续资治通鉴长编纪事本末》卷八一《修两朝国史》，第 2645~2651 页。

"天下晏然逾百年"。[1] 接着又以养兵卫民来肯定募兵，反驳民兵论者的批判：

> 召募之制起于府卫之废。盖籍天下良民以讨有罪，三代之兵与府卫是也；收天下犷悍之兵以卫良民，今召募之兵是也……则向之天下失职犷悍之徒，今为良民之卫矣……世之议者不达，乃谓竭民赋租以养不战之卒，糜国币廪以优坐食之校，是岂知祖宗所以扰役强悍，销弥争乱之深意哉！[2]

这些肯定宋代募兵制优点的意见，直接影响元代官修的《宋史》。例如，《宋史·兵志》同样以"天下犷悍失职之徒，皆为良民之卫矣！"作为评价宋代"召募之制"的结论。[3] 在论述宋代军人的"廪禄之制"时又说：

> 为农者出租税以养兵，为兵者事征守以卫民，其势然也。唐以天下之兵分置藩镇，天子府卫，中外校卒，不过十余万，而国用不见其有余。宋惩五代之弊，收天下甲兵数十万，悉萃京师，而国用不见其不足者，经制之有道，出纳之有节也。[4]

认为赋民养兵，以兵卫民是历史必然的发展趋势，进而主张养兵数量的多寡与政府的财政盈亏并无必然的因果关系，全视主政者如何在财政上进行调度，等于反驳了民兵论者将政府财政艰困归咎于养

1　《两朝国史·志》，转引自《文献通考》卷一五二《兵考四》，第 1327 页。

2　《两朝国史·志》，转引自《文献通考》卷一五二《兵考四》，第 1327~1328 页。

3　《宋史》卷一九三《兵志七》，第 4799 页。

4　《宋史》卷一九四《兵志八》，第 4840 页。

兵开支的意见。由此可知,"养兵卫民"理念的形成是中国古代军事论述上的重要发展,不仅形塑了后世对于宋代军事体制的理解,也在"兵农合一"的传统理论之外,形成了另一种关于理想兵制的论述,进而影响了宋朝以后统治者对于军事体制的观点。[1]

结　语

宋代承袭中唐以来的传统,以募兵为军队主体,由于数量庞大,管理不易,消耗国家大量资源,却不足以承担边防重任,因而引发诸多批评,主张以民兵取代募兵的声浪自仁宗朝开始日益高涨。直到王安石推动保甲制,企图落实以民兵取代募兵的理想,引发政府内部对兵制的诸多争论。在论辩民兵、募兵优劣的过程中,持不同立场的官员各自寻找合理化其主张的历史典范,并借此质疑对手。为对抗民兵论者复行"三代兵农之法"的主张,支持募兵者形成了以"太祖之制"来合理化养兵开支的论述。在政治论述中形塑本朝的"祖宗家法"作为合理化自身主张的依据,实为宋代政治文化的一项特色,兵制的讨论不过其中的一个例子而已。在此情况下,一些与宋太祖相关的传说,被政治人物逐步创造出来,晁说之所记述的太祖与赵普之间的对话,应放在这样的背景下来理解。这些肯定募兵制的观点,强化了募兵为宋代军制特色的印象。事实上,宋太祖只是被动承继唐及五代的募兵体制,他本人既非"养兵"一事的开创者,从社会控制的角度来肯定募兵制的理念也不是在建国之初就发展成形。

另一方面,有关于太祖"养兵之利"传说的形成,反映了部分

1　例如,清雍正帝在反驳陆生楠《通鉴论》中恢复府兵制提议时说:"民以养兵,兵以卫民,彼此相资,唐宋以来,法制渐详,军农头称两便。"又说清自立国以来,太平无事,军费开支不大,"其得养兵之利也多矣"。显然是以宋朝兵制为典范,反驳"兵农合一"的观点。参见《清实录·世宗宪皇帝实录》卷八三,雍正七年七月,中华书局,1985,第101页。

宋代统治阶层成员从社会控制的角度来思考军队体制，将避免平民拥有军事技能当成巩固政权的方式。此一理念由司马光、文彦博等人首开其端，随着关于保甲的论辩而持续发展，既影响神宗政策的形成，也成为合理化募兵体制的关键性概念。这显示宋代君臣对于军队体制的考量已超越军事层次，而是从国家整体统治的角度来思索和定位军队的功能。尽管募兵造成沉重财政负担是不可否认的事实，但企图将军事工作局限于社会中少数的成员，以便于控制多数平民，似乎更是部分北宋君臣思考的重点。

重视防范内乱，使得统治者对民兵组织存有疑惧。支持"兵农合一"理念的官员，往往抱怨"民兵可用"的事实不受重视。其实，争议之所以产生，不仅在于民兵是否具有战斗的能力，也涉及如何有效控制民兵。"养兵卫民论"所蕴含的矛盾是：统治阶层一方面想借民兵来牵制募兵，却又担心民兵危害政治秩序。在此双重的考量下，保甲政策的推行实质上是确立了民兵与募兵并行的体制，造成军队数量的更加扩张，从而背离了王安石省兵节财的原意。

宋史研究者早已注意到南、北宋政治史的一个明显差异：南宋政府继承了许多北宋留下的问题，但从未进行大规模的政治改革，这个差异产生的原因十分复杂。神宗以降推行新政所造成的负面影响，使后人对改革望而生畏，当是主因。不过，从兵制合理化的论述发展的过程可以看出，由于北宋的改革运动引发大量的政治辩论，从而产生捍卫宋初以来体制优点的各种言论。政治体制本来就没有绝对的优劣之别，当南宋的君主与文官受到这些论述的影响，倾向从正面的角度来解读本朝的体制时，他们就拥有更多的理由或借口来接受现状，这也许是我们分析南、北宋政治差异时的一个可以尝试思考的角度。

神宗自然无法预知自己合理化募兵言论对于后世产生的深远影响，他真正在意的是如何借由强化军力，遂行"复汉唐旧境"的目标。在他在位期间，一连串的对外军事行动逐步展开，但是，神宗在军队管理与指挥上的各种做法，成为影响宋军作战表现的重要因素。

（原载《中央研究院历史语言研究所集刊》第 82 本第 1 分，

2011 年 3 月，第 43~78 页）

第五章　将从中御的困境
——军情传递与北宋神宗的军事指挥

前　言

　　过去对于宋代军队指挥与管理的讨论，多半着重太宗（939~997，976~997 年在位）以"阵图"指挥前线将领作战的史事。晚近的研究则显示，宋太祖（927~976，960~976 年在位）即位后曾几度为讨伐叛乱藩镇与北汉政权而御驾亲征。当不亲临前线时，太祖也透过使者向前线将领传递具体的作战指令。[1] 由此看来，"将从中御"自北宋立国以来已有诸多先例。在真宗（968~1022，997~1022 年在位）签订澶渊之

1　参见范学辉《"将从中御"始于宋太祖考》，《安徽师范大学学报》（人文社会科学版）2006 年第 1 期，第 20~23 页。

盟后，御驾亲征的事例不复再现，身处京城之中的皇帝，平时要管理为数众多的军官、士兵，战时又想要制敌于千里之外，在现实上恐怕面临诸多困难。尤其在缺乏快速通信工具的时代，讯息在传递时造成的延迟与扭曲，必然对作战行动与军队管理构成困扰。因此，"将从中御"也许是北宋君主努力奉行的理念，实际产生的效果仍待深入的探究。宋神宗（1048~1085，1067~1085 年在位）是北宋后期最热衷军政的君主，不仅致力改革军队组织与强化训练，也试图亲自指挥对外的战争。前辈学者虽已对于神宗朝的军事政策与战争过程有所讨论，但既不重视神宗对军队的管理，也不讨论神宗与将领间的讯息沟通。[1]就讯息传递的角度而言，京城与战场之间距离造成讯息取得的延迟，是影响君主指挥的关键性因素。在各次战役中，前线的军情需要多久的时间才得以传递到君主手中？过去的研究并未措意于此。事实上，在传世的宋代文献中，保存了可以估算传递时间的资料。另一方面，信息取得的延迟，并非只受距离与技术等客观因素的限制，前线将领拖延呈报军情，也对指挥者造成困扰，在宋代史料中也留下一些例证。因此，若能从此一角度来分析宋军的作战行动，将能得到有异于以往的新认识。

　　由于武力是维系政权存在的重要基础。对统治者而言，维持对军队的控制，事关政权的巩固，不能掉以轻心。在此情况下，所谓"将在军，君命有所不受"，只是一种理想，很难被

1　有关神宗时期军事政策及对外战争的研究很多，综合性的探讨可参考李华瑞《宋夏关系史》，第 67~82、176~193 页；Denis Twitchett and Paul Jakov Smith, ed., *The Cambridge History of China, Volume 5, Part One: The Sung Dynasty and Its Precursors, 907-1279* (New York: Cambridge University Press, 2009), pp. 464-478。梁庚尧则从军粮供应与运输的角度，描绘元丰年间宋夏战争过程中的诸多面貌。参见梁庚尧《北宋元丰伐夏战争的军粮问题》，《宋代社会经济史论集》上册，第 59~102 页。

全面落实。[1] 过去学者常强调"将从中御"是宋代军事的特色，似乎忽略了其他时代的中央政府同样重视对将领的控制。[2] 因此，探讨的重点应在于宋代君主透过何种方式，来落实"将从中御"的理念；以及在此种考量下，军事资源与信息如何进行分配与管理。如此一来，宋代军事史的特殊性将可被具体呈现。

本章以宋神宗朝的几次对外战争为例，分别从君主与将领的角度，讨论讯息传递对于北宋军队行动的实际影响，并从神宗对于军事信息和资源的掌控，讨论其指挥作为，以期对北宋军事史提出新的分析视角。

一　讯息传递的限制

关于宋神宗在军事作战上的积极投入，宋代文献多所记录。神宗死后不久，哲宗（1077~1100，1085~1100 年在位）元祐年间（1086~1094）的史臣对于他在军队指挥上的作为有以下总结性的描述：

> 每当用兵，或终夜不寝，边奏络绎，手札处画，号令诸将，丁宁详密，授以成算。虽千里外，上自节制，机神鉴察，无所遁情。恩威相济，人不敢不尽力。如李宪、张诚一辈，虽

1　此种理念起源甚早，在春秋战国时期已相当流行，《史记》中记载了三种不同的版本：一是司马穰苴对齐景公的使者说："将在军，君令有所不受。"二是孙武对吴王阖庐所说："将在军，君命有所不受。"三是侯生（侯嬴）对信陵君的谈话："将在外，主令有所不受。"其意涵都是主张将领带兵在外作战，不一定要完全听从君主的命令，可权宜实际情况做出决断，成为后人所熟知的军事理念。参见《史记》卷六四《司马穰苴列传》，第 2158 页；卷六五《孙子吴起列传》，第 2161 页；卷七七《魏公子列传》，第 2380 页。

2　关于宋代"将从中御"的讨论，参见王曾瑜《宋朝军制初探》，第 522~526 页；何忠礼《宋代政治史》，第 60~61 页。

甚亲用，然未尝一日弛其御策，无不畏上之威明而莫敢肆。[1]

如果只根据此一说法，研究者可能会得到宋神宗有效且严格控制前线将领，亲自指示各种作战细节的印象。但是，仔细分析当时留下的战争记录，则可以看出，神宗主导前线作战，只是一种主观的意向。事实上，受到各种客观因素的限制，神宗的企图并不容易落实。其中一项因素是战场与京城之间的距离，若两者相距过于遥远，讯息传递耗时，神宗无法掌握前线战况，将难以有效指挥作战。

讯息从某地传送至京城所需的时间，会因其重要性而有所不同。由于军事情报通常具有高度急迫性，理应以最快速的方式传递。过去学者常依宋代文献中记载某地至京城的距离，除以宋政府规定公文每日须传送的距离，计算出讯息传送至京城所需的天数。例如，仁宗（1010~1063，1022~1063 年在位）皇祐元年（1049）曾下诏："马铺以昼夜行四百里，急脚递五百里"，[2] 则广西邕州距开封 4600 里，以马递传送的公文或情报，应在十余日内送达京城。[3] 不过，此种计算方法忽视不同的地形对于传递速度造成的影响。以常理而言，马匹或人员在平原、丘陵、山地必然是以快慢相异的速度前进，宋政府规定"马递"一日四百里或"金字牌"日行五百余里，在现实上很难一体适用于全国各地。有鉴于此，某地至京城传递讯息所耗费的时间，不能只依据距离的远近来计算，仍需视个别状况而定。

在某些宋代文献中，记录者使用代表时间概念的"程"，来标示两地之间的距离；这比代表距离远近的"里"，更具体反映人员

1　李焘：《续资治通鉴长编》卷三五三，元丰八年三月，第 8457 页。

2　李焘：《续资治通鉴长编》卷一六七，皇祐元年十月，第 4019 页。

3　参见曹家齐《两宋朝廷与岭南之间的文书传递》，收入氏著《宋代的交通与政治》，中华书局，2017，第 258~260 页。王曾瑜也用同样的方法计算军情的传递，参见《宋朝军制初探》，第 398~400 页。

在两地之间移动所需的时间。在宋代，紧急的战报往往"兼程"传送，例如，李焘（1115~1184）指出，仁宗康定元年（1040）八月十七日西夏攻打镇戎军，朝廷于二十五日得到奏报，而"延州去京二十四程"。[1] 由此例可知，从陕西以快马兼程传递战报，原本费时约二十四天的路途，可以九天的时间传达，一日可传送二至三程的距离。到了神宗时代，军情传递的速度更是明显加快。例如，元丰四年（1081）十一月癸卯，神宗下诏给人在延州的鄜延路经略安抚使沈括（1031~1095），内容提及："今月壬寅得卿丁酉奏，以军前士卒逃溃，散在本路，缘理出不得已，须当急切招安。"[2] 丁酉的奏报，至壬寅即收到，前后合计六天。沈括奏报的内容是指伐夏溃败的士兵分散在鄜延路各地，需立即加以招抚，显属军事上的紧急事务。为了军情急件，二十四程的路途，只用六天，平均一天可传递四程。

不过，陕西的事例并不适用其他区域，特别是地势崎岖的岭南。受当地复杂地形的影响，人马不可能以类似陕西的行进速度来传送军情。熙宁九年（1076），神宗调动大军讨伐交趾，以郭逵（1022~1088）主持对交趾的用兵。出发前，神宗特别召见郭逵询问平定交趾的策略。郭逵回答："兵难遥度，愿驰至邕管，图上方略。"[3] 随后郭逵率兵南下，不断与神宗有文书往来。李焘曾根据郭逵《征南文字》的记载，指出郭逵领军至潭州之时，朝廷发下的诏书皆可在十日内抵达。[4] 随后郭逵领军前往邕州，情报传递开始变得迟缓。李焘记载潭州至桂州为十四程，桂州至邕州也是十四程，[5] 如果前线军情能像陕西那样以一天三至四程的时间快速传递，则从邕

1　李焘：《续资治通鉴长编》卷一二五，宝元二年闰十二月，第2955页李焘自注。

2　李焘：《续资治通鉴长编》卷三二〇，元丰四年十一月，第7722页。

3　李焘：《续资治通鉴长编》卷二七三，熙宁九年二月，第6686页。

4　李焘：《续资治通鉴长编》卷二七八，熙宁九年十月，第6800页。

5　李焘：《续资治通鉴长编》卷二七八，熙宁九年十月，第6810页。

州至潭州只需七日至十日，再加计从潭州至京城所需的时间，最快约十七日可抵达京师。但是，实际状况并非如此。例如，神宗在熙宁九年十月丁酉（十四日）下诏责备前线的将领：

> 安南行营至邕州，四将下诸军，九月上旬死病近四五千人。此乃将、副全不约束，恣令饮食北人所忌之物，以致生疾。可火急严诫励，仍切责医用药治之。[1]

神宗在十月中旬才得知抵达邕州的部队在九月上旬已有数千人染病的情报，信息传递耗时可能超过三十天，这使得神宗无法有效掌握前线的状况。神宗在熙宁十年（1077）正月下令："安南行营军前动静，朝廷欲日知之，可令权发遣邕州事周沃日具以闻。递角后，别用长牌大书枢密院急速文字，毋得入铺。"[2] 显示神宗对于军情的掌握状况感到不满，要求人在邕州的周沃必须每日送出军情，以特急件传递，但此一命令对前线战事已无影响。因为在神宗下此命令之前，郭逵已于熙宁九年年底决定从富良江撤军，而正式的奏报要等到熙宁十年二月才上呈：

> 熙宁十年二月二十五日，安南道经略招讨使郭逵等奏："王师以去年十二月十一日举兵出界讨伐，是日破大里隘，各路贼党望风逃溃。二十一日抵富良江，未至交州三十里，贼以精兵乘舡逆战，我师奋击，大破之，斩伪大将洪真太子，其余驱拥入江，溺死不知其数。乾德上表，乞修贡如初。遂收复广源、门、苏茂、思琅等州，先后降贼将刘应纪共一百九十人，飞捷以闻。"宰臣吴充等诣阁门拜表贺。[3]

1　李焘·《续资治通鉴长编》卷二七八，熙宁九年1月，第6800页。
2　李焘·《续资治通鉴长编》卷二八〇，熙宁十年正月，第6849页。
3　徐松辑《宋会要辑稿》，《蕃夷》四之三六。

从奏报内容来看，郭逵在十二月十一日领兵攻入交趾地界，在抵达富良江后与敌方主力会战，大战之后又因交趾国主请求恢复臣属朝贡关系而撤兵。由此可见，十二月十一日之后南征大军的各项行动，都是在决定撤军之后才向神宗呈报。现存的资料已无法确知，神宗在熙宁十年二月得到郭逵奏报前是否已得知撤军的消息，但他未能主导南征大军的行动恐怕毋庸置疑。郭逵后来遭到惩处，至死不再被起用，也与此有关。[1]

　　除了距离之外，战事的进展状况也会影响讯息传递；如果双方战斗持续的时间很短，神宗颁布的指令将无法对前线作战造成实质影响。元丰五年（1082）的永乐城之役，就是一个例子。是年八月，徐禧（1035~1082）率领宋军进入横山地区，计划进行十二个堡寨的修筑工作，以期全面掌控横山，作为日后进攻西夏的基地。九月初，永乐城首先修筑完成，徐禧随即带兵往下一个筑城地点进发，而西夏则集结大军向永乐城逼近。在得知西夏企图攻取永乐城后，徐禧未及请示神宗，即自行带领宋军主力重返永乐城，并于九月九日派兵出城决战，结果一战大败，随即被围困于城中。七天之后，即九月十六日，神宗才得到西夏大军来袭，宋军战败被围的报告，乃紧急发出各种命令；先是指示陕西各处驻军前往救援，在两天之后又因估计援兵缓不济急，下令徐禧"溃围弃城"。只是永乐城于二十日陷落，战斗随即结束，神宗发布的各项指令尚在传递途中，未能对战事产生任何影响。[2] 宋、夏军在永乐城外进行会战，原本不在神宗的规划之内，战事又只历

1　李焘：《续资治通鉴长编》卷二八四，熙宁十年七月，第6940页。神宗处分郭逵后，担任副帅的燕达也自请解除新授的官衔与职务，但神宗下诏："安南征讨措置乖方，总制军事，专在郭逵。燕达听主帅节制，及攻取广源州、决里隘、富良江各有战功，不许辞。"可见神宗认为，征交趾失利的主因在于郭逵的指挥决策不当。参见李焘《续资治通鉴长编》卷二八四，熙宁十年八月，第6948页。郭逵的生平，参见范祖禹《太史范公文集》卷四〇《检校司空左武卫上将军郭公墓志铭》，线装书局，2004，宋集珍本丛刊影印清钞本，第1~14页。

2　关于永乐城之战的过程，参见本书第六章。

时十一日，神宗乃无从介入。

　　由以上讨论可知，受到各种客观因素的限制，神宗在位期间虽然想要主导对外战争，但真正能够在作战过程中扮演指挥者的角色，主要是发生于元丰四年八月至十二月的伐夏之役。分析此役过程中神宗与前线将领的讯息沟通，可以清楚显示神宗指挥的内容与遭遇的困难，对于"将从中御"造成的影响可以有更清楚的认识。

二　策略的拟定与更动

　　元丰四年四月，神宗一再得到西夏内乱、国主秉常被杀的情报，开始有用兵之意；乃派遣心腹宦官王中正（1029~1099）至陕西调查消息的真伪，同时开始在陕西、河东聚集兵马与后勤物资。[1] 主战的边臣如种谔（1027~1083）、俞充（1033~1081），不耐王中正调查的费时，力陈西夏内乱是可乘之机，必须尽快发动攻击。[2] 受此影响，战争的准备工作快速进行。是年六月，神宗派遣宦官李宪（1042~1092）至熙河路主持经制司，配合蕃族领袖董毡（1032~1083）进攻西夏。[3] 同时，调发开封府与京东、京西路的禁军至陕西，并由王中正前往环庆、鄜延、泾原、麟府，与各路官员讨论进兵日期与路线。到了七月，下诏四路，约定九月丙午（二十三日）为出兵日期。[4] 由于发动如此大规模的攻势为前所未有，从中央到地方，各种执行的细节必须详尽规划，单靠文书往返，难以有效沟通。神宗乃委由王中正至河东、陕西与将领商议作战策略，并于七月底下诏："王中正措置麟府兵马，兼管鄜延、环庆、泾原三路军

1　李焘：《续资治通鉴长编》卷三一二，元丰四年四月，第 7566~7567 页。

2　李焘.《续资治通鉴长编》卷三一二，元丰四年六月，第 7584~7585、7594 页。

3　李焘：《续资治通鉴长编》卷三一三，元丰四年六月，第 7586，7592 页。

4　李焘：《续资治通鉴长编》卷三一四，元丰四年七月，第 7611 页。

马，仍下逐路入界总兵官与王中正从长议定，方得进兵。"[1] 这显示神宗因距离遥远，无法与边区将领商议具体进兵策略，乃委由王中正代理。[2]

尽管有王中正代劳，神宗仍颁布诏令，传达各种作战指示。七月，神宗手诏指示各路将帅未来进兵时应遵循的事项，共列出十五点。主要是规定士兵行军和作战的纪律，及赏罚规定，并要求将领尽力完成任务。诏书最后说："余临敌措置，非可豫为计者，并随宜经画，务在审中，毋得轻发。"[3] 可见，神宗既想预先规划作战时的一致性原则，也承认战斗开始后，各种状况仍有赖将领临机应变。如此一来，前线的将领就不免疑惑，自己"随宜经画"的权限究竟有多大？泾原路经略司于八月间，上奏请求"应副军行战守等事，乞权许便宜指挥"。希望未来出兵时得到自主行动权。神宗下诏回覆："本路措置事稍大，奏候朝旨，如小事碍常法，许一面施行。鄜延、环庆、河东路经略司，熙河路都大经制司，措置麟府路兵马司依此。"[4] 借由回覆泾原路经略司，神宗规定五路部队的将帅，在未来作战时，"大事"的处置皆须等候朝旨，只有"小事"可自行处置。

神宗既不肯下放指挥权，势必要透过文书或使者来传递各种作战指示，也要对将领提出的不同意见做出决断。为了有效掌握军情，神宗从六月开始，几度下令整顿陕西地区的递铺，补实人力与物力，撤换不称职的人员。[5] 陕西地区未安排随军出征的地方长官，也被要求在大军出界之后派人打探，以使朝廷每日皆可得到前线的

1　李焘：《续资治通鉴长编》卷三一四，元丰四年七月，第7612页。

2　日后，王中正在出兵时祭祀祝词中说："臣中正代皇帝亲征。"也是反映他作为神宗代理人的事实。参见李焘《续资治通鉴长编》卷三一六，元丰四年九月，第7650页。

3　李焘：《续资治通鉴长编》卷三一四，元丰四年七月，第7600~7601页。

4　李焘：《续资治通鉴长编》卷三一五，元丰四年八月，第7625页。

5　神宗多次下令强化陕西的递铺运作，参见李焘《续资治通鉴长编》卷三一三，元丰四年六月，第7595页；卷三一四，元丰四年七月，第7599页；卷三一五，元丰四年八月，第7626页。

情报；各路转运司的官员则担负纠举前线将帅行为过失的责任。[1] 神宗显然想建立多元的讯息管道，作为决策和指挥的依据。不过，神宗透过文书所传达的命令能否为执行者真正理解，才是落实其作战计划的关键所在。举例而言：神宗在出兵前颁下营阵法，要求在进兵时依阵法行事，将领对于朝廷以文书形式颁下的阵法却感到难以理解：

> 权发遣环庆路经略司高遵裕言："准密院札子，降营阵法，臣究览虽知梗概，尚恐未谕深旨。欲望一谕晓营阵使臣，付臣询访营阵出入、奇正相生之要，令乘驿前来。"诏燕达选谕晓营阵使臣一人，申枢密院。[2]

高遵裕（1026~1085）是统帅泾原、环庆两路部队的主帅，对于朝廷下达的行军扎营规范一知半解，而其上奏时间在元丰四年八月，朝廷约定的出兵日期则在是年九月。在出兵前的一个月，主将才收到阵法的指示，要在短时间内理解，再训练辖下将士遵循，显有困难。而且此一阵法涉及战场实际操作，仅以文书形式颁布不足以有效传达。高遵裕要求朝廷急速派遣一名熟悉营阵的使臣前来教导，正显示以札子传达阵法的规定固然方便，但此种讯息要如何落实于战场才是真正问题之所在。阵法只是行军作战中的一个环节，却已因沟通而产生问题，何况更为重大的议题。

　　陕西、河东部队的出兵日期，虽早在七月间已经决定，却因为李宪带领熙河路部队配合蕃部董毡于八月出兵后，攻势进展顺利，

---

1 李焘.《续资治通鉴长编》卷三一五，元丰四年八月，第 7626 页；卷三一六，元丰四年九月，第 7647 页。

2 李焘：《续资治通鉴长编》卷三一五，元丰四年八月，第 7628 页。

导致神宗急于由陕西进兵配合。[1] 他在九月四日下令："诏（王）中
正、高遵裕，如行军庶事已就绪，即相度乘机进讨，不须拘以元定
期日。"[2] 只要准备就绪即可出兵，形同放弃四路同日出兵的计划，
只求提早进兵。按照八月下旬的规划，王中正由麟府路进兵，种谔
由鄜延路进兵，两支军队先在夏州会合，再由怀州渡河攻兴州；高
遵裕统帅环庆路的部队则先前往泾原路，会合两路的部队后，由高
遵裕统一指挥，先攻灵州，再渡河攻兴州。[3] 如此一来，环庆部队必
须提早完成整备，在预定出兵日之前行军至泾原。在神宗下令可提
前进兵后，高遵裕请求环庆、泾原分两路进击。[4] 显然，由环庆路直
接进入西夏地界，可避免耗费时间行军至泾原，符合及早进兵的要
求。但是，一旦高遵裕的请求被接受，就面临泾原部队由谁统辖的
问题。神宗乃于九月十七日下令："累据刘昌祚奏请，多不中理，虑
难当一道帅领。令知环州张守约往代昌祚，令昌祚赴遵裕麾下。"[5] 神
宗根据刘昌祚（约 1022~1089）历次上奏文书的内容，认定其不堪
重任，在距离发兵前的六天，下令将刘昌祚调至高遵裕的麾下，改
由张守约统领泾原路的部队。问题是在进兵前夕更动主帅，牵涉广
泛，恐非一纸命令即可完成。最终，更换刘昌祚的命令并未执行，
但环庆、泾原两路的行动皆有所延误。十月二十三日，神宗在给泾
原路安抚使卢秉的诏书中抱怨：

> 诸道之师，元议同驱并进，至兴、灵会合。今不惟前后已

1　李宪部队攻势进展的过程，参见梁庚尧《北宋元丰伐夏战争的军粮问题》，第 63 页；何冠
　　环《拓地降将：北宋中叶内臣名将李宪事迹考述（上）》，新北，花木兰文化事业有限公司，
　　2019，第 100~104 页。
2　徐松辑《宋会要辑稿》，《兵》八之二四《讨叛二·夏州》。
3　李焘：《续资治通鉴长编》卷三一五，元丰四年八月，第 7634 页。
4　李焘：《续资治通鉴长编》卷三一六，元丰四年九月，第 7644 页。
5　徐松辑《宋会要辑稿》，《兵》八之二五《讨叛二·夏州》；李焘：《续资治通鉴长编》卷
　　三一六，元丰四年九月，第 7644 页。刘昌祚的上奏令神宗感到不满，亦可参见李焘《续资治
　　通鉴长编》卷三一九，元丰四年十一月，第 7700 页。

怨元约，又环庆之军逾期两旬尚未出界，本路之军虽已启行，盘缠并塞，尚未深入，独鄜延、麟府之兵进程已远。如此前却，势力不齐，济办大事，实为可忧。卿可速具令诏指挥移刘昌祚等，勿为逗遛，自取悔咎。[1]

只有鄜延、麟府两路按原定时间出兵，环庆路较原定时间晚了二十天才出发，泾原路出塞后并未快速深入敌境，四路并进的规划形同虚设，神宗只能一再下令催促环庆、泾原部队前进。

另一方面，鄜延路的部队虽如期进兵，但神宗对于主将种谔在出塞之后立即围攻米脂寨的做法甚感忧虑：

> 上批付沈括："据种谔九月庚戌奏，丁未，大军驻米脂寨，遣诸将攻围，己酉，昼夜进击，及据走马承受所奏伤中兵级，续具以闻。今大军出境未及百里，首攻坚城，损士卒，挫军威，甚非善计，此进军之始，失于审择。兵当避实击虚，舍坚攻瑕，今乃反此，甚为可忧。卿宜酌彼所闻形势，更移谔令早为长虑，勿使战士气竭之际，忽遇贼界屯聚生兵救援，难于取功。"[2]

神宗认为作战应秉持避实击虚的原则，对于种谔的进军路线与作战策略皆不以为然，要沈括指示种谔重新考虑。由此可知，神宗与将领在出兵之前，并未对进军路线、作战策略等具体事项进行良好的沟通。不过，等到十月五日，种谔在米脂寨外大破西夏援军的捷书传来，神宗又大感振奋，一改之前的忧虑和批判，派遣使者嘉奖种谔"功先诸路"，取消之前命令王中正节制鄜延部队的诏令，让种谔可以独当一面，自主作战。[3]此一改变导致由麟府路进兵的王中正

1　李焘：《续资治通鉴长编》卷三一八，元丰四年十月，第7692页。

2　李焘：《续资治通鉴长编》卷三一七，元丰四年十月，第7657页。

3　李焘：《续资治通鉴长编》卷三一七，元丰四年十月，第7659~7660页。

应变不及。

十月十三日，种谔与王中正按原定计划在夏州附近会师，种谔于次日得到不受王中正节制的诏书，立即自行带兵离去。王中正部队携带粮草有限，原本预计会师后可以得种谔部队的后勤粮草，遂因神宗更改命令而陷入缺粮的困境。[1] 为解决此一问题，朝廷下令由麟州运粮支援：

> 初，河东发民夫十一万，（王）中正减粮数，止用六万余人，余皆令待命于保德军。既而朝旨令余夫运粮自麟州出，踵中正军后，凡四万余人，遣晋州将官訾虎将兵八千护送之。虎等奏："兵少夫多，不足护送，乞益兵出塞。及不知道所从出，又不知中正何所之。"有诏召夫还，更令自隰州趣延州饷中正军。[2]

訾虎奉命从麟州领兵护送民夫，尾随王中正的部队，辖下部队的人数却很有限，无法护送超过四万的民夫，且对于行军路线与运送目的地皆无所知，实在难以执行。可见决策者未能考量可行性，即仓促下令。神宗在收到訾虎的报告后，只能取消前令，改由隰州运粮，结果运粮计划尚未执行，王中正部已因粮尽而撤兵。[3]

上述的事例皆显示神宗在决策上缺乏一致性，动辄改变心意，造成将领的困扰，几乎各路统帅都面临此类困境。神宗尤其不信任泾原路主将刘昌祚，虽最终未将其撤换，仍下令受高遵裕节制。但神宗在十月九日又改变心意，下诏："李宪已总兵东行，泾原总管刘昌祚、副总管姚麟见统兵出界，如前路相去不远，即与李宪兵会

1　司马光：《涑水记闻》卷一四《王中正攻西夏》，第 277~278 页。
2　司马光：《涑水记闻》卷一四《欲运粮饷王中正军》，第 280~281 页。
3　梁庚尧：《北宋元丰伐夏战争的军粮问题》，第 70~71 页。

合，结为一大阵，听李宪节制。"[1]事实上，神宗并不清楚李宪部队确实的行军路线，也未具体指示两军会合的地点。要求泾原部队与李宪部队会合，改受李宪统辖的命令，最后也成泡影。上述事例都显示神宗在作战与后勤的规划上的疏漏重重，往往未考量可行性，又经常改变指示，平添执行上的混乱。等到宋军深入敌境，奏报的传达日益耗时，神宗想要掌控战局更是困难。

三　情报与指令的传递延误

　　随着战线的拉长，各路宋军奏报传递已不似初期的快速。例如，鄜延路部队于九月二十八日在米脂寨外击退西夏援军，捷报于十月五日抵达京城，相距七日。[2]等到种谔领兵于十月十日攻入石州时，奏报于二十三日才抵达京城，耗时已达十三日。[3]高遵裕部在十月二十日进入韦州，朝廷于十一月一日收到奏报，耗时十一天。[4]至于李宪统领的熙河部队，从西部进兵，距离京城更远，讯息传至京城约费时十六日。[5]在此情况下，由京师发出的命令已很难符合战场实况，但神宗仍不断对将领发出指示。由于传递耗时，这些命令传达至前线时，将领多半无法执行。不过，即使这些皇命未曾落实，却可借以观察神宗在指挥上的缺失与宋军在作战上面临的难题。

　　十月底，刘昌祚的部队率先突破西夏部队的阻截，攻抵灵州，环庆路部队继至。[6]灵州城的攻防，乃成为双方作战的焦点。神宗在

1　徐松辑《宋会要辑稿》，《兵》八之二五《讨叛二·夏州》。

2　李焘：《续资治通鉴长编》卷三一六，元丰四年九月，第 7653 页。

3　李焘：《续资治通鉴长编》卷三一七，元丰四年十月，第 7669 页。

4　李焘：《续资治通鉴长编》卷三一八，元丰四年十月，第 7686 页。

5　例如，李宪于十月七日在汝遮谷击败西夏军，十月二十三日奏报至朝廷。参见李焘《续资治通鉴长编》卷二一〇，元丰四年十月，第 7666~7667 页。

6　李焘：《续资治通鉴长编》卷三一八，元丰四年十月，第 7697 页。《宋史》卷四八六《夏国传下》，中华书局，1977，第 14011 页。

十一月二日对王中正和种谔下达新的指示：

> 降五路对境图付王中正、种谔，据所分地招讨，俟略定河
> 南，如可乘势渡河，方得前进荡覆贼巢。缘环庆、泾原行营已
> 至灵州界，其鄜延、河东兵马路尚远，不须必赴会合，但能平
> 静所分一道，将来议赏，不在克定兴、灵之下。其措置麟府路
> 军马司可自西界并边取便路速往，及令赵禼应副粮草，如未到
> 本路，即鄜延路借给，委路昌衡照会。其赵咸、庄公岳元无朝
> 旨令就鄜延粮草通融支用，既以馈运不继，乃妄陈奏，及走失
> 人夫万数不少，委赵禼遣官押送就近里州军械系，令沈括选官
> 鞫之。[1]

从诏书的内容看来，神宗虽已知悉王中正部队缺粮，仍期待他们继
续执行任务。既然高遵裕等人已攻抵灵州附近，乃颁下地图，指
示鄜延、麟府的部队不再西进，转而攻占黄河以南地区。在军粮方
面，除准许麟府路部队支用鄜延路的粮草外，也开始追究职司粮运
官员的责任。事实上，不仅王中正的部队乏粮，种谔所部也因后勤
不继，处于溃散的边缘。主要的原因在于，指挥运送军粮的鄜延路
转运使李稷（？~1082）要求民夫依"阵法"行事。但是，这些临
时征集的平民对于"行伍部分之法"并不熟悉，致使队伍行进陷入
混乱，监督的官员只知以杀戮来镇压，反而使民夫的逃亡更为严
重。事后御史王祖道（1039~1108）批评："始（李）稷具图来上，
部伍行列，指掌可观，及其推行紊乱，一不如所言。"[2]可见李稷墨
守朝廷颁布的阵法，在出兵前上呈的文书中一切规划秩序井然，在

---

1 李焘：《续资治通鉴长编》卷三一九，元丰四年十一月，第 7700~7701 页。
2 李焘：《续资治通鉴长编》卷三二七，元丰五年六月，第 7874 页。鄜延路粮运部队因李稷的指
   挥不当而溃散的情形，可参见李焘《续资治通鉴长编》卷三一九，元丰四年十一月，第 7702
   页；卷三二〇，元丰四年十一月，第 7729~7730 页。

执行时却紊乱不堪。再次显示神宗与官员倚赖文书来沟通，往往与
实际状况产生落差而导致误判。在军粮严重缺乏的情况下，神宗
的指令并无助于解决两路部队的困境，不久之后王中正即自行决
定带兵退回延州，种谔的部队则在抵达盐州后因饥疲而溃散，许
多士兵自行逃回宋境。[1]

　　宋军在灵州的战事也未如预期的顺利，神宗对于久攻不下，感
到不耐，乃于十一月七日下诏：

> 环庆、泾原、熙河军马并趋灵州，今闻西贼聚重兵以抗官
> 军，若灵州坚守，王师深入，粮馈已远，岂可专与土木为敌？
> 必俟破灵州，虑劳费日久。令高遵裕、李宪互相计会，才候败
> 贼援军，分兵留攻灵州。乘河冰合，简精锐兵将径趋兴州。若
> 先下兴州，则灵州不攻自破。[2]

此一命令值得注意之处有二。首先，从"岂可专与土木为敌？"的
说法看来，在发兵之初即无强攻坚城的准备，显然是低估西夏军的
防御能力与决心。难怪在包围灵州后，宋军既无攻城的器械，军中
也没有熟悉制作的工匠，面对坚城只能徒呼负负。[3]加上西夏军早在
城外已挖掘三重壕沟，宋军几乎没有可扎营的平地，等到夏军引黄
河河水入壕，宋军更遭河水阻隔，难以相互支援。[4]这些都显示宋军
对敌情的掌握不明，即仓促进兵。其次，神宗在敌军坚守灵州的情
况下，指示宋军渡黄河攻兴州，认为"若先下兴州，则灵州不攻自
破"。显示他因缺乏实战经验，对情势的判断往往过度乐观；灵州

1　李焘：《续资治通鉴长编》卷三一九，元丰四年十一月，第7705、7715页。

2　李焘：《续资治通鉴长编》卷三一九，元丰四年十一月，第7709页。

3　李焘：《续资治通鉴长编》卷三一九，元丰四年十一月，第7707页。

4　枢密院官员于元丰六年向神宗报告，西夏军在元丰四年以"远壕三重"来防守灵州，并建议
　以相同的做法来防御兰州城。参见李焘《续资治通鉴长编》卷三三三，元丰六年二月，第
　8014页。

尚因敌人坚守而不可下，再分兵攻兴州，将更增宋军的风险，前线将领自然不会执行这样的命令。

到了十一月中旬，朝廷开始无法获取灵州前线的战报，神宗在十二月一日的诏书中说：

> 高遵裕自去月丁酉后未有奏报，不闻军前攻战次第。令邓继宣厚以金帛募勇士赍书间道走军前取报，及体探见今措置，次第以闻。仍移文与潘定、刘仅等，亦令选募或差人展转往探伺，及承接文字转递前来。[1]

十一月丁酉是十五日，此日之后，朝廷失去灵州城下部队的任何讯息。事实上，高遵裕因战况不利，在十一月十九日开始领军自灵州南撤，朝廷对此决定毫无所悉。[2]神宗只能不断要求官员尽力打探军情，派兵维持交通线的畅通无阻。到了十一月二十三日，神宗得到灵州粮道不通的报告：

> 乙巳，西京左藏库副使邓继宣言："差提举编排环庆路马急脚铺等，窃见韦州至清远军驻札将官潘定、刘清日逐搜山，道路通活，别无阻节。其南州至韦州驻札将官刘仅、乐进，虽差下未至。即今灵州至韦州向上，粮道阻节不通，乞差近上臣僚，多发禁军，自新界柴稜沟，每十里置一铺及创堡寨，以便运粮、转送文书。"诏："令胡宗回详继宣所奏，展转移牒指挥刘仅等，速赴所分地巡绰通道。令宗回具析见权本路帅领兼职在馈运，道路梗涩，并不措置因依以闻。"[3]

1　李焘：《续资治通鉴长编》卷三二一，元丰四年十二月，第7736页。
2　李焘：《续资治通鉴长编》卷三二〇，元丰四年十一月，第7720页。
3　李焘：《续资治通鉴长编》卷三二〇，元丰四年十一月，第7726页。

当时灵州至韦州粮道已遭切断，但韦州以南的道路则畅通。神宗下令刘仅等将领尽速打通粮道，并要胡宗回报告相关权责官员手握兵力，却无法维持粮道畅通的原因。

情报传递不通，使神宗察觉到战况可能转趋不利，于十一月二十四日下诏高遵裕："如已收复灵州，即分遣将兵开通道路；猝未可破，即同泾原兵夫从环州路迤逦移寨并边，别议措置。"[1] 神宗显然已认知到宋军因久攻不下，师老兵疲必须撤军。当天又下令王中正从延州带兵前往灵州接应。[2] 两天之后，再令熙河路部队由苗授（1029~1095）率领，前往灵州：

> （元丰四年：十一月戊申）诏："环庆、泾原两路行营兵顿灵州城下，未见攻破，次第道路阻绝，粮馈不通，兼李宪奏彭孙所部兵夫，曾为西贼抄劫，近日并不得两军音问，事体至急。又李宪累奏欲归熙河路照管边面，今兵驻石门子歇泊多日，郭茂恂粮草已至本处，令李宪量带三五百人骑，即取近便城寨径归本路，就已放归及本路兵马照管抚定所分地。令苗授速领见在行营将佐兵马，裹护夫粮通道趋灵州，与高遵裕并力收复。如高遵裕相度班师，即应接取便路前来。"[3]

可见，神宗因为得不到军情，感觉前线情势紧急，命令苗授率熙河路的部队支援。由于高遵裕可能已自行决定退兵，乃对苗授下了协助进攻或接应后撤的两个命令，要他视实际情况，择一执行。

到了十二月二日，神宗突然接获高遵裕部即将返回宋境的情报，乃下诏取消之前的命令："环庆、泾原行营回师将入塞，令李

---

1 李焘：《续资治通鉴长编》卷三二〇，元丰四年十一月，第7728页。
2 李焘：《续资治通鉴长编》卷三二〇，元丰四年十一月，第7728页。
3 李焘：《续资治通鉴长编》卷三二〇，元丰四年十一月，第7731页。

宪、苗授更不往，并归本路抚定所分地。"[1]此日之后，宋军在灵州攻城不下，因粮尽撤兵的各项报告才陆续传至京城。[2]为何朝廷失去高遵裕部的讯息长达半个月之久？在前引的诏书中，神宗提到"次第道路阻绝，粮馈不通"，显示当时认为讯息之所以不通，是因为交通线为西夏军所阻断。但是，从传世的记录来看，宋军确有粮运不继的问题，然而粮道受阻，不代表宋军陷入西夏军的严密包围，无法送出情报。灵州城下的宋军在撤退时，刘昌祚亲自断后，依序而退，正显示并未陷入敌军的围困。[3]随后刘昌祚所部退至隘口时受西夏军的截击，高遵裕闻讯派遣俞辛等将领带兵救援，俞辛等人因而战死。[4]这反映出宋军虽遭到追击，情报和指挥体系仍能正常运作。由此看来，宋军将领长达十多天未向朝廷传送战报，很可能不是受限于战场上的客观条件，而是高遵裕等将领在战况转趋不利时，开始考虑违诏撤军，乃停止送出军情。等到大军撤退已是无法改变的事实，才敢再度向朝廷报告战况，以致宋军即将返回国境的情报反而较灵州战况失利的报告更早传抵京城。[5]

由此可见，在通信条件的限制之外，我们也不能忽视前线将领可能刻意拖延情报的传递，尤其是战况失利的消息。在元丰五年（1082）永乐城之战的过程中，也出现类似的状况。神宗在出兵前嘱附随军宦官张禹勤（？~1082）："今出兵塞外，欲日闻动静，可详说军事，逐日侵星发奏；若有事宜，即不以时飞奏。"[6]要求每日在破晓时从军中发送报告，若是紧急军情，则随时传递。在永乐城被围

1　李焘：《续资治通鉴长编》卷三二一，元丰四年十二月，第7736页。

2　这些报告包括：十二月三日收到泾原路安抚使卢秉奏报，十二月六日收到高遵裕及环庆路转运司的奏报，内容都是关于宋军因粮尽，被迫后撤的细节。参见李焘《续资治通鉴长编》卷三二一，元丰四年十二月，第7737~7739页。

3　李焘：《续资治通鉴长编》卷三二○，元丰四年十一月，第7720页。

4　李焘：《续资治通鉴长编》卷三二○，元丰四年十一月，第7726页。

5　据说神宗曾下诏："辄班师者族。"参见李焘《续资治通鉴长编》卷三二○，元丰四年十一月，第7720页。

6　李焘：《续资治通鉴长编》卷三二九，元丰五年八月，第7924页。

前，相关战报传递的时间为七日，例如，

> 元丰五年九月十四日，鄜延路走马承受公事杨元孙言："新修永乐城毕。九月七日，沈括先部中军、右军、左虞候军至米脂寨，候总管曲珍将四军及选锋至，进筑城寨。"又言："进筑城寨切不可迟，西贼既失横山，非晚必须绝灭。"上批付沈括、徐禧、李舜举："若留兵三、五千在银川寨，为战守之备，移大军修筑以次城寨，如此措置有无利害，详度一面施行。"是月二十日，城陷。[1]

九月十四日收到九月七日之军情，相距七日。另一个例子，是神宗在九月十六日得到沈括在九月九日的战报，指宋军战败，永乐城被围。[2]以上二例皆是相隔七日得到军情。这两条讯息的来源并不同，一为走马承受所发，一为统军主帅的上奏，在传递耗费的时间上并无差别。但是，当永乐城于九月二十日陷落，相关的战报是在十天之后，即十月一日传至朝廷，相较之前的战报多出了三天的传送时间，再一次反映前线将领在传送"坏消息"时的拖延。[3]

　　由此看来，尽管神宗为求主导对西夏的作战，重视讯息的传送，建立多元的情报管道，但在客观条件限制与将领的有意拖延之下，身处京城的皇帝实无法全程掌控战局。宋军在攻抵灵州后的战事发展已非神宗所能掌控，所下的各项指示难以影响战局，却反映出他在指挥上过度乐观，不切实际的一面。此种缺失的产生固然是因为神宗缺少实战经验，也与他倾向专断决策，忽视基层执行者的意见有关。

1　徐松辑《宋会要辑稿》，《方域》　九之九《进筑城寨》。
2　徐松辑《宋会要辑稿》，《兵》八之二八《讨叛二·夏州》。
3　李焘：《续资治通鉴长编》卷三三〇，元丰五年十月，第7945页。

四　决策专断的限制

　　神宗热衷于指挥军事，往往流于独断，在主政初期即已显现。
熙宁三年（1070），神宗接受种谔的建议，经略被西夏占领的横山地
区，派遣韩绛（1012~1088）主持其事，中书、枢密院的执政官员皆
不敢与闻：

> 初，朝廷命（韩）绛宣抚，面授攻守二策，而枢密院不知，
> 文彦博意绛密受上旨，恐无功，并任其责，奏请为画一以付绛，
> 而无发兵约束。王安石亦乞不预边事，西讨方略一以委绛。[1]

神宗直接指示韩绛执行的策略，执政大臣既非其咨询商议的对象，
索性主动请求回避，让与此事相关的各项调度不须经过正常的公文
流程。次年，王安石（1021~1086）向神宗抱怨此种做法的不当：

> 且以近事验之，方边事之兴，陛下一日至数十批降，指
> 挥城寨粮草多少，使臣将校能否；群臣所不能知，陛下无所
> 不察，边事更大坏，不如未经营时。此乃于陛下于一切小事劳
> 心，于一大事独误，今日国事亦犹前日边事也。[2]

神宗全盘插手各项作战细节，大小事务皆亲自指挥，甚至一日之内
发出数十道指令，执政官员对其中的内容无法知悉，自然难以置
喙。这样的做法反映出神宗对于文、武官员军事能力的不信任，倾

1　李焘：《续资治通鉴长编》卷二二一，熙宁四年三月，第5390页。

2　陈瓒：《宋忠肃陈了斋四明尊尧集》卷六《边机门第五》引王安石《日录》，收入《四库全书
　　存目丛书》史部第279册，台南，庄严出版社，1996，据中国科学院图书馆藏清康熙十八年
　　陈孔顼刻雍正三年陈象瀚补修本影印，第2页。陈瓒认为上述《日录》所记内容，是在熙宁
　　四年三月神宗因经营横山失利而降德音罪己后，王安石为自己开脱责任的言辞，见《四明尊
　　尧集》卷六《边机门第五》，第3~4页。

向独自做出决策和指令。神宗在军事上唯我独尊的心态，也反映在他与朝臣的对谈中。例如，熙宁七年（1074）三月，神宗与王安石讨论行军作战，指责当时诸将"都无行阵之法"，王安石也说："若要用兵，先须朝廷因古人之宜，讨论法制……今人人以私意，妄相搏击，殊无法制，人命至重，诚宜早计深虑。"[1] 神宗与王安石都认为军队作战，必须先由朝廷有统一的安排与规划，不能让将领自主行动。同年六月，神宗与大臣讨论行军时的结队法时，神宗"因叹州兵之难，以谓今人边臣晓知奇正之体者已自无人，况奇正之变乎"！[2] 认为兵法中讨论的奇、正之体是用兵的根本，而当时的边臣却无人知悉，更何况临阵作战时，将奇正之法加以变化应用，可见神宗十分看轻当时边境将帅的作战能力。在讨论阵图时，神宗也批评臣下所制作的阵图缺乏价值，例如说："朕尝览近日臣僚所献阵图，皆妄相眩惑，无一可取……朕采古之法，酌今之宜，曰营、曰阵，本出于一法，特止曰营，行曰阵；在奇正言之，则营为正、阵为奇也。"[3] 神宗显然认定自己对"奇正之法"与布置营阵的理解在群臣之上，是兵学的唯一权威。

为了在训练和作战上使诸将遵守一致的法则，神宗积极投入各种训练规程和阵法的研制。元丰二年（1079）九月，御制的"教法"正式颁行于各军：

> 内出教法格，并图象颁行之。步射执弓、发矢、运手、举足、移步，及马射、马使蕃枪、马上野战格斗，步用标排，皆有法象。凡千余言，使军士诵习焉。[4]

1　杨仲良：《续资治通鉴长编纪事本末》卷七四《教阵法》，第 2422 页。
2　杨仲良：《续资治通鉴长编纪事本末》卷七四《教阵法》，第 2422 页。
3　《宋史》卷一九五《兵志九》，第 4866~4867 页。
4　《宋史》卷一九五《兵志九》，第 4859 页。

这是宋代第一次由中央颁行图文并呈的训练准则，要求基层士兵诵读和练习，希望借此使军队的战斗训练走向制式化。同样的政策也应用于民兵的训练，元丰四年下诏："府界、河北、陕西集教民兵步人，可并令兼诵念格内步枪法。"[1] "教法格"颁布后，各地士兵开始依规定反复操练。但是，这些一致性规范的施行不曾咨询执行者的意见，也不顾士兵是否真的理解"教法"内容，以至基层将士颇以为苦。[2]

在作战器械的制作上，神宗同样希望由朝廷统筹执行。熙宁六年（1073）六月，神宗下令设置军器监统筹管理军器的制作。次年，神宗下令将判军器监吕惠卿（1032~1111）所上之刀枪样式送殿前司、马军司、步军司定夺，引发吕惠卿的抗议：

> 朝廷必以武人习用器械，故谋及殿前、马、步军司，然臣体问得逐司每准朝旨送下定夺事件，只是取责军校文状闻奏，非独务持旧说不肯改更，又其知虑未必能知作器之意。故凡外人所陈非己出者，少肯言是，朝廷亦未尝考其说之当否，遂从而寝……今陛下置监以除戎器，不属之介胄之武夫，斧斤之巧匠，而使臣等领其事，则岂以臣尝能此技而使之乎？殆将以其薄烛道理，而可使治其官者也……今军器式样又从本监赍送往逐司定夺，则是使臣等营之，而其是否乃取决于此属也，非独谋及之而已。臣以从官预典监事，于陛下则为论思谋画之臣，朝廷一日有四方之事，若幸得使令于前，当使此属奔走以听事。今乃以其悉心并智之所为，而使之议可否，于今日之间，臣固不敢自爱，深恐武夫健卒辈有以窥朝廷之心膂，其智虑乃

1　李焘：《续资治通鉴长编》卷三一六，元丰四年九月，第7651页。
2　神宗在位时，无人敢加以批评，哲宗即位后，官员才纷纷指出要求所有士兵诵习教法的不当，朝廷随即予以废止。见《宋史》卷一九五《兵志九·训练之制》，第4859页；苏辙：《栾城集》卷三七《乞禁军日一教状》，曾枣庄、马德富点校，上海古籍出版社，2009，第835~836页。

决于我也。以理言之，窃恐为倒。盖此属既多出于行伍，则其底里浅深，其下之所熟知也。而臣等虽不肖，然上托陛下名器宠任之，故犹宜见慑。今又使有以窥之，则不特于朝廷之体为轻，而非所以崇堂陛之势。而陛下经营四方，又未能舍文臣而用此属，则其名分之实岂可无素？[1]

吕惠卿坚持文臣地位高于武人，反对由武人来判定文臣所上的兵器样式。他极力主张，君主倚重文臣来协助统治，武人只能奉命行事。如果武人反过来判定由朝廷重臣制成的刀枪样式，就会削弱朝廷权威，损害上下之分。由此看来，吕惠卿强调的是文臣身份所代表的权威不容挑战，即使军人才是器械的使用者，却没有判定刀枪样式的资格。神宗因而只命殿前都指挥使郝质（？~1078）至军器监商议，最后全按吕惠卿的规划来进行。由朝廷统一制作各种武器样式，自熙宁七年开始交付诸路作院作为制造的准则。[2] 官方宣称："初，在京及诸路造军器多杂恶，河北尤甚。至是，所制兵械皆精利，其后遂诏赍新造军器付诸路作院为式，遣官分谕之。"[3] 这些号称"精利"的新制武器，究竟成效如何，尚待实战的验证。元丰四年上距朝廷改革器械生产已有八年，多数宋军理应改用新制武器，正可检验神宗改革器械生产的成效。

高遵裕在进攻灵州失利，退回塞内后，向神宗分析失败的原因，其中之一即为器械："大军启行，器械未备，师次授兵，不暇简阅，甲胄重大，弓弩坚强，中下之军皆不为用，三不胜也。"[4] 由于不重视实际使用者的意见，由中央设计的器械往往只求强化的效

---

1 李焘：《续资治通鉴长编》卷二四九，熙宁七年正月，第6068~6069页。
2 《宋史》卷一九七《兵志十一》，第4914~4915页；李焘：《续资治通鉴长编》卷二四九，熙宁七年正月，第6067~6069页。
3 李焘：《续资治通鉴长编》卷二四九，熙宁七年正月，第6067页。
4 李焘：《续资治通鉴长编》卷三三二，元丰五年正月，第7763页。

能，导致甲胄过重，弓弩过硬，体能较差的中、下军战士难以负荷。士兵没有合用的兵器与甲胄，自然难以取胜。直到元丰六年（1083）八月，神宗终于在诏书中承认由中央统筹军器制造，存在诸多问题：

> 京都所造军器动以万计，虽广求制样，尚恐未殚众善，或不适用，徒费工力。闻鄜延路经略使刘昌祚屡谙战斗，精于骑射，而留心兵仗，所用多穷理要。委走马承受霍丙谕昌祚，令具所习用兵步战器，并目击士卒御贼可用利械，入递进呈。[1]

负责制造的单位与使用者之间缺乏相互的沟通，制造出不堪用的军器只是在浪费经费、资源，对作战毫无帮助。必须征询具有丰富实战经验的武将，才能真正了解士兵在军器使用上的问题，乃要求刘昌祚进呈合用的器械。次月，神宗又下令将京城制作的多种武器和铠甲送交刘昌祚判定是否便于使用。[2]刘昌祚长期在陕西统兵，其职务从基层的主管秦州威远寨，逐步凭战功升迁为鄜延路经略使，实战经验丰富。[3]刘昌祚在元丰四年曾备受神宗的轻视，神宗至此时总算开始尊重他的经验与能力。可见经过元丰四、五年的两次挫败，神宗才开始在军器的制造上倾听基层将士的意见，只是这已是他在位的末期，开边事业已告结束。

自信于自身的军事才能，且对文、武官员的作战能力存有疑虑，神宗在元丰四年对西夏的作战中，高度倚赖宦官王中正与李宪，而忽视朝臣的反对意见。例如，知枢密院事孙固（1016~1090）、同知枢密院吕公著（1018~1089）力图劝阻神宗对西夏用兵，也反

1　李焘：《续资治通鉴长编》卷三三八，元丰六年八月，第 8155 页。
2　李焘：《续资治通鉴长编》卷三三九，元丰六年九月，第 8168 页；参见徐松辑《宋会要辑稿》《礼》六二之四六《赉赐》。
3　参见《宋史》卷三四九《刘昌祚传》，第 11053~11055 页。

对重用李宪，神宗皆不为所动。[1] 李宪统领熙河路兵马，是五路中最早进兵的，其他四路进兵则仰赖王中正前往前线规划。元丰四年七月，王中正从陕西回京，"上即令中书、枢密院召问中正进兵大略"。[2] 由此可知，出兵之前的各种规划安排，仰赖王中正在前线统筹；尽管中书负责筹措钱粮，枢密院职司调兵，但对于进兵的策略却难以置喙，只能听取王中正的报告。[3] 执政大臣对于军事行动的介入有限，亦反映于神宗在元丰四年七月的手批中："夏国、泾原、环庆、熙河路对境图并说语付中书、枢密院，庶知贼中地形曲折，览毕可复进入。"[4] 敌境的地形图掌握在君主之手，只有在出兵之前为了让"二府"的长官有所知悉，才交付给执政官员阅读，并要求在"览毕"之后即须归还，显示神宗相当珍惜这些地图中的资讯，不愿让执政官员拥有。

事实上，神宗手中的"对境图"，存在着不少错误。在五路出兵的过程中，神宗对于各路部队的行进路线与所在位置往往判断错误。例如，神宗对于李宪统领的熙河路兵马期望甚高，不断要求他进兵兴、灵，接应从东方进兵的其他四路兵马。在九月间即要求李宪设法掌握由东方西进各路部队的行踪，准备船只沿黄河而下，适时接应大军渡黄河，夺取西夏的政治中心兴州。[5] 到了十月九日，神宗以为李宪部队已向东行进，与泾原路部队相去不远，要求两军会师，由李宪统一指挥。[6] 到了十一月，宋军开始围攻灵州城，神宗于当月七日下诏给李宪：

1　李焘：《续资治通鉴长编》卷三一三，元丰四年六月，第 7596 页。

2　李焘：《续资治通鉴长编》卷三一四，元丰四年七月，第 7611 页。

3　神宗于元丰四年六月，特别下令中书与枢密院，逐房选择吏员专门负责运粮、调兵的相关事宜。参见李焘《续资治通鉴长编》卷三一三，元丰四年六月，第 7593 页。

4　李焘：《续资治通鉴长编》卷三一四，元丰四年七月，第 7602 页。

5　李焘·《续资治通鉴长编》卷二一六，元丰四年九月，第 7653 页。

6　徐松辑《宋会要辑稿》，《兵》八之二五《讨叛·夏州》；李焘：《续资治通鉴长编》卷三一七，元丰四年十月，第 7667 页。

> 李宪军过天都山，斩戮甚众，赵济供馈办集，东去灵武数
> 舍，非久必与泾原、环庆之师合尔，宜更切鼓舞将士气力，与
> 两路同心协谋破贼。若攻围灵州兵马有余，宜乘河冰凝结，分
> 那劲兵骁将，北渡袭荡，贼巢得倾，则灵守虽坚，当自溃矣。[1]

此处的"贼巢"是指西夏国都兴州。神宗将攻下灵、兴二城的希望
都寄托在李宪的身上，认定他的部队已距离灵州不远，能够很快与
其他宋军会师。事后证明，前述各项命令无一实现，神宗显然未能
清楚掌握李宪部队所在的位置。造成神宗一再误判的重要原因，是
前线报告的地理形势与"对境图"所绘颇有差异，元丰五年六月，
神宗下令重修"对境图"：

> 先有西界对境图，兴师西讨以来，诸处奏报文字指画山川
> 道里，多有异同，无以考证。可令逐路选委昨出界熟知贼境次
> 第使臣、蕃官，差精切画工，同指说山川堡寨、应西贼聚兵处
> 地名，画对境地图，以色别之，上枢密院取到旧对境地图及军
> 兴奏报文字，比对考校，绘为五路都对境图。[2]

由此可知，大军出塞后，神宗依据"对境图"来解读前线的奏报，
发现两者的讯息常有明显落差，造成判断上的困难。原有地图既与
现地情况多所不符，只能要求依据身历其地官兵的报告，重新绘
制，以求真正掌握西夏的地理形势。

由上述的讨论可知，神宗对自己的军事能力过度自信，既倾向
由中央主导军务，不重视与武将、边臣之间的沟通；又不肯倾听朝

---

1 李焘：《续资治通鉴长编》卷三一九，元丰四年十一月，第 7709 页。

2 李焘：《续资治通鉴长编》卷三二七，元丰五年六月，第 7875~7876 页。

廷执政官员的意见，而信用亲近的宦官。如此一来，决策与执行之间就容易产生落差，而神宗对于西夏地理形势与布防状况的掌握不佳，更使他容易做出错误的指令。南宋时期，陈亮（1143~1194）批评神宗："西北两边，至使内臣经画，而豪杰耻于为役矣。"[1] 认为神宗重用宦官，使真正的人才不愿为其所用。事实上，神宗不重视基层的意见，在决策上倾向独断，所有在前线的执行者，不论其身份为文臣、武将或宦官，都同受其害。

结　语

从神宗在军事管理上的作为来观察，"将从中御"确实是他企图落实的理念。基于对自身兵学素养的自信，在士兵训练、行军阵法与器械制造等方面，神宗都介入主导，由朝廷订定制式化的规定，要各地将士一体遵行。在发动对外战争时，他也透过加快文书传递的速度，建立多重的讯息取得管道，力图有效掌握前线的战局。但是，神宗的意志仍受到客观条件的诸多限制，尤其是京城与前线之间距离造成讯息传递的延迟。一旦战场距离汴京过于遥远，或是战斗过程短暂，君主的意志即难以影响实际的作战。以神宗朝的大规模对外作战而言，君主实际主导的是元丰四年五路伐夏之役，在熙宁九年讨伐交趾与元丰五年的永乐城之役，神宗的实质影响力都很有限。因此，单就宋军作战的过程而言，"将从中御"造成的影响程度不应高估，前述北宋史臣赞美神宗："虽千里外，上自节制，机神鉴察，无所遁情。"显然只是夸饰之词，神宗的指挥成效有待深入分析。

元丰四年五路伐夏是神宗介入最深的一场战役，提供了具体分析的例证。宋军从当年四月开始备战，到九月间出兵，只有五个月

1　陈亮:《陈亮集》卷一《上孝宗皇帝第一书》，台北，汉京文化事业有限公司，1983，第6页。

的准备时间，作战与后勤的规划都相当仓促。加上京城与陕西距离遥远，神宗虽曾委派王中正至陕西筹划，但他与前线将领间的主要沟通工具仍是文书。问题是，某些作战实务不易借文书说明清楚，像是高遵裕就承认自己对颁布的阵法不甚明了。同样的，神宗只根据官员的奏书来判断其能力，也可能造成误判。刘昌祚即因奏报内容而受到神宗轻视，但进兵之后，刘昌祚却击退敌军，率先攻抵灵州。与刘昌祚正好相反的例子是负责军粮的李稷，他在出兵前上呈的文书中对运输的规划条理井然，运粮部队出发后却立即陷入混乱。这些例子都说明神宗与边区官员的沟通不良，造成作战计划与执行上产生落差，阻碍原先构想的落实，至于神宗动辄改变指令，更增添宋军在出兵后的混乱。

另一方面，神宗对于敌情并未有确实的掌握，过于乐观地判断情势，造成宋军进入敌境后，必须面对未曾预期的困境。由于军情传递费时，来自京城的指示往往缓不济急，即使神宗规定"措置事稍大，奏候朝旨"，前线将领仍必须因应实际况状而自作主张，甚至拖延送出情报，遂使神宗在战争的最后阶段因失去信息而无法指挥。这个问题的产生，固然是因神宗缺乏实际作战的经验，也是因为他在决策上倾向独断，只倚重少数宦官，而未能与多数文、武官员进行有效沟通。如此一来，神宗依据自己的构想来规划战争，前线官员则自有主张。经过了实战的挫败，神宗才开始调整做法，例如，根据出塞官兵的见闻重绘地图，重视边将对兵器制造的意见。只是这已是他在位末期，上述的改变无补于开边无成的结局。对西夏作战的失利所引发的反战声浪，在神宗身后成为影响政局走向的重要因素。

（原载《台大历史学报》第 65 期，2020 年 6 月，第 1~13 页）

第六章　战争与政争的纠葛

——北宋永乐城之役的纪事

前　言

宋神宗（1048~1085，1067~1085 年在位）致力于西向拓边，开启了北宋晚期一系列对外军事行动的序幕。[1] 在相当的程度上改变了北宋政治和文化发展的走向，由此而引发的争议亦不下于因王安石（1021~1086）推行"新政"所产生的党派对立。元丰五年（1082）的永乐城之役，被普遍视为一场影响深远的惨败，在几部宋代的文献中，对于此役的记载包含三个重点：其一，宋军在战斗中蒙受重大伤亡，折损的官兵与民夫在十万人以上；其二，神宗因此役之惨败而中止对西夏用兵；其三，

1　参见曾瑞龙《拓边西北：北宋中后期对夏战争研究》。

神宗在精神上受此惨败的打击甚大，不仅曾在群臣面前痛哭，更因此郁郁不乐以致崩殂。[1] 在元代官修的《宋史》中，宋方在永乐之战的损失数字更倍增成为"将校数百人，士卒、役夫二十余万"。[2] 受到以上记载的影响，现代研究宋史的学者多以此役为北宋政治发展上的重要转折，认为宋对西夏的用兵政策因此役的失败而暂停，神宗也为此抑郁而终，造成政局的遽变。此类说法不仅出现于相关专著中，在通史教科书中亦然。[3] 不过，随着对宋夏战争研究的持续进行，前辈学者已指出传统的说法可能有误。例如，梁庚尧与李华瑞皆指出神宗并未因永乐之败而放弃伐夏的意图，仍持续筹划进击的行动。[4] 至于永乐之役宋军的死伤，赵涤贤与李华瑞都认为宋方折损超过十万人的说法太过夸大，而各自提出修正的意见。[5] 不过，前贤的研究虽已指出部分宋代文献有夸大永乐之役死伤及其影响之嫌，但并未对此进行深入的讨论，以致无法分析造成这些夸大不实记载的原因及其代表的历史意义。

　　从整个宋夏战争的脉络来观察，宋军在边区兴修的堡寨数量繁多。[6] 在长期交战的过程中，堡寨的争夺与易手十分常见，永乐城又名银川寨，不过是其中之一。我们应该思考，为何一座城寨的沦陷，在宋人的历史书写中特别受到重视，而被诠释成产生重大影响的事件？显然，这不是单单探究军事行动本身就能解释的，而需将

1　相关的记载，见于邵伯温《邵氏闻见录》卷五，第41~42页；黎靖德编《朱子语类》卷一三三《本朝七》，第3189~3190页；王明清《玉照新志》卷一，巴蜀书社，1993，影印涵芬楼藏版，第1页；彭百川《太平治迹统类》卷一五《徐禧等筑永乐城》，第28~34页。

2　脱脱等：《宋史》卷四八六《夏国传下》，第14012页。

3　傅乐成的《中国通史》是台湾地区广泛使用的通史教科书，亦说永乐之败损失二十余万人，军备耗尽，宋自此无力对夏用兵。参见氏著《中国通史》，台北，大中国图书公司，1979，新编第2版，第535页。

4　梁庚尧：《北宋元丰伐夏战争的军粮问题》，收入氏著《宋代社会经济史论集》上册，台北，允晨文化实业股份有限公司，1997，第90页；李华瑞：《宋夏关系史》，第193页。

5　赵涤贤：《北宋元丰中灵州永乐两次战役宋军死者人数考》，《学术月刊》1994年第6期，第82页；李华瑞：《宋夏关系史》，第190页。

6　参见李华瑞《宋夏关系史》，第221~289页。

此一战役的过程置于北宋后期的政局演变之中来观察。神宗时期的历史纪事受到"新旧党争"的影响甚巨，已是众所周知的史实。[1] 但是，政坛的党派之争如何具体地影响历史书写的内容，进而形塑后世对于宋代历史的理解，学界迄今未有深入的讨论。本章将从分析永乐筑城的决策过程及神、哲两朝对此役相关的记载入手，探讨政治因素对于战争纪事造成的影响。希望不仅能有效厘清神宗对西夏用兵的经过，更借此说明宋代战争纪事中存在的某些特色，以及神宗拓边行动所造成的各种影响。

一　进筑横山的提议

神宗即位之后，即锁定西夏为征伐的目标，在熙宁年间（1068~1077）成功占领熙河地区后，即筹划对西夏用兵，乃有元丰四年（1081）秋天五路并进的大规模攻击行动。但是，如同前章所述，宋军虽在几次战斗中取得胜利，却未能达成攻下灵州、兴州，一举歼敌的预期目标。神宗在失望之余，立即筹划后续的行动，朝中执政大臣也极力附和神宗的拓土的野心：

> 上因论西事，曰："兵不可不试，当先其易者。灵州之役，士气至今不挫者，由熙州成功故也。然兵危事，尤须严重，近亡失兵夫殆十万。"张璪进曰："汉武用兵三十余年，唐太宗亦累年征高丽，士马丧亡殆尽，持心坚忍，亦卒成功。今陛下仁圣，但当训练甲兵，以强国势，则驱之可无后悔。"[2]

五路伐夏之役损失了将近十万人，但宰相张璪只视之为暂时性的

1　目前学界对于这个议题的探讨集中于《神宗实录》多次修纂的过程，参见王德毅《北宋九朝实录修纂考》，第102~113页；蔡崇榜《宋代修史制度研究》，第82~98页。

2　李焘：《续资治通鉴长编》卷三二七，元丰五年六月，第7880页。

挫败，宣称只要继续坚持，终能成功。朝中主战气氛的浓厚，可见一斑。在神宗的命令下，沿边诸路的帅臣分别提出新的进兵计划。有鉴于五路并进造成兵力分散，主持熙河路军事的宦官李宪（1042~1092）建议集中力量从泾原路进兵，以熙宁寨为起点，沿途兴筑十几个城堡，深入敌境四百余里至鸣沙城，作为进攻灵州的基地。[1]神宗对此提案十分心动，命令李宪开始调兵筹粮，并于元丰五年二月，特派亲信宦官李舜举（1033~1082）为"照管泾原路经略司一行军马，兼参议军中大事"，[2]监督此事的进行。预计在六月间于泾原路集结军队二十万，马四万匹；运粮民夫二十万，牲口二万匹。[3]但是，要在不到一年的时间内进行两次大规模的出征行动，耗费的钱粮与人力甚巨，对陕西地区的民众与官员造成极大的负担。奉命执行后勤调度的范纯粹（1046~1117）分别于四月底与五月初上奏反对出兵，指出筹集所需的粮饷与民夫有现实上的困难，强征百姓执行运输恐将在陕西引发动乱。[4]但是，神宗不为所动。由于李宪假借皇命不断催逼，陕西的基层官员只得强征百姓，而平民为求逃避征集，甚至群聚抗拒，引发社会骚动。直到李舜举返回京师向神宗报告"财粮未备，人夫惮行"，并强调"若再出师，关中必乱"，才说服神宗放弃此一计划，于五月间下诏遣散已征集的民夫。[5]

但是，神宗虽然放弃了大规模深入敌境筑城的计划，却转而对另一个规模较小的提议产生兴趣。这是由鄜延路安抚使沈括（1031~1095）与种谔（1017~1083）提出的进筑横山计划，主张乘泾原路大军出击，敌方主力无暇兼顾之时，以鄜延路的兵力

1　李宪计划的具体内容，参见李焘《续资治通鉴长编》卷三二一，元丰四年十二月，第7750~7752 页；徐松辑《宋会要辑稿》，《兵》二八之二五～二七。

2　徐松辑《宋会要辑稿》，《职官》四一之七七。

3　据范纯粹等人的上奏，参见李焘《续资治通鉴长编》卷三二六，元丰五年四月，第 7832 页。

4　李焘：《续资治通鉴长编》卷三二六，元丰五年四月，第 7832~7834 页；卷三二六，元丰五年五月，第 7841~7843 页。

5　参见梁庚尧《北宋元丰伐夏战争的军粮问题》，第 80~82 页。

进占横山北界的古乌延城，在此修筑城堡，以求长期控制横山地区。[1] 神宗为求明确评估此一计划，在五月二十六日下令给事中徐禧（1035~1082）与李舜举至陕西与沈括等人商议，徐禧因而以皇帝敕使的身份主导全局。

徐禧之所以积极投入拓边，与他的仕宦生涯正遭遇严重危机有关。王安石与其支持者在熙宁年间为求推行"新政"，拔擢了一批仕宦经历尚浅的读书人，徐禧即为其中的代表性人物。他在没有科举功名的情况下，靠着吕惠卿（1032~1111）的推荐，上呈治策二十四篇而大受神宗的赏识，于熙宁六年（1073）取得官职。[2] 神宗甚至当面对徐禧说："朕多阅人，未见有如卿者。"[3] 君主既如此厚爱，徐禧在仕途上快速升迁就不令人意外了。在几年之间，他已历任监察御史里行、检正中书礼房公事、知谏院等职位。元丰元年（1078）陕西诸路的守臣对于军事政策爆发争议，神宗特派徐禧至陕西视察处理；次年，更任命他知渭州，掌管泾原路的防务，但徐禧旋即因遭逢母丧而去职。[4] 等到服丧期满，神宗再予重任，于元丰五年四月二十六日任命徐禧为试御史中丞，成为御史台的长官。[5] 但是，徐禧就任后的作为却令神宗大感失望。由于感念吕惠卿的提拔，他在行事与言论上明显偏向惠卿，被神宗与执政大臣视为朋党，不适合担任言职，上任未满一个月即被改派为给事中：

> 上（神宗）谓执政曰："徐禧举孔武仲、邢恕为御史，如

1　徐松辑《宋会要辑稿》,《方域》一九之四七~四九；李焘:《续资治通鉴长编》卷三一六，元丰五年五月，第 7856~7858 页。

2　李焘:《续资治通鉴长编》卷二四八，熙宁六年七月，第 6056 页。

3　《宋史》卷三三四《徐禧传》，第 10721 页。

4　王偁:《东都事略》卷八六《徐禧传》，第 299~300 页；《宋史》卷三三四《徐禧传》，第 10721~10722 页；李焘:《续资治通鉴长编》卷三〇一，元丰二年十二月，第 7333 页。

5　徐松辑《宋会要辑稿》,《职官》一七之二四；李焘:《续资治通鉴长编》卷三二五，元丰五年四月，第 7820 页。

何？"王安礼曰："武仲与恕志趣岂可为御史？"张璪曰："此两
人皆异论者。"上曰："徐禧论事，其意渐可见，大率怀吕惠卿
之恩，尤欲进异论之人。盖惠卿已叛去王安石，故多结附往时
异论之人，欲以为党。唐垌乃上书荐惠卿天下奇才，盖垌适
过扬，见惠卿，其事可知。禧自为中丞，昨日方请对，情状已
露。"王珪曰："赖陛下早辨。"上曰："履霜坚冰至，由辨之不
早，辨也岂宜更在此位？"张璪曰："今日即欲别除一官。"安
礼曰："禧号能治边，或授以帅为宜。"上曰："虽稍加进宠，与
外任无害。"……仍诏中书省，命词止云"门下省关掌出纳命令
之重，故选才换授"，勿言禧不当处言职也。[1]

可见，神宗虽不满徐禧党附吕惠卿，对他的才能仍有期待，打算将
他外派至边区任职。适逢沈括等人的奏书上达，神宗便派徐禧至鄜
延路"计议边事"，审视进筑横山的可行性。[2]徐禧掌管御史台未久
即遭撤换，他自然能感受到神宗对自己的不满，在边区力求表现就
成为维系仕宦前途的希望所寄，何况他素来自负于兵学，却一直未
得到表现的机会，因而力求主导此事。

　　徐禧到达陕西后开始与沈括合作，设法排挤种谔。眼见情势
对自己不利，种谔在六月间连续十一次上章，要求进京面奏自己
的计划，才得到觐见神宗的机会。但是，神宗在听完种谔的报告之
后，却命令他尽速返回延州与徐禧商议。[3]由此可见，神宗对于委任
徐禧主导进筑横山已有定见。徐禧在七月间一方面弹劾种谔在前一
年领兵攻西夏时犯下的过失，以削弱种谔对边事的发言权；一方面

1　李焘：《续资治通鉴长编》卷三二六，元丰五年五月，第7845~7846页。
2　徐松辑《宋会要辑稿》，《兵》八之二八《夏州》；李焘：《续资治通鉴长编》卷三二六，元丰
　　五年五月，第7859页。
3　李焘：《续资治通鉴长编》卷三二七，元丰五年六月，第7879页；卷三二八，元丰五年七月，
　　第7893~7894页。

提出新的筑城计划，主张在横山地区修筑六个大型城寨和六个较小的堡垒，而距宋军据点米脂寨五十里之遥的永乐埭则取代了古乌延城，成为第一个修筑的目标。[1] 神宗迅速批准了这个新的计划，由徐禧与沈括指挥鄜延路的部队，于八月初出动筑城。

由以上的讨论可知，进筑横山的行动从研议到付诸执行只经历两个多月的时间，显然是一个仓促成行的军事行动，而且与官员之间的权力斗争密切相关。当神宗在元丰五年初决定采行李宪由泾原路进兵的计划时，素与李宪不合的种谔不愿失去表现的机会，即与沈括提议以辖下兵力进占横山。[2] 等到李宪的计划被取消，神宗派徐禧勘查横山计划的可行性，甫于朝廷政争中落居下风的徐禧，成功地排挤种谔，取得主导权，致使整个计划的规模扩大，而且改以永乐埭为首先筑城的目标。如此一来，宋军行动的主导者就由经营横山地区多年的宿将，转成毫无实战经验的文臣。[3]

二　筑城行动与挫败

在徐禧的主持下，宋军于八月七日自延州出发，在当月二十五日抵达永乐埭，随即开始筑城。[4] 西夏在得知宋军的行动后，陆续派兵来袭，但未能有效阻碍宋军的进度。[5] 九月六日筑城完毕，沈括等人随即带军回到米脂寨以准备后续的行动：

　　　鄜延路走马承受公事杨元孙言："新修永乐城毕。九月七

1　李焘：《续资治通鉴长编》卷三二八，元丰五年七月，第7893~7896页。

2　种谔一直与李宪不合，参见李焘《续资治通鉴长编》卷三二四，元丰五年三月，第7807页。

3　种谔早在熙宁年间即尝试进占横山地区，参见江天健《宋夏战争中对于横山之争夺》，第42~43页。

4　宋军出发的日期是依据李焘的考证，参见李焘《续资治通鉴长编》卷三二九，元丰五年八月，第7921~7922页。

5　李焘：《续资治通鉴长编》卷三二九，元丰五年九月，第7926页。

日，沈括先部中军、右军、左虞候军至米脂寨，候总管曲珍将
四军及选锋至，进筑城寨。"又言："进筑城寨切不可迟，西贼
既失横山，非晚必须绝灭。"[1]

可见，为求尽快完成其余十一座堡寨的兴筑，宋军自九月七日起陆
续离开永乐城。神宗在九月十四日得到这份奏报后的批示是："若留
兵三五千在银川寨，为战守之备，移大军修筑以次城寨，如此措置
有无利害，详度一面施行。"[2] 显然，对神宗君臣而言，修筑永乐城只
是整个行动的开端，筑城完毕后，只留少数兵力驻防，大军则依原
定计划继续进行后续的修筑，至于敌方可能的进犯行动并不在考虑
之列。[3] 不过，当宋军返回米脂寨后，突然得到西夏大军已逼近永乐
城下的消息。徐禧视击溃敌军主力为建立功业的良机，急忙带兵回
永乐城，原来的筑城行动就转变成与敌军的正面交锋。

　　徐禧做出此一决定，与他素来轻视西夏的军力有关。[4] 不过，神
宗的态度也起了重要的作用。自熙宁年间经营熙河地区以来，宋军
在西向拓边的过程中一直未遭遇重大的挫折。特别是元丰四年五路
攻夏时，对方采取避免决战的策略，神宗深以不能捕捉敌军主力为
憾。当元丰五年，边区不断传来西夏大军集结、意图进犯的情报，
神宗并不以为惧，而是期待敌方大举来犯，一举歼灭。例如，他在
五月间得知敌方可能"诸路入寇"时，下诏李宪、沈括等人：

1　徐松辑《宋会要辑稿》，《方域》一九之九《进筑城寨》；可参见李焘《续资治通鉴长编》卷
　　三二九，元丰五年九月，第7931页。

2　李焘：《续资治通鉴长编》卷三二九，元丰五年九月，第7931页；徐松辑《宋会要辑稿》，《方
　　域》一九之九《进筑城寨》。

3　据司马光的《涑水记闻》记载，徐禧在筑城完毕后恐沈括分其功，说："城略已就矣，当与存
　　中归延安。"恐与事实不符。沈括既呈报神宗继续进筑城寨，自无回军延州的打算。见《涑水
　　记闻》卷一四，第284页。

4　《宋史》卷三三四《徐禧传》，第10724页；司马光：《涑水记闻》卷一四，第285页。

自去岁兴师以来，惟患羌贼回避官军，致不能大有克获。
贼今果如所报，则中国正得良便，机不可失。惟要探报得实，
准拟有素，以本路兵马合成大阵，守控要害，伺其深入，痛行
掩杀，则我用力少而收功多矣。[1]

由此可见，神宗对于己方的战力甚有信心，要求前线的将帅积极求
战，追求重大的战果。徐禧在出兵之前，神宗派使者叮嘱他："今既
同预总兵，要在抚御士卒，均甘苦，平赏罚，力行前日垂拱之言，
伫待奇绩也。"[2]看来徐禧在朝之时曾大谈用兵之道，而使君主满怀
期待。若仅筑城而无战功，对徐禧而言，也难以符合君主所期待的
"奇绩"。

当徐禧满心期待与敌军决战时，鄜延路的将领们却不希望受这
位毫无经验文官的指挥。徐禧于九月八日到达永乐城时，总管曲珍
（1031~1089）立即建议他退回塞内督战，正是此一心态的反映。[3]急
于立功的徐禧自然不肯接受此一提议，并对诸将的其他建议皆置若
罔闻：

复还永乐，军无斥堠，比入城，敌倾国至。诸将皆请乘其
未集袭之，禧又不从。高永能言尤切，曰："羌性轻率，出不意
而辄加之笞叱，则气折不能害人。若持疑不断，纵其跳梁，将
无所不至。今先至者皆精兵，急与战破之，则骇散，后虽有重
兵，亦不敢跬步进，此常势也。尘埃障天，必数十万之众，使
俱集，则众寡不支，大事去矣！"禧岸然捋其须，谓永能曰：
"尔何知！王师不鼓不成列。"[4]

1　李焘：《续资治通鉴长编》卷三二六，元丰五年五月，第 7848 页。
2　李焘：《续资治通鉴长编》卷三二九，元丰五年八月，第 7919~7920 页。
3　李焘：《续资治通鉴长编》卷三二九，元丰五年八月，第 7927 页。
4　李焘：《续资治通鉴长编》卷三二九，元丰五年九月，第 7935 页。

徐禧并无实战经验，他对于军事的理解显然来自熟读兵书及史书。因此，他也许熟知兵学原理，却缺乏掌握作战契机的能力。由他与高永能的对话看来，是计划等敌人全数集结再一举歼灭，以追求最大的胜利，实际上却自陷寡众不敌的困境。次日，徐禧命曲珍整军出战，宋军眼见敌军在数量上占有绝对优势，军心开始动摇，曲珍建议收军入城防御，徐禧拒绝。结果双方正面交锋，宋军大败，永乐城遂陷入敌军的包围。[1]

徐禧陷入兵败被围的困境，沈括带领约一万人的兵力在距离五十里之外的米脂寨，却慑于敌军的数量而不敢前往救援。[2] 加上西夏同时派兵攻击米脂、绥德等城寨，使沈括难以判断对方的真正目标，竟因此而放弃支援永乐城，退守绥德。他对部将说：

> 永乐之胜败，未系边势之重轻。绥德，国之门户，失绥德则延州为敌所逼，胜败未可知，关中必震。此大机会也，宁释永乐而救绥德。[3]

沈括本为筑城计划的提议者，现在却主张永乐城的得失并不重要。此种前后矛盾的态度，显示他在面对危机时的慌乱，也反映了宋军的行动缺乏整体战略规划，只是徐、沈二人追求表现的即兴之举。正因为对敌方可能的反制行动毫无准备，一旦战败，即进退失据，只能等待中央及诸路的支援。但是，由于距离遥远，等到神宗得知永乐被围，下令诸路出兵救援已是九月十六日。[4] 由于外援不至，永乐城宋军的劣势无法扭转，诸将建议突围，但徐禧拒绝弃城而走，

1　双方交战的过程，见司马光《涑水记闻》卷一四，第 284 页；李焘：《续资治通鉴长编》卷三二九，元丰五年九月，第 7936 页。

2　李焘：《续资治通鉴长编》卷三二九，元丰五年九月，第 7932 页。

3　李焘：《续资治通鉴长编》卷三二九，元丰五年九月，第 7932~7933 页。

4　李焘：《续资治通鉴长编》卷三二九，元丰五年九月，第 7932 页。

执意坚守。[1]但在缺水、断粮的情况下，宋军只支撑到二十日，城陷之际，徐禧和李舜举皆被杀，只有少数部队随曲珍突围而出。[2]

探究宋军战败的原因，徐禧、沈括在战场上的处置失当自然难辞其咎，但我们不应忽略整体行动规划上的明显缺失。神宗君臣早已知悉西夏大军正在集结，但在计划进筑横山时却未预做考量。徐禧向神宗报告筑城计划时说："城坚守备，则贼不敢攻；兵众将武，则贼不敢战。"[3]可以看出他对于情势的判断太过乐观，敌方的大举来袭根本不在考量范围之内。永乐城被围之后，鄜延路以外的驻军都在等候朝命，不敢主动救援。神宗于九月十六日下令救援时，即估计诸路援兵需"十数日"方可集结，缓不济急的状况十分明显。因此，在两天后他又下令沈括向徐禧传达"溃围弃城"的指示，[4]接着又以种谔取代沈括全权处理救援任务。[5]只是这些指令传达至陕西时皆已过了时效，没有产生任何效果。在永乐城沦陷之后，范纯粹曾对此一缺失提出批判：

> 陕西转运副使、权环庆经略司范纯粹奏："近者，伏见鄜延路行营军马，以贼兵大至，永乐被围，徐禧以下皆在围中，势有不利，须藉邻援，本路经略司牒环庆等路差发兵马。是时，臣适在环庆，亲见曾布议论，以谓不奉诏旨，不敢擅遣。后至降到朝旨，果令差发，未及延州，而永乐新城既已不守……机会之失，害事如此！臣检准先降战守约束，诸路并于平日差定主兵官将，准备互相应援，或贼众大举聚入一路，除已差兵将

---

1 李焘：《续资治通鉴长编》卷三二九，元丰五年九月，第7936页；司马光：《涑水记闻》卷一四，第284页。

2 李焘：《续资治通鉴长编》卷三二九，元丰五年九月，第7937页；司马光：《涑水记闻》卷一四，第284页。

3 李焘：《续资治通鉴长编》卷三二八，元丰五年七月，第7895页。

4 李焘：《续资治通鉴长编》卷三二九，元丰五年九月，第7934页。

5 沈括被神宗调回延州，参见李焘《续资治通鉴长编》卷三二九，元丰五年九月，第7938~7940页。

外，更许逐路那兵，节次策应。昨因徐禧计议边事，悉罢策应
之法。方于其时，莫有言者，而利害得失见于今日。岂有兵困
重围，请援邻道，尚容中覆而后可哉？今边患未消，敌情难
测，愿陛下深鉴近事，断自圣心，更修久长之法，以杜仓猝之
患……"诏："陕西逐路经略安抚使，自今应有事宜，更不令别
路兵马应援，常复须本路广为堤备，自作枝梧，无致误事。"[1]

在通信技术与交通运输都不发达的时代，所有的军事行动皆由朝廷
下诏指挥，对于战场上瞬息万变的情势难以掌握，救援不及的状况
无法避免。因此，范纯粹希望恢复各路主动救援的做法，但神宗的
回应却是要各路自行预做准备，诸路间依旧互不支援。显然，范纯
粹希望诸路守臣取得应付危机自主权的主张，并不为想要维持"将
从中御"的神宗所接受。此种做法所导致的结果是，各路官员往往
要以一路的兵力对抗西夏一国，自然难有胜算。[2]正因如此，程颢
（1032~1085）、程颐（1033~1107）与学生讨论永乐之败时，即将战
事的失利归咎于"不任将帅"：

> 自古师旅胜败，不能无之，然今日边事至号疏旷，前古未
> 之闻也，其源在不任将帅，将帅不慎任人。阃外之事，将军处
> 之，一一中覆，皆受庙算，上下相徇，安得不如此？[3]

神宗身居京城却企图主导边区的军事行动，导致边帅不敢负责，一
切唯皇命是从。在此情况下，神宗若能对宋军行动有缜密的规划，

1　李焘：《续资治通鉴长编》卷三三一，元丰五年九月，第7972页。
2　曾任环庆路副总管的林广对神宗说："诸道同力，乃国家制贼之长计。苟贼并兵寇一道，而邻
　　道不救，虽古名将亦无能为。"但是，神宗一直未能对此困境做出适当的因应。参见李焘《续
　　资治通鉴长编》卷二八八，元丰元年二月，第7055页。
3　程颢、程颐：《二程集·河南程氏遗书》卷二上，台北，汉京文化事业有限公司，1983，第
　　46页。

或许还能有胜算。但是，神宗虽然早有拓边之志，在进攻西夏的军事行动上却始终欠缺长远的构想，往往听信边帅个别的提议，做出即兴式的决策。元丰四年五路伐夏，动员军队与后勤支援人力甚多，但决策过程十分仓促，宋军在准备不周的情况下进兵，已见前章的叙述。宋军退回塞内后，神宗又立刻接受李宪的提议，筹备从泾原路进兵。结果是，李宪的计划甫于五月取消，七月间又决定由鄜延路进筑横山。从徐禧上呈计划到出兵筑城，前后不及两个月，筑城完毕之后的防御安排，遭遇敌军攻击时的对策全都付之阙如。当西夏集中兵力围攻永乐城时，在陕西驻防的宋军分散于诸路，既不能主动赴援，亦不敢对敌境发动反击，朝廷的决策既如此草率，宋军的失利自然无法避免。

总结永乐之战的整个过程，宋军仓促进兵，也快速遭遇挫败。但是，西夏虽然获胜，却随即撤兵，未进一步扩张战果。[1] 在十多天的战斗之后，双方的军事态势又恢复到战前的状态。因此，作为一场战争，永乐之役的过程短促；但其在政治层面上的种种影响却在战后逐步发酵。这是因为持反战立场的官员，致力利用此一事件来扭转君主对西夏用兵的政策。如此一来，战后有关永乐之役的讨论，就以批评拓边政策与主战官员为主轴。

三 战后的影响

对反战官员而言，要求神宗放弃拓边政策的主要理由，在于两次对西夏用兵造成重大的人员伤亡。元丰六年（1083）闰六月，素来反对神宗挑起战端的富弼（1004~1083）去世，在所进呈之遗表中对用兵西夏造成军、民的伤害有诸多的批判，其中一段说：

---

1 西夏军在获胜后并未于永乐城驻守，因此，阵亡宋将高永能的子孙得以复入城中取其遗骸而回。参见李焘《续资治通鉴长编》卷三三〇，元丰五年十月，第7957页。

　　臣闲居屏处，不能审知事实，然道路传闻，昨来西师入
界，及永乐覆没，官兵、民夫及其赍送之人，冻饿而死亡者，
无虑数十万。臣亦恐帅臣、监司、州县之吏未必能以实数闻于
朝廷，使陛下恻然哀悯而急图之也。[1]

　　由于是得之于传闻，富弼并未提出肯定的数字，而将灵州与永乐两
场战役损失的士兵与民夫相加，笼统地称为"数十万"，以强调其
数量之大，而质疑主事官员并未将事实奏报朝廷。由于战争带来的
损失太大，富弼要求神宗"休兵息民"，对西夏采取"归其侵土，
复其爵号"的做法。[2]

　　神宗在位期间，只有像富弼这类的元老重臣敢借永乐之败进
行劝谏。但是，当神宗于元丰八年（1085）三月去世之后，情势丕
变，年幼的哲宗（1077~1100，1085~1100 年在位）即位，由宣仁太后
（1032~1093）辅政，过去反对神宗政策的官员纷纷被擢任要职。永乐
之败成为他们打击神宗朝主战官员的重要理由，即使实际主持这场战
役的徐禧和李舜举已死，沈括早被贬官。例如，元祐元年（1086），
御史中丞刘挚（1030~1098）在弹劾李宪的奏书中，指责他：

　　兴灵之役，（李）宪首违戒约，避会师之期，乃顿兵以城兰
州，遗患今日。及永乐之围，宪又逗留，不急赴援，使十数万
众肝脑涂地。[3]

　　这段文字值得注意的有两点。一是具体地指出永乐之败造成十余万
人的死亡，这是官方文书中首次指称永乐之役的损失人数为"十数

1　李焘：《续资治通鉴长编》卷三三六，元丰六年闰六月，第 8107~8108 页。

2　李焘：《续资治通鉴长编》卷三三六，元丰六年闰六月，第 8109 页。

3　李焘：《续资治通鉴长编》卷三七五，元祐元年四月，第 9106 页。

万"。其次，刘挚将永乐城沦陷的责任归咎于李宪的延误救援，有
扭曲事实之嫌。永乐被围时，李宪及其所部在泾原路，神宗于九月
十七日下令他带兵救援，[1] 三天后永乐城即告失守。由此可见，李宪
未能成功救援永乐城是时间不允许，与他是否拖延并无关联。刘挚
的说辞显然是在假借永乐之败全面打击像李宪这样的主战官员。类
似的做法亦见于右司谏苏辙（1039~1112）于元祐元年（1086）弹劾
吕惠卿的奏章：

> 永乐之败，大将徐禧，本惠卿自布衣中保荐擢任，始终协
> 议，遂付边政。败声始闻，震动宸极，循致不豫，初实由此。
> 边衅一生，至今为梗。[2]

借着追究吕惠卿与徐禧的长期友好关系，苏辙将永乐之败归咎于未
曾与闻此事的吕惠卿。他更将神宗的生病和死亡，归因于永乐之败
所带来的震撼，以进一步强调这群主战官员所犯罪恶之深重。元祐
四年，右司谏刘安世（1048~1125）在封驳赦免沈括的诏书时也使用
同样的理由：

> （沈）括资禀奸邪，贪冒宠荣，因缘朋党，致位从官。元
> 丰末年，出领延师，而邀功生事，创起边隙，永乐之祸，辱国
> 殄民，先皇帝痛悼愧耻，以至厌代。忠义之士，疾括若雠，俾
> 全要领，已屈典宪，岂可辄因赦宥，复起仕途？[3]

可见，为了阻止沈括再被起用，刘安世指责他在永乐之役的过失是
导致神宗死亡的祸首，犯下如此严重的罪恶之人岂能予以赦免，再

1　李焘：《续资治通鉴长编》卷三二九，元丰五年九月，第 7932 页。
2　李焘：《续资治通鉴长编》卷三七八，元祐元年五月，第 9181 页。
3　李焘：《续资治通鉴长编》卷四三三，元祐四年九月，第 10445 页。

加起用？刘安世后来又与权给事中梁焘（1034~1097）共同上奏，批判沈括：

> 不能为朝廷绥怀外域，而创起边事，侥幸宠禄。及永乐陷没，兵民之死者以数万计，关陕疮痍，至今未复。先皇帝虽举责帅之典，而赐以不诛，终缘忧伤，遂弃群臣。括虽万死，尚有余罪。[1]

此奏所宣称的永乐之役死亡数字略低于刘挚，但强调此一失败导致神宗的死亡，沈括的罪孽深重。这些说辞不仅成功地阻止沈括得到赦免，[2]也影响了后世对神宗死因的理解。

对元祐时期主政的大臣而言，反复提及永乐之败并不只是为了阻止政敌再被起用。司马光（1019~1086）等人在主政后，提议将神宗朝攻占之城寨交还给西夏。但是，采行此种弃地的政策必须寻找适当的交换条件，以顾全己方之颜面。范纯仁（1027~1101）、范纯粹兄弟都主张以过去被俘之军民作为交还侵地的条件，以求"取舍有名，于国威无损"。[3]因此，元祐元年七月，宋廷在颁给西夏的诏书中，即以永乐城被俘军民作为交换侵地的条件之一：

> 前后用兵以来，其因而所得城寨，彼此各不曾交还。今来所请，不惟前例甚明，理难顿改；兼访在朝之论，皆谓义不可从。然朕独以永乐之师，陷没者众，每一念此，常用恻然。汝傥能尽以见存汉人送归中国，复修贡职，事上益恭，仍戢边

1　李焘：《续资治通鉴长编》卷四三三，元祐四年九月，第 10446 页。

2　李焘：《续资治通鉴长编》卷四三三，元祐四年九月，第 10447 页。沈括至元祐五年才得到赦免，结束谪官的生活，参见李焘《续资治通鉴长编》卷四四九，元祐五年十月，第 10788 页。

3　李焘：《续资治通鉴长编》卷三六六，元祐元年二月，第 8795~8796 页；卷三七二，元祐元年三月，第 9008~9009 页。

首，无犯疆塞，则朕必释然，于尺寸之地，复何顾惜。[1]

强调是念在永乐之役宋军被俘者众多，才考虑归还侵地；要求西夏释放永乐城被俘的官民，并且朝贡称臣，不再犯边，才能取回失地。对元祐朝臣而言，放弃所得之西夏城寨是建立新外交政策的第一步，他们的最终目标是改变神宗拓边的做法，代之以和平的对外关系。但是，改易甫去世皇帝的政策，形同指斥其缺失，主政者必须有适当的理由。司马光提出"以母改子"的说法，认为垂帘听政的宣仁太后可以用母亲的身份来改变神宗的政策，并不如宣称这些政策是神宗"欲为而未能"来得名正而言顺。[2]永乐之役是神宗朝最后一次大规模对外用兵，正适合定位为神宗由"主战"走向"厌战"的分水岭，可借以宣称与西夏和谈是遵循神宗停止用兵的心意来进行。因此，元祐大臣企图借由书写永乐之役的历史来塑造神宗"厌战"的印象，而当时正在编修的《神宗实录》就是他们的工具。因此，《实录》在记载永乐战败的过程后，史臣加上了一段综合性的议论：

> （徐）禧为人狂疏而有胆气，尤喜言兵，以为西北唾掌可取，但将帅怯懦耳。吕惠卿以此力引之于上，故不次骤用。先是，惠卿在延州，首以边事迎合朝廷。已而去官，沈括继之，遂请讨伐。种谔以鄜延路之师深入无功，高遵裕以环庆之师至灵州城下，狼狈而还，陕西、河东骤然困敝，天下共望朝廷息兵，而沈括、种谔陈进取之策，复请筑城。禧素以边事自任，故上遣往经画之。既入贼境，不为备，寡谋轻敌，辛遇强寇，故败。自是

1　李焘：《续资治通鉴长编》卷三八二，元祐元年十月，第9313页。

2　南宋时期，魏了翁在《跋东坡辞免中书舍人稿真迹》中对于此种政治动机，有深入的分析，见魏了翁《鹤山先生大全文集》卷六〇，收入《四部丛刊正编》第60册，台北，台湾商务印书馆，1979，据乌程刘氏嘉业堂藏宋刊本影印，第12~13页。

之后，上始知边臣不可信，亦厌兵事，无意西伐矣。[1]

可见，史官不仅全面批判历来主导对西夏战争官员们的无能与无识，为国家带来巨大的损失，也断言永乐战后神宗已对主战者失去信心，放弃继续用兵的念头。因此，借由总结永乐之战，朝廷官员宣称神宗早已无意对西夏用兵，如此一来，推动和谈就不是在改变先帝的政策。

由以上的讨论可知，元祐大臣出于多重政治目的来回顾和论述永乐之役，在他们的笔下，永乐之战被描写成损失惨重（虽然在具体数字上有所出入），导致神宗改变主战策略，并因此而生病去世。由此可见，长期以来我们对于永乐之役的印象，有相当的部分是渊源于元祐时期主政文臣的说法。因此，我们应该进一步思考这些掺入了政治因素的历史论述，是否掩盖了某些实情。

四　政治立场与战争纪事

元祐大臣对永乐之战的论述是建立在宋军损失惨重的基础上，到底宋军在此役的伤亡有多少？据城陷之后沈括、种谔等人的奏报，指称"汉、蕃官二百三十人、兵万二千三百余人皆没"。[2]这与持反战立场官员宣称有数万或十余万的说法显然有巨大差距。关于沈括等人的奏报的真实性，神宗颇感怀疑，因而于元丰五年十一月下诏种谔：

1　李焘：《续资治通鉴长编》卷三三〇，元丰五年十月，第7955页。李焘在此段文字之后加入以下的注记："自'吕惠卿力引徐禧'以下，朱本并削去，其意可见也。新本复存之，今从新本。"可见此段文字是元祐年间修《神宗实录》时所写，在绍圣年间改修时被删去，绍兴年间重修时又再加入。

2　李焘：《续资治通鉴长编》卷三二九，元丰五年九月，第7934页引《实录》；徐松辑《宋会要辑稿》，《兵》八之二八，第6901页。

> 具析沈括带将官、使臣、军兵若干往永乐城，永乐陷没及
> 缘路亡失若干，诸处存抚收集，并沈括随行各若干以闻，不得
> 用情增减。[1]

由此可以看出，朝廷对于参与此役官兵的数量并未有确实的掌握，加上战场的死伤并不易统计，兵败之后失踪的士兵可能并未死亡，而是逃散各地，必须详加招抚，才能得知较为真实的数字。不过，此次调查的结果并未留下记录。在缺乏官方记载的情况下，我们只能从观察宋军在此役动员人力的多寡，来求得接近实际状况的损失数字。

徐禧等人带领多少部队进行筑城工作？在不同的北宋文献记载中差异甚大。沈括在战后曾撰写《自志》，记述永乐之役的整个经过，但全文已亡佚，只有部分内容被李焘（1115~1184）引用，保存于《续资治通鉴长编》，而其中有三段文字提及宋军的人数。一是记载沈括在筑城完毕后留景思谊（？~1082）等四千人守城。二是记载徐禧复入永乐城时带兵二万五千人。[2] 三是记载永乐城被围时沈括麾下有兵万人。[3]《续资治通鉴长编》在另一条未注明出处的记事中指沈括对徐禧说："吾众才三万，贼杂集之兵数十万，岂易当也？"[4] 此段记事以沈括与徐禧对话的方式呈现，恐怕也是依据沈括的《自志》而来，城中原留守的四千人加上徐禧重新带入的部队即约三万人。根据这几段记载可以推估，宋方有三万兵力在永乐城，另有一万人由留在米脂寨的沈括率领，合计战斗部队约四万人，这与司马光在《涑水记闻》中所记相同。[5] 此外，程颢、程颐在战后对

1　李焘：《续资治通鉴长编》卷三三一，元丰五年十一月，第7967页。

2　两条记事皆在李焘《续资治通鉴长编》卷三二九，元丰五年九月，第7926页。

3　李焘：《续资治通鉴长编》卷三二九，元丰五年九月，第7932页。

4　李焘：《续资治通鉴长编》卷三二九，元丰五年九月，第7935页。

5　司马光：《涑水记闻》卷一四，记徐禧等人从延州出发时"将步骑四万及诸路役兵"（第283页）。

学生说："徐禧奴才也，善兵者有二万人未必死，彼虽十万人，亦未
必能胜二万人。"[1] 显然是认为徐禧以二万之众对抗西夏十万大军。以上
沈括、司马光和二程的三种说法虽有出入，但差异不算太大。不过，
在《续资治通鉴长编》中又收录了另一种迥异的记载，指宋军共计
"蕃汉十余军，所将凡八万，役夫荷粮者倍之"。据李焘的注释，此一
数字是引用张舜民所撰《永乐客话》的记载。[2] 在《宋会要辑稿》中则
记："禧、舜举与括等将蕃汉兵十余将，凡八万，役夫荷粮者倍之。"[3]
与《续资治通鉴长编》的文字几乎雷同，很可能出自相同的史源。根
据此一说法，士兵加上民夫，出动的人数高达二十四万人；在此前提
下，永乐之役才有可能造成"十数万众肝脑涂地"的结局。

目前可见的宋代文献中并无名为《永乐客话》者。不过，学者
比对《续资治通鉴长编》的引文与《永乐大典》残卷，发现了几乎
相同的记载。这是在《永乐大典》"城"字部"永洛故城"条下引
用《元一统志》中永洛故城条所载张舜民撰写的《事记》。[4] 因此，
此一《事记》被史家认定就是《永乐客话》，近二十多年来，讨论
宋夏战争的学者都认为《大典》所收之《事记》完整记载了永乐之
战的过程，是具有极高价值的珍贵文献。[5] 等到南宋庆元三年（1197）

---

1 程颢、程颐：《二程集·河南程氏遗书》卷二上记"二先生语"，不能确认出自程颢或程颐之
　口（第46页）。
2 李焘：《续资治通鉴长编》卷三二九，元丰五年八月，第7921页。
3 徐松辑《宋会要辑稿》，《兵》八之二九。
4 张舜民的《事记》收入解缙等编《永乐大典》卷八○八九，中华书局，1986，第9册，第
　13~16页。其中关于宋军兵力的记载在第14页："蕃汉十余将，凡八万兵，役夫荷粮者倍
　之。"
5 包伟民在1986年撰写《沈括事迹献疑六则》，首先认定《事记》即是《永乐客话》，此文收
　入徐规主编《宋史研究集刊》（一），浙江古籍出版社，1986，第306~315页。梁庚尧在1987
　年撰写《北宋元丰伐夏战争的军粮问题》一文，即以《永乐大典》所收之《事记》作为论述
　永乐之役的重要史料依据。从此之后，学者对此一文献日益重视，甚至誉为"永乐之役最真
　实记录"。参见汤开健《熙丰时期宋夏横山之争的三份重要文献》，《宁夏社会科学》2003年
　第3期，第75页；胡玉冰《传统典籍中汉文西夏文献研究》，中国社会科学出版社，2007，
　第39~42页。

刊刻的《新刊国朝二百家名贤文粹》于 2004 年影印出版，我们更可从中找到题为"浮休居士"（张舜民的别号）所作之《永洛城事记》，其内容与《永乐大典》所收之《事记》大体相同，但更为完整。[1] 此文在一开始说："乙丑岁，西客有以永洛事语余者。"[2] 由此可知，张舜民是在元丰八年根据传闻而撰写，主要内容记载从沈括提议筑城至宋军战败的过程，尤其详细描述宋军被围后因缺水所导致的惨况，最后指宋军伤亡为："正兵及粮卒死者凡十余万人，官吏、将校数百人。"[3] 这个数字与前述刘挚的说法相似，在撰写的时间上则早了一年。如果考量到张舜民在元祐元年担任监察御史，御史中丞刘挚正是他的长官，则刘挚有关于永乐之役损失惨重的描述很可能源自《永洛城事记》。因此，张舜民的文章恐怕对永乐之战的相关说法产生了深远的影响。

在现存的北宋文献中，对永乐之役的描述颇多歧异，张舜民宣称这正是引发他撰写《永洛城事记》的动机：

> 余尝患永洛之事传者纷纷不一，类多讹伪。往往朝廷之上，搢绅之间互有差异，虽有知之详者，盖亦畏避而不敢闻。今客言颇详而有理，且曰："方是时仆在延安，而亲族一人自永洛城中脱归。"故为可信，于是书之，以贻后人。[4]

可见，张舜民宣称当时对于永乐之役众说纷纭，原因在于知悉事实的人惧怕触犯忌讳而不敢加以论述，于是他根据亲身经历者的说法撰写此文，以求保存信史。如此说来，张舜民记述永乐之战并非出于政治的动机或目的。但是，分析张舜民的政治生涯，则不免对

1　佚名：《新刊国朝二百家名贤文粹》卷一一五《永洛城事记》，线装书局，2004，宋集珍本丛刊影印宋庆元三年书隐斋刊本，第 5~8 页。《全宋文》卷一八一九，已将此文分段标点，见曾枣庄、刘琳主编《全宋文》，上海辞书出版社，2006，第 83 册，第 347~351 页。

2　佚名：《新刊国朝二百家名贤文粹》卷一一五，第 5 页；《永乐大典》卷八〇八九，第 13 页。

3　佚名：《新刊国朝二百家名贤文粹》卷一一五，第 7 页；《永乐大典》卷八〇八九，第 15 页。

4　佚名：《新刊国朝二百家名贤文粹》卷一一五，第 8 页，此段文字不见于《永乐大典》。

此种说法有所怀疑。在元丰四年五路伐夏时，张舜民在主将高遵裕
（1026~1085）麾下担任"管勾环庆路机宜文字"，遵裕因兵败灵州
而罢官，舜民也因"从军出塞，赞画无功，作诗讥讪"等理由被降
官为承务郎，谪授"监邕州盐米仓"。舜民上书抗议，主张自己官
职卑微，所言皆不为高遵裕所采纳，不应受到重罚。神宗下令将他
送至延州，由宇文昌龄追究其责任，后来改派为监郴州茶盐酒税。[1]
所谓"作诗讥讪"是指他在回军途中写的两首绝句：

> 灵州城下千株柳，总被官军斫作薪；他日玉关归去路，将
> 何攀折赠行人？
> 青铜峡里韦州路，十去从军九不回；白骨似沙沙似雪，将
> 军休上望乡台。[2]

诗中直陈宋军损失的惨重，在神宗看来，批判其主战政策的意涵十
分明显。此外，据刊行于北宋末年的笔记《道山清话》，张舜民之
所以触怒神宗还不止于此：

> 张舜民郴州之贬也，坐进《兵论》。世言"白骨似山沙似
> 雪"之诗，此特一事耳：《兵论》近于不逊矣。[3]

由此看来，张舜民所写的《兵论》中对神宗有直接的批判，导致他
的贬官。他自元丰六年开始贬官的生涯，[4]后来虽经赦免，仍未被派

1　李焘：《续资治通鉴长编》卷三二六，元丰五年五月，第7843~7844页；卷三三〇，元丰五年
　　九月，第7958页。

2　张舜民：《画墁集》卷四《西征回途中二绝》，中华书局，1999，据知不足斋丛书本影印，第7页。

3　佚名：《道山清话》，收入《全宋笔记》第2编第1册，大象出版社，2003，第107页。

4　张舜民有《元丰癸亥秋季赴官郴岭舣舟樊口与潘彦明范亨父以小艇过吉阳寺是日大风雨雪》
　　诗，可见他是在元丰六年秋天贬官郴州。见《画墁集》卷四，第3页。

任官职。[1]直到元丰八年神宗去世后，政局丕变，次年六月，司马光推荐张舜民担任馆阁之职，称赞他"材气秀异，读书能文，刚直敢言，竭忠忧国"。[2]显然是看重他勇于批判神宗政策的作为。舜民于当年十二月被任命为秘阁校理，三个月后再升为监察御史，[3]仕途由此转趋顺遂。[4]舜民一直对西向拓边抱持反对的态度，他在绍圣三年（1096）曾劝哲宗不要轻率用兵。[5]至徽宗（1082~1135，1100~1126年在位）即位，他在经筵陈述神宗朝用兵失败的事例：

> 绍圣、元符间，章惇用事，谪弃他帅臣，兴兵取故地，筑新塞，又取河北湟、鄯等州，关中大困。因哲宗升遐，建中靖国之初，谏议大夫张舜民，邠人，熟知灵武之败，永乐之祸，神宗致疾之由，在经筵为上皇言之，上皇为之感动。故章惇罢相，弃湟、鄯等州之地。[6]

文中所称的"上皇"即指徽宗。由此可知，舜民宣称灵州、永乐之败为导致神宗生病的原因，借以说服皇帝放弃自哲宗亲政以来的拓边政策。

1　王偁：《东都事略》卷九四《张舜民传》只说他"会赦得原"，未记载具体的年月。从张舜民官衔的变化来看，他在元丰五年被降为承务郎，至元祐元年司马光推荐他堪任馆阁时则为奉议郎，可见因朝廷恩赦而叙复官位的时间当在元祐元年以前。见司马光《温国文正司马公文集》卷五三《举张舜民充馆阁札》，第1页。在元祐元年十二月任命他为秘阁校理的诏书中只写"奉议郎张舜民"，未记任何差遣。显然在此之前，张舜民的官位虽得叙复，但尚未派任实际的职缺。参见李焘《续资治通鉴长编》卷三九三，元祐元年十二月，第9552页。

2　司马光：《温国文正司马公文集》卷五三《举张舜民充馆阁札》，第1页；参见李焘《续资治通鉴长编》卷三八〇，元祐元年六月，第9222~9223页。

3　李焘：《续资治通鉴长编》卷三九三，元祐元年十二月，第9552页；卷三九四，元祐二年正月，第9606页。

4　王偁：《东都事略》卷九四《张舜民传》，第1461页。

5　见张舜民进呈徽宗的奏书《论进筑非便奏》，收入赵汝愚编《宋朝诸臣奏议》卷一四〇，第1585页。

6　邵伯温：《邵氏闻见录》卷五，第42页。

回顾张舜民的仕宦经历，可以看出元丰八年正是他重返政坛的关键时期，他在此时书写永乐之役的历史，很有可能是为了宣扬自己反对拓边的理念。因此，尽管他自称所写的内容得之于亲身经历者，我们不应未加考证即予以轻信，必须从整个筑城的筹备过程来思考"所将凡八万，役夫荷粮者倍之"的记载是否符合当日之实情。

永乐筑城行动从徐禧于七月提出确定的计划，至八月七日即出兵。能如此快速行动的主要原因，在于整个筑城工作主要由鄜延一路的人力与物力来承担，需要朝廷或别路配合的部分有限。种谔在提出进筑横山计划时就说：

> 所有合计备事，除本路及转运司可以那移外，乞朝廷应副钱万缗、厢军万五千人、工匠千人、递马百匹；乞于近里州军应副生熟铁五万斤、牛马皮万张、车二千乘，本司及转运司备义勇、保甲万人应副，以代禁军有事役者。[1]

可见，要求朝廷支援的部分主要是金钱、物资及厢军，战斗部队显然是靠鄜延路本身的兵力。从现存的记录来看，徐禧带兵出发前并未见朝廷调动战斗部队至鄜延路的记载。至于鄜延路的部队究竟有多少，元丰四年伐夏时，鄜延一路几乎是全军出动，[2]共派遣兵力五万四千人，加上从京师调来七将之兵，合计九万三千人。[3]出师后攻围米脂寨，与西夏大军交战，必有相当的死伤。攻下米脂后继续西进，因缺粮又遇大雪，"死者十二三"，在年底全军溃散入塞。[4]

1　李焘：《续资治通鉴长编》卷三二六，元丰五年六月，第 7858 页；参见徐松辑《宋会要辑稿》，《方域》一九之四九。

2　因"将兵法"的实施，鄜延路的驻军在元丰年间分隶九将，当时仅保留一将的兵力，其余全数出征。参见李焘《续资治通鉴长编》卷三一六，元丰四年九月，第 7640 页。

3　李焘：《续资治通鉴长编》卷三一六，元丰四年九月，第 7651 页。

4　梁庚尧：《北宋元丰伐夏战争的军粮问题》，第 67 页。

经此庞大的损失，怎么可能仅在相隔七个月之后出动高达八万人的部队？

　　至于张舜民说，担任后勤工作之"役夫、荷粮者"，其数量为战斗部队的两倍，更是极不合理的比例。元丰四年大军出塞远征，士兵与民夫的比例约为一比一，例如，王中正（1029~1099）一路由麟州进兵，兵六万人，民夫六万余人；高遵裕由庆州进兵，兵八万七千人，民夫九万五千人。[1] 鄜延路的种谔带兵九万三千人，随行粮夫约十万人。[2] 在元丰五年，为了执行李宪深入筑城的计划，朝廷下令在泾原路集结禁、厢军二十万人，运粮百姓二十万人，也是相同的比例。这两次军事行动都是深入敌境，需要大量的人力来运送后勤物资。反观永乐城的兴筑，仅是距离宋军据点米脂寨五十里之远的行动，何需大批的"荷粮者"？如果动员的后勤人力高达十六万人，即与李宪计划由泾原路出兵的规模相去不远。李宪的计划既因"财粮未备，人夫惮行"而于五月间取消，则在三个月之后，鄜延路怎么可能顺利执行类似规模的行动？更值得注意的是：李舜举在元丰五年五月以陕西民力不堪负荷为由，说服神宗取消李宪深入筑城的计划，一个月后他奉命审视沈括等人的提议，如果与李宪的规划一样的劳师动众，他为何不加以反对？

　　事实上，徐禧的筑城行动并不需要大量的"役夫"。依他的规划，筑一寨用工约"十三万余"，筑一堡"略万三千"，[3] 宋军既是逐一修筑，投入筑城的人力就不会太多。永乐城的修筑前后历时约十二天，[4] 徐禧奏报筑城共"用工二十万"，[5] 也就是说每日平均使用之工数不到两万人。在七月间，宋廷先后下令调遣陕西各路征集的

1　李焘：《续资治通鉴长编》卷三一六，元丰四年九月，第 7650~7651 页。

2　梁庚尧：《北宋元丰伐夏战争的军粮问题》，第 65~66 页。

3　李焘：《续资治通鉴长编》卷三二八，元丰五年七月，第 7896 页。

4　徐松辑《宋会要辑稿》，《兵》八之二九。

5　徐松辑《宋会要辑稿》，《方域》一八之三〇；李焘：《续资治通鉴长编》卷三二九，元丰五年九月，第 7926 页。

三万厢军、工匠千人及义勇保甲万人至鄜延路，[1] 以这些人力来承担筑城和运输的任务已是绰绰有余。何况筑城横山地区是一个仓促执行的计划，七月定案，八月即出兵，根本没有集结大规模军队与民夫的时间。因此，三万的厢军加上一万的保甲应该就是执行后勤工作的主要人力。

由以上的分析可知，《永洛城事记》的内容并不可信，以鄜延路正兵的数量六万多人，扣除八个月前的折损及留守的兵力，出动四万人恐怕已达极限。因此，司马光所写的"步骑四万及诸路役兵"才是较为接近实情的记载。也就是说，四万人的战斗部队，再加上约四万人的厢军和保甲应为宋军动员人力的上限，就算这些人全部折损，也不可能产生"死者凡十余万人"的结果。更何况部分的后勤人力恐怕在永乐城被围前已随沈括回到米脂寨，以准备后续的筑城工作，徐禧带兵再入永乐城时，沈括麾下也保有约一万人的战斗部队。[2] 由此可知，宋军在此战役中的实际损失应局限于二万至三万人的战斗部队及部分留在城内的厢军和保甲。当然，丧失的部队中，包含鄜延路最精锐的"选锋"，对宋军的战力是一大打击，也让占领横山地区的希望成为泡影。[3] 不过，鄜延毕竟只是承担西边防务的六个路之一，对于宋、夏的整体军事情势，其影响终属有限。

由以上的分析可知，张舜民等持反战立场的官员过于夸大永乐之役的损失。同样的，他们宣称因永乐之败而产生了重大的影响，也缺乏具体证据。从神宗生病的记录来看，永乐之败与其健康状况的变化并未存有因果关系。神宗在即位后首次罹患重病是在元丰五年八月至九月间。整个过程从八月十一日神宗"以疾不御前后殿"

1　李焘：《续资治通鉴长编》卷三二八，元丰五年七月，第 7896、7906 页；《宋史》卷一九七《兵志十一》，第 4916 页。

2　李焘：《续资治通鉴长编》卷三五一，元丰八年正月，第 8403 页、元丰八年二月，第 8409 页；卷三五三，元丰八年三月，第 8456 页。

3　倡议进筑横山最力的种谔，在得知永乐城失陷后，即说："禧辈死，朝廷必难其事，吾功业竟不就矣。"见起起《种太尉传》，第 7~8 页。

开始，[1] 当时永乐城尚未开始兴筑。至九月初病情急遽恶化，曾连续罢朝达八日之久，这是前所未有的状况，当时还下令"辅臣祈福于天地、宗庙、社稷"。[2] 可见病情的严重。但是，当永乐城被围期间，神宗的病况已经好转，乃于九月十二日下诏："近服药有瘳，遣官谢天地、宗庙、社稷、宫观。"[3] 在此后的一年多的时间里，神宗并无健康转差的迹象。吕公著（1018~1089）在元丰七年（1084）正月入觐时，曾劝神宗注意身体，所持的理由是"前岁上尝属疾"。[4] 显然神宗在当时并未有疾，吕公著才会提及元丰五年生病的历史。由此可知，永乐之败并未对神宗的健康造成明显的影响。

正因自己的健康尚佳，且宋军保有再战的实力，神宗仍致力追求对西夏的军事胜利。李焘在修撰《续资治通鉴长编》时，曾仔细比对元祐时期所编《神宗实录》（墨本）与绍圣年间（1094~1098）改修《神宗实录》（朱本）之间的差异。在永乐战败之后，至神宗去世之前的纪事中，李焘注明了许多据"朱本增入"的事件，其中大多数是神宗与边帅讨论对西夏的防御及作战策略的经过，例如，在元丰七年兰州被围期间，神宗曾六度降诏，指挥战局。[5] 这些在旧党主政期间不被收录，而为新党史臣增补的史事中，最值得注意的是元丰七年十月神宗颁给李宪的手诏，此诏颇长，仅摘录其中的要点：

> 然夏国自祖宗以来，为西方巨患，历八十年。朝廷倾天下之力，竭四方财用，以供馈饷，尚日夜惴惴然，惟恐其盗边也。若不乘此机隙，朝廷内外并力一意，多方为谋经略，除此

1　李焘：《续资治通鉴长编》卷三二九，元丰五年八月，第7920页。

2　李焘：《续资治通鉴长编》卷三二九，元丰五年九月，第7925页。

3　李焘：《续资治通鉴长编》卷三二九，元丰五年九月，第7929页。

4　李焘：《续资治通鉴长编》卷三四二，元丰七年正月，第8225页。

5　参见胡昭曦《〈神宗实录〉朱墨本辑佚简论》，《四川大学学报》1979年第1期，第76页。具体的条目，包括李焘《续资治通鉴长编》卷三四二，元丰七年正月，第8219、8220、8224页；卷三四三，元丰七年二月，第8246、8248、8249页。

祸孽，则祖宗大耻，无日可雪；四方生灵赋役，无日可宽；一
时主边将帅得罪天下后世，无时可除。俯仰思之，所以今日有
此申谕。昨得泾原奏，体访去兴、灵州迂直道径，方知兰州渡
河去贼巢甚迩。今若于四五月间，乘贼人马未健，加之无点集
备我之际，预于黄河西上，以兰州营造为名，广置排筏，克期
放下，造成浮桥，以本路预集选士、健骑数万人，一发前去荡
除巢穴，纵不能擒戮大憝，亦足以残破其国，使终不能自立。
未知其计如何，宜密谋于心，具可否，令至亲谨密之人亲书奏
来，无或少有泄露。昔王濬取吴，高颎平陈，曹彬等下江南，
莫不出此计，卒皆能立奇功，除一时巨患。尔宜亲阅其实，加
意潜谋审念之。[1]

可见，神宗计划改由兰州出兵，渡黄河进击，以求一举歼敌；他期
待雪祖宗之耻，去国家之大患的热情，实溢于言表。这份手诏充分
显示神宗并未"厌战"，自然不会被元祐年间的史臣编入《实录》
中。此时神宗虽已染疾，但尚未立储，显然并未预料到自己天年将
尽，会在五个月之后身故，仍在力图为来年的军事大计预做规划。

由以上讨论可知，尽管永乐之役是一场重大的挫败，但宋军遭
受的损失并不如反战官员所宣称的那般惨重。正因宋的军事实力受
损不大，神宗并未放弃发动攻击的意志。对于反战的朝臣而言，这
是他们所不乐见的事。等到神宗身故，他们便宣扬拓边行动所造成
的伤亡之重，强调神宗已有"厌战"之意，以防止拓境主战的政策
卷土重来。我们现在看到对永乐之役的记载，有相当的部分是在此
种背景下产生。

过去学者对于神宗朝弭兵反战言论的分析集中于理念层次，而

1　李焘:《续资治通鉴长编》卷三四九，元丰七年十月，第 8376 页。

未能探究其在现实层面留下的影响。[1] 以战争纪事而言，持反战立场的官员和文人，对于战争的记录与诠释明显有"讳胜而言败"的倾向。此种强调作战导致损失，而忽略其成果的做法，曾引发不同立场官员的批判。例如，哲宗亲政后，新党官员即指责元祐史官刻意夸大元丰四年运粮民夫在伐夏途中被杀的数字，"以害先朝政事"。[2] 但是，由于持反战立场官员留下的文献众多，成为形塑后世观点的主流意见，造成史家对神宗朝的拓边行动多持负面看法。就长期发展而言，神宗朝一连串拓边的行动虽未能达到灭亡西夏的目标，但宋军的主动出击，已扭转了仁宗（1010~1063，1022~1063 年在位）朝以来受制于人的军事劣势。在此基础上，后续的西进拓土的行动才得以在哲宗和徽宗时代持续下去。[3] 对于反战的官员而言，这个结果却是他们所不乐见的。因此，他们极力强调神宗朝用兵的失败之处，并以永乐之役作为神宗由主战转而厌战的分水岭，以求在神宗身后有效压制主战派的意见。在此偏见下，神宗时代的战果就受到刻意忽视。不仅熙宁年间在开拓熙河地区时获致的战功少被提及，[4] 元丰年间（1078~1085）对西夏用兵的胜利亦复如此。像是元丰四年五路出兵，虽未能一举灭亡西夏，但宋军曾在几次战役中重创夏军，种谔在米脂寨的战功是一个例子。宋军在包围米脂寨后，先击退号称十余万人的西夏援军，再迫使城中一万多人的守军全部投降，则西夏在此役的损失可能并不少于宋方在永乐之战的伤亡。[5] 但在宋人记载中，多半只言宋方在灵州粮尽退兵后遭受的损失之重，不提之前的战果。另一个例子是元丰六年底至七年初的兰州之战。

1　举例而言，李华瑞对神宗时期反战言论的内涵有详细论述，但并未分析反战论造成的实质影响，参见氏著《宋夏关系史》，第 82~85 页。

2　李焘：《续资治通鉴长编》卷三一九，元丰四年十一月，第 7702 页。

3　参见李华瑞《宋夏关系史》，第 91~103 页。

4　曾瑞龙对丁八遇宗之战的研究即凸显了这个现象，参见《被遗忘的拓边战役：赵起〈种太尉传〉所见的六通宗之役》，收入氏著《拓边西北：北宋中后期对夏战争研究》，第 79~123 页。

5　此一战役的详细经过，见赵起《种太尉传》，第 4~5 页。

此役有如灵州之战的翻版，只是攻守双方的角色互换。西夏大军包围兰州，却久攻不下，最后因粮尽而撤军。据宋方的报告，敌军在兰州城下的伤亡就高达五万人，若加上在寒冬中撤兵的损失当更为可观。正因损失惨重，夏军自元丰五年起对宋所发动的一连串攻势至此停止。但是，除了神宗之外，此一军事成就鲜被提及。[1] 在持反战官员的作品中，我们看到的是对宋方军事行动的全盘否定，例如，富弼在元丰六年回顾前两年的战争时说：

> 前日国家罄竭公私之力，以事诛讨，曾不伤西人之一二也。彼其得我叛卒，取我兵械，取我金帛、粮食，不可赀数。彼将以其所获，贻遗邻国，借兵求援，以为边患，是反足以增强捍也。[2]

认为宋军的进击消耗了大量的国力，但获致的战果很小，反而让西夏在战争中虏获许多物资和人员，得以借此向辽国求援，抗衡宋军的力量反而更强大。也就是说，宋的攻势徒然造成本身大量的损失，对于削弱敌方的势力毫无帮助。从这个例子可以明显看出，反战立场所导致的战争书写偏颇。因此，反战论的盛行，对于宋代的战争记录上有很大的影响，此种"讳胜而言败"的倾向是我们在研究和诠释宋代军事历史时应该注意的。

结　语

透过研究永乐之役，可以看出北宋拓边行动与朝廷政局发展的密切关系。神宗急切的灭西夏之心，导致朝臣与边帅为寻求立功的

1　李焘：《续资治通鉴长编》卷三四七，元丰七年七月，第 8325~8326 页。

2　李焘：《续资治通鉴长编》卷三三六，元丰六年闰六月，第 8108 页。

机会，竞相提出各种不同的计划。结果是宋军的行动往往受个别官员的提议所左右，欠缺缜密与一致的规划。在元丰四年至八年间，宋军计划进攻的方式与规模不断改变，见异思迁而不能循序渐进，徒然为敌方制造反击的良机，而神宗身居京城又事事干预，更增添指挥上的困难。规划和指挥上的缺失，成为导致宋军战败的主因。

另一方面，军事行动的失败又转而成为官员进行权力与政策之争的素材。永乐之役长期成为反战官员据以攻击主战政策的理由，也使得关于此一战役的历史书写受到政治立场所左右。反战官员夸大此役的伤亡，塑造神宗厌战的印象，以合理化他们对西夏议和的主张，并用以斥逐主战官员。此类说法在元祐时期不断出现，形塑了后世对于永乐之役的理解，也掩盖了某些历史的实情。在反战论盛行的北宋，"讳胜而言败"的战争书写倾向显然影响了后世史家对于北宋军事史的理解。

从北宋历史的长期发展来看，神宗的拓边之举是划时代的大事。宋军的对外攻势行动改变了自仁宗朝以来被动防御的态势，也引发了政府内部对主战与反战的激烈争议。在此脉络下，永乐之役所产生的影响是多元的。一方面，由于宋军实际的伤亡尚属有限，宋、夏之间的军事态势并未有明显改变，宋军仍保有主动出击的实力，哲宗朝以降的西向拓边行动乃能在此基础上继续发展。另一方面，兵败城陷、主帅阵亡的结果造成政坛上极大的震撼，使反战官员得以借此宣称拓边政策的失策，在神宗死后推动归还侵地以换取西夏和平的外交工作。

（原载《汉学研究》第 29 卷 3 期，2011 年 9 月，

第 125~154 页）

第七章　和战与道德

——北宋元祐年间弃地论的分析

前　言

在北宋哲宗（1077~1100，1085~1100 年在位）元祐年间（1086~1093），宋与西夏的关系有所转折，执政官员提议归还神宗朝攻取的西夏土地以换取双方和平关系，开启宋廷内部对西夏政策的激辩。从结果来看，弃地的做法并未能达成预期目标，曾主持其议的鄜延路经略使范纯粹，在元祐六年（1091）就承认此种以"礼义为本，恩信为先"的政策反而造成"边患滋甚"，致使朝廷必须另寻对策。[1] 对于这个历时短暂且以失败告终的政策，现代学者多视之为哲宗即位后，一系列罢废"新

1　李焘:《续资治通鉴长编》卷四六五，元祐六年九月，第 11135~11136 页。

政"措施的一环，而未深入探究弃地论形成的背景与所代表的历史意义。[1]但是，如果不考虑实际的结果，而改从文化的角度重新审视弃地政策，则可能发现重要的历史意义。主张弃地的言论往往充满道德词汇，认为展现仁德与善意可以顺服西夏人心，化解双方的旧怨，重建和平关系。深受儒家学说影响的北宋文官，对于礼义的政治功能具有高度的信心，也许不令人意外。但是，在北宋的文献中，西夏等"外夷"一向被形容为缺乏道德、不知礼义。为何在面对不守信义的对手时，仍致力遵循道德的原则？由此看来，弃地论者坚持以礼义处理宋夏关系所反映的道德观与夷夏理念，实有探究的必要。

　　此外，宋廷的主和官员借弃地向西夏释出善意，为何无法达成预期的成果？相对于宋与辽之间长期而稳定的和平，宋与西夏在多数时间中处于和、战交错的状态，究竟双方建立稳固和平关系的障碍为何？以上问题皆可透过分析弃地政策加以观察。综而言之，本章透过对元祐时期弃地论的形成背景与政策内容进行分析，不仅观察影响宋夏关系演变的各种因素，也涉及时人对于夷夏区分与礼义道德观念的看法，希望能够有助于进一步了解宋代的政治思想与对外关系。

一　战争与正名

　　诸政权之间的政治互动是唯武力是视，还是要讲究礼义与正名，是中国历代政府经常要面对的问题。北宋立国之初，宋太祖（927~976，960~976 年在位）及其臣僚在与其他政权的互动中，就

1　像是邓广铭《北宋政治改革家王安石》，河北教育出版社，2000，第307~311 页；宋衍申《司马光传》，北京出版社，1990，第320~322 页，可以作为代表。至于曾瑞龙《从妥协退让到领土扩张：论宋哲宗朝对西夏外交政策的转变与军事战略的兼容性》一文，是少数专论哲宗朝对西夏政策的作品，但全文讨论的重心放在弃地政策失败后，宋廷如何调整对夏的作战策略。见曾瑞龙《拓边西北——北宋中后期对夏战争研究》，第125~164 页。

面临对方刻意讲究正名的状况，其中又以南唐最为明显。面对北宋强大的武力，南唐每每指派博学的文臣出使宋廷，期待借由外交辞令来化解可能的军事进犯。[1] 开宝八年（975），宋军大举南侵，南唐后主李煜（937~978，961~975 年在位）仍不放弃希望，派遣素负文名的徐铉（917~992）至汴京，在北宋太祖面前强调，南唐未曾有得罪宋朝之处，宋军的行动实属师出无名，理应停止进兵。面对徐铉的慷慨陈词，太祖回答："不须多言，江南亦有何罪，但天下一家，卧榻之侧，岂容他人鼾睡乎！"以直率的言辞，强调统一南北方的决心，即使在道理上南唐政府未曾犯错，仍执意进伐，乃令徐铉知难而退。[2] 显然，当时的北宋政府拥有优势的兵力，在面对其他敌对政权时，并不想在正名或道德问题上多所着墨，全凭武力即可达成预期的目标。

但是，在太宗（939~997，976~997 年在位）统一南北方之后，对契丹、党项用兵一再遭受挫败。宋廷在军力上既不再拥有优势，以外交手段解决与其他政权的争议成为另一种选择。此外，随着受儒学教育的文官在决策上的影响力日增，倡议弭兵息战，强调"修文德"以取代武力征讨的意见在太宗与真宗（968~1022，997~1022 年在位）时期逐渐蔚为风潮。内外情势的发展，终于使北宋对外政策转向以和议为主，景德元年（1004）与契丹签订澶渊之盟，可视为北宋对外政策的分水岭。从此，处理对外问题不再以战争为首要手段。[3]

既然与辽、西夏签约缔和，对外的政策就必须讲求道德上的

1　参见黄庭硕《唐宋之际的东南士人与政治——以杨吴、南唐为中心》，硕士学位论文，台湾大学历史学系，2013，第 187~189 页。

2　李焘：《续资治通鉴长编》卷一六，开宝八年十一月，第 350 页。

3　参见陈芳明《宋初弭兵论的检讨 (960~1004)》，《国立编译馆馆刊》第 4 卷第 2 期，第 47~64 页；王明荪《宋初的反战论》，《战争与中国社会之变动》，第 37~52 页；李华瑞《宋夏关系史》，第 29~39 页；方震华《权力结构与文化认同：唐宋之际的文武关系（875~1063）》，第 148~160 页。

正当性，不能再像宋初那样忽视与"正名"相关的议题。多数北宋中期文臣深受儒家道德思想的影响，对这一点更是坚持。在对外交涉时，为了珍惜"名器"，一字一句都不肯轻易放过。庆历二年（1042），富弼（1004~1083）与辽方谈判增加岁币的数额时，因坚持在"誓书"中不可出现"献"字或"纳"字，与契丹君臣争论不休，就是一个例子。[1] 当时的文臣既以"正名"作为处理涉外事务的思考主轴，也就从这个角度来理解或诠释辽、西夏的举措，认为对方在进行策略的选择时，也会考虑正当性与否的问题。例如，田况（1005~1063）对于西夏李元昊（1003~1048，1038~1048 年在位）在仁宗（1010~1063，1022~1063 年在位）宝元元年（1038）称帝后的行动，就有以下的描述：

> 宝元初，拓跋元昊初叛命，遣人诣阙，表言诸蕃推奉，求朝廷真册。议者杂然，莫知所从。时张士逊、章得象当相柄，陈执中、张观辈管枢极，皆谓小羌不足忧，遂拒绝之。乃命夏竦帅泾原、秦凤，治回中；范雍帅鄜延、环庆，驻高奴，并拥节钺。虽城隍未完，兵力尚寡，然元昊戒其下，未尝小有侵轶，盖不欲曲之在己也。竦谍知其情，坚守不动，元昊亦逾年不敢辄侵其疆。雍守延既久，以谓羌真小而怯也，屡遣裨校率兵纵掠。元昊既忿，且以为辞，遂并集丑类，入寇延安，乘虚直逼城下。人心震摇，惧必不守。[2]

认为李元昊在称帝后并未立即入侵宋境，是因为缺乏用兵的正当性，不愿落人口实。后来，陕西守臣范雍（979~1046）几度出兵挑

1　李焘：《续资治通鉴长编》卷一三七，庆历二年九月，第 3292~3293 页。但日后宋廷并未接受富弼的意见，仍允许辽方在誓书中加上"纳"字。相关的讨论见陶晋生《宋辽关系史研究》，第 75~79 页。

2　田况：《儒林公议》，收于《全宋笔记》第 1 编第 5 册，大象出版社，2003，第 88~89 页。

衅，才给予元昊进犯的理由。此种以道理曲直与否来解释元昊行动的说法，显然是田况依据自身价值观进行的推测，否则他也不会使用具有推测语气的"盖"字。可见，北宋文臣因为重视正当性的问题，也就以相同的标准来认定元昊会因为缺乏适当的理由，不愿主动引发战端。

由于北宋官员重视"正名"，当庆历三年（1043）初西夏停止进兵，改与北宋进行和谈时，李元昊的称号成为双方达成协议的主要障碍。由于元昊坚拒称臣，在致仁宗的国书中自称"兀卒"，引发范仲淹（989~1052）、韩琦（1008~1075）、欧阳修（1007~1072）、蔡襄（1012~1067）等人群起反对，认为不能接受如此的和谈条件。[1]日后神宗（1048~1085，1067~1085 年在位）回顾这一段交涉的历史，对庆历诸臣的外交作为颇不以为然：

> 上曰："朝廷作事，但取实利，不当徇虚名。如庆历中，辅臣欲禁元昊称兀卒，费岁赐二十万，此乃争虚名而失实利。富弼与契丹再议盟好，自矜国书中入'南朝白沟所管'六字，亦增岁赐二十万，其后白沟亦不尽属我也。昔周世宗不矜功名，惟以实志取天下，故十余年间并无诏诰，使天假之年，其功业可比汉高祖。如李璟欲称帝，世宗许之，盖已尽取其淮南地，不系其称帝与否也。"[2]

神宗认为仁宗朝在与辽、夏谈判时都太过重视名称的问题，反而造成实际的损失。在他看来，帝王统治天下，要重视现实，不应只注意"虚名"。若能取得"实利"，敌对政权要求何种名义或称号，根本不值得计较，后周世宗（921~959，954~959 年在位）对南唐的处

---

1 李焘:《续资治通鉴长编》卷一三九，庆历三年正月，第 3343~3344、3349~3352 页；卷一四二，庆历三年七月，第 3409~3411 页。

2 李焘:《续资治通鉴长编》卷三一七，元丰四年十月，第 7656 页。

置就是最好的例子。基于此一原则，神宗有意扭转仁宗朝以来的做法，重回宋初的传统，重视现实，而非名分。熙宁五年（1072），一次神宗与文彦博论及宋与契丹的关系。

> 上曰："呼契丹为叔，契丹邻敌乃呼为皇帝，岂是不畏彼？岁赐与金帛数千万已六七十年，六七十年畏契丹，非但今日。"彦博曰："吾何畏彼？但交兵须有名。如太祖取河东亦须有蜡书之事。"上曰："患无力，岂患无名！"因言太祖答江南使人事。[1]

神宗口中的"太祖答江南使人事"，即是前述宋太祖以"卧榻之侧，岂容他人鼾睡乎"来驳斥南唐徐铉的故事。对这位致力拓境的君主而言，实力才是解决问题的核心，要改变长期以来对契丹的畏惧，在于拥有足够的兵力，而非"名分"。

神宗忽视"正名"的重要性，与多数文臣的立场有所矛盾，双方曾为了出兵征伐是否需要有正当的名义展开论辩：

> 上曰："兵须有名，如何？"金以为无名则不可用兵。上曰："恐但顾力如何，不计有名无名。"（王）安石曰："苟可以用兵，不患无名。兵非兼弱攻昧，则取乱侮亡。欲加兵于弱昧乱亡之国，岂患无名？但患德与力不足尔！"或以为不尚力。安石曰："武王称同力度德，同德度义，力同然后度德，德同然后度义。苟力不足，虽有德如文王，尚不免事昆夷。但有德者，终能强大胜夷狄，文王是也。先王于夷狄，力不足则事之，力同则交之，力有余则制。同力、同德我交之，而彼拒我，则我义而

---

[1] 李焘：《续资治通鉴长编》卷二三八，熙宁五年九月，第5791页。

彼不义，则我胜矣。"[1]

神宗力排众议，认为在用兵时只需考虑实力，不必在意出兵的理由。王安石（1021~1086）则巧妙地从对手状况切入，来合理化神宗的主张。安石认为出兵征讨的对象一定是在国政治理上存有严重问题，对于这样的政权用兵，自然能够找到适当的理由。所以，问题重心应放在自身的道德与实力是否足够，并且强调两者同等重要，不能只看重德而忽视了力。王安石采取此种立场，是因为他与神宗一样，认为应付其他政权不须重视"名分"的问题。

王安石对于"名分"的态度，可由他对行政流程中繁文缛节的批判看出。王安石认为每次任命官员都要撰写制词，是在浪费相关人员的时间与精力。他希望以格套化的制词来取代，以便词臣们节省撰写制文的心力而得以"专思虑于实事"，因而与其他执政官员有所论辩。[2]由此可见，王安石认为施政应在实际的事务上下功夫，而非注意文辞。在对外政策上，也持相同的立场，他在熙宁四年（1071）对神宗说："且胜夷狄，只在闲暇时修吾政刑，使将吏称职、财谷富、兵强而已。虚辞伪事，不足为也。"[3]在批判"虚文"的立场上可说与神宗一致。熙宁五年，北宋雄州守臣张利一与辽方官员产生争执，起因是宋方将礼物送至白沟驿时，辽方在公文书中以"送纳"一词来称呼此一例行性的物品接收工作；但在过去的文书中，辽方一直是使用"交割"一词。张利一为此行文辽方抗议，引起双方的争议。此事上报朝廷后，王安石认为不须为此与辽方计较，而与文彦博（1006~1097）展开论辩：

> 文彦博曰："北人称将礼物来白沟驿送纳，元书内云交割，

---

1 李焘：《续资治通鉴长编》卷二二〇，熙宁四年三月，第5378页。
2 李焘：《续资治通鉴长编》卷二二〇，熙宁四年二月，第5341~5342页。
3 李焘：《续资治通鉴长编》卷二二〇，熙宁四年二月，第5351页。

今辄云送纳，边臣自当理会。"安石曰："当时但为争献纳字，今送纳与交割亦何校？"王珪曰："元书有纳字。"安石曰："既有纳字，今送字又是平语，何理会之有？"彦博曰："如此不理会，则必来移口铺矣。"安石曰："待彼移口铺，别理会。"彦博曰："当先事理会。"彦博等退，安石又曰："交割与送纳无所校，陛下不须令边臣争此，臣保契丹无它。若出上策，即契丹移口铺，陛下亦不须问。若出中策，即待移口铺，然后与计校未晚。若纵边臣生事，臣恐以争桑之小衅，成交战之大患。"[1]

王安石认为仁宗朝是为了"献纳"一词与辽方有所争议，与辽方现在使用的"送纳"并不相同。王珪亦指出仁宗朝已同意使用"纳"字，安石乃进一步主张不须为文字进行争论。文彦博则认为在名分问题上容忍，契丹必将得寸进尺，进而移动边境的关卡。王安石则认为边境的关卡亦是小事，不应为这类事件引发真正的武装冲突。

由神宗与王安石的言论可以看出，他们企图改变的不仅是与外族的关系，同时也要修正太过注重文辞与名分，而流于"重虚文"的政治风气。但是这种企图在付诸实践时却遇到很大的阻力。这不仅是因为多数文臣已习于重视文辞的政治传统，更是由于当时宋与其他政权的互动关系已难以返回宋初的状态。

二　夷狄与礼义

从传世的宋代文献看来，主张处理对外关系不须特别注意"名分"，并非神宗与工安石独有的创见。受到华夷有别的传统观念影响，部分北宋文臣对于统治华夏之地域与应付其他政权，主张采取不同的做法。在真宗时期，张齐贤（943~1014）建议册封吐蕃首领

1　李焘:《续资治通鉴长编》卷二三七，熙宁五年八月，第5761页。

潘罗支（？~1004）为王，使其出兵牵制党项对灵州的围攻，并以
华夏与其他政权不同为由，反驳授予潘罗支王爵会造成封赏太滥的
说法：

> 臣谓滥赏之失轻矣，苟若蹙地而稔豺狼之势，则蹙地之耻
> 大矣。今议者不过日名器不可假人，刑赏不可滥及，此乃圣人
> 治中国之道，非议于夷狄者也。[1]

在齐贤看来，由于华夏与其他政权不同，统治方式也就有所差异。
治理"中国"必须重视"名器"，不论赏或罚都要讲求合宜；但对
其他政权则须重视现实的利益，只要能避免疆土的丧失，即便封赏
太滥亦无妨。

对于北宋文人而言，夷、夏之别主要在于礼义，仁宗时期石
介的著作可作为这种观念的代表。他指出："夫中国，道德之所治
也，礼乐之所施也，五常之所被也。"[2] 以儒家的道德规范作为华夏
有别于其他民族的特色。相对的，他所描述的契丹是："此北戎，
远中国礼义，其地不毛，其俗无知。"[3] 以礼义作为区分标准，将华
夏与其他民族划分成截然不同的世界，宋的地位明显较高。北宋
既无法借武力压制其他政权，有违汉唐以来的传统典范，如何重
建自信成为重要的课题。弭兵论者以"爱惜民命""屈己安民"为
号召，呼吁主政者停止用兵，并无助于建立宋优于其他政权的地
位。因此，自恃儒家的道德信念，以礼义作为宋之优势，成为常
见的诉求。

对于辽与西夏两大外敌，宋人特别轻视西夏，经常斥之为

1　李焘:《续资治通鉴长编》卷四九，咸平四年十月，第 1076~1077 页。
2　石介:《徂徕石先生文集》卷五《怪说上》，第 60 页。
3　石介:《徂徕石先生文集》卷六《郑元传》，第 73 页。

"贼""盗",[1]又称"嗜利"为夏人的天性,活跃于哲、徽两朝政坛的张舜民对于元丰五年（1082）永乐城之战侥幸突围将士的描述是一个例子:

> 逃归者数千人,千人身皆被枪。虏视利,见有衣甲者,穷斗不置,杀之夺其物而后已,故能脱者,大抵皆裸袒被发。[2]

指称因西夏人嗜利,拼命夺取宋军的衣甲,所以能逃离战场的士兵多半没有衣甲、头盔。事实上,战场上的逃兵为求迅速脱离战斗、保全性命,抛弃武器和盔甲实属常态。张舜民从西夏士兵"嗜利"的角度来解释此一现象,反映出他个人对于夏人的既定印象。

　　既然认定宋朝的地位高于西夏,就推衍出宋朝不应于战场上与之争夺胜负的说法。范纯仁曾担心弟弟纯粹因任职于陕西而有意于边功,特别致书告诫:

> 大辂与柴车争逐,明珠与瓦砾相触,君子与小人斗力,中国与外邦校胜负,非唯不可胜,兼亦不足胜,不唯不足胜,虽胜亦非也。[3]

认为宋朝与西夏有绝对的高下之别,宋朝如同有尊严与地位的君子,西夏则是低贱的小人。对西夏用兵如同以珍贵的珠宝碰击无价值的瓦砾,不只是难以取胜,更是不值得取胜。即便能够获胜,在道理上也是错误的。充分显示了范纯仁反战立场背后以宋朝为尊的心态。

　　但是,考虑到北宋中叶以来的现实状况,坚持宋朝地位高于其他政权的观念,未免有不切实际之处,部分北宋文官对这一点有所

1　参见陶晋生《宋辽关系史研究》,第118~119页;李华瑞《宋夏关系史》,第344~360页。

2　张舜民（浮休居士）:《永洛城事记》,收入《新刊国朝二百家名贤文粹》卷一一五,第7页。

3　《宋史》卷三一四《范纯仁传》,第10293页。

反省。[1] 富弼早在庆历四年（1044）就指出辽与西夏在国家治理上已大规模采行中原的传统：

> 自契丹侵取燕、蓟以北，拓跋自得灵、夏以西，其间所生豪英，皆为其用。得中国土地，役中国人力，称中国位号，仿中国官属，任中国贤才，读中国书籍，用中国车服，行中国法令，是二敌所为，皆与中国等。而又劲兵骁将长于中国，中国所有，彼尽得之，彼之所长，中国不及。当以中国劲敌待之，庶几可御，岂可以上古之夷狄待二敌也？[2]

契丹与西夏统治者透过阅读儒家典籍与任用读书人，建立了与中原相似的政治体制，许多原属宋朝所有的特长皆为其所吸纳，如果仍视之为传统的夷狄，以过去的办法来加以应付，势难以取胜。事实上，正因辽与西夏的领导者都得到熟知儒学的汉人为其服务，他们也开始利用"名分"或"礼义"来抗衡北宋。像是辽朝在坐享巨额的岁币之余，仍要求将"献"或"纳"写入誓书中，或称宋方送交礼物的行动为"送纳"，都是想借"正名"之举，展现己方高于宋朝的优越地位。北宋君臣或视礼义为己方所独有，或以"徇虚名"来看待双方关系中的"名分"之争，恐怕都未能真正掌握他们所面对的新情势。

以西夏而言，由于原为名义上臣属于宋的政权，当李元昊自立为帝时，就相当重视合理化自己的作为。[3] 等到庆历年间（1041~1048）辽方正式介入宋与西夏的军事冲突后，宋、辽、夏之

1　陶晋生分析北宋文献中对于契丹的描述，指出传统的优越感与务实的考量同时并存，见氏著《宋辽关系史研究》，第 97~130 页。

2　李焘：《续资治通鉴长编》卷一五〇，庆历四年六月，第 3640~3641 页。

3　参见李华瑞《宋夏关系史》，第 40~47 页。

间更形成了复杂的三角外交关系。[1] 元丰四年（1081），神宗准备对
西夏用兵之时，对辽方可能的干涉十分顾忌，一方面严禁参与其事
者向河北地区的官员泄露情报，以避免辽人探知；一方面亲自预拟
应付辽方干预的说辞，以"夏国内乱，囚制国主"作为出兵的理
由。[2] 表面上，北宋的进兵是为了恢复西夏国主秉常（1061~1086，
1068~1086 年在位）的统治权，但对西夏是否真正爆发政变，导致
秉常遭到囚禁，宋方根本没有确实的掌握，只是据此传闻，作为进
兵的借口，真正的目标是一举灭亡夏国。[3] 由此可见，尽管神宗在理
念上对于出兵是否有正当的名义并无兴趣，但在当时的形势下，讲
求"名正言顺"仍有一定的必要性。神宗想要像宋太祖那样只凭武
力，不讲求正当性，在实务上根本力有未逮。

　　宋军在元丰四年和五年发动的攻势固然占领了部分西夏疆土，
但未能取得决定性的战果。[4] 西夏随后展开反击，并透过外交行动指
责宋方的不当。元丰五年十月，西夏将领致送牒文给泾原路经略使卢
秉（？~1092），牒文一开始就指责宋方的两次进击行动的不合情理：

> 　　昨于兵役之际，提戈相轧，今以书问贽信，非变化曲折
> 之不同，盖各忠于所事，不得不如此耳。夫中国者，礼义之所
> 存，出入动止，猷为不失其正。苟听诬受间，肆诈穷兵，侵人
> 之土疆，残人之黎庶，事乖中国之体，岂不为外夷之羞哉？[5]

1　参见陶晋生《宋辽关系史研究》，第 75~89 页。

2　李焘：《续资治通鉴长编》卷三一五，元丰四年八月，第 7625~7626 页；卷三一六，元丰四年
　　九月，第 7637 页。

3　知庆州俞充在建议神宗出兵的奏书中就承认，对于秉常是否被囚禁一事虽然多次派人打探，
　　仍"尚未得实"。但是，他仍然主张此事可作以为进兵的借口。参见李焘《续资治通鉴长编》
　　卷三一三，元丰四年六月，第 7584~7585 页。

4　参见李华瑞《宋夏关系史》，第 180~189 页。

5　李焘：《续资治通鉴长编》卷三三一，元丰五年十一月，第 7979~7980 页。

以宋人所自豪的礼义道德来质疑北宋的军事行动，指神宗听信不实
传言，大举进攻，是有违传统的可耻之举，这样的说辞对于讲求实
力原则的神宗恐怕没什么效果。元丰六年（1083）十月，西夏遣使
请求归还被夺的疆土，恢复藩臣的关系，为神宗断然回绝。[1]西夏随
后出动大军围攻兰州，神宗则持续筹备对灵州再次出击，直至临死
前仍与边臣讨论可能的行动。[2]不过，反战派的官员既不能认同神宗
唯武力是问的政策，仍从名分与道德的角度来思考与西夏的关系。
等到元丰八年（1085）三月神宗逝世，司马光（1019~1086）、吕公
著（1018~1089）等反战官员取得主政的机会，[3]便重提礼义原则，希
望在合乎道德与名分的基础上，恢复双方的和平，弃地论就在此种
背景下被提出。

三　和谈与弃地

　　弃地主张的重点是借由放弃神宗朝攻占的西夏疆土，换取西夏
的感恩来建立双方长期的和平。西夏国主在神宗死后，随即派遣使
者至宋廷致哀，又献马协助神宗丧礼的举行，使反战的北宋朝臣对
重建和平关系更有信心。[4]元丰八年十月，西夏使者至宋廷呈报秉
常之母梁氏（？~1085）的死讯，资政殿学士韩维（1017~1098）因
而提出弃地求和的主张。在奏书中，韩维指出"兵之不可不息者有

1　李焘：《续资治通鉴长编》卷三四〇，元丰六年十月，第8177页。

2　参见梁庚尧《北宋元丰伐夏战争的军粮问题》，第90~91页；李华瑞《宋夏关系史》，第
　　190~193页。

3　司马光在元丰八年四月上书全面批判神宗朝各项"新政"的不当，要求停止执行。其中亦提
　　及对于用兵西夏导致的惨重损失，可见对西夏罢兵是全面反对神宗政策中的一环。吕公著于
　　元丰八年六月上书，提出十项建议，其中"爱民"一事，即是要求不再对外用兵。参见李焘
　　《续资治通鉴长编》卷三五五，元丰八年四月，第8489~8502页；卷三五七，元丰八年六月，
　　第8538~8540页。

4　李焘：《续资治通鉴长编》卷三五七，元丰八年六月，第8547页；卷三五八，元丰八年七月，
　　第8566，卷三六〇，元丰八年十月，第8605页。

三，地之不可不弃者有五"，将宋夏恢复和平与交还侵地两件事联系起来。从现实的角度，韩维认为北宋幼主即位，且民力凋敝，已无继续用兵的能力。在此前提下，新得疆土位处偏远，缺乏经济与军事价值，却要耗费大量资源来维持其防务，必须放弃。[1] 更重要的是，韩维认为当初神宗出兵进讨，是为了秉常为其母所囚禁，如今梁氏已死，秉常自然恢复权位，继续占领这些土地已丧失合理性。由此可见，当初神宗为了合理化拓边之举，避免辽方的干预，以西夏国主被囚作为出兵进讨的理由，在他身故之后，这反而成为主和官员改变拓边政策的主要依据。韩维强调"古人修德行仁，不计一时利害"，主张决策的首要考量是道德原则而非目前现实上的得失，而这一点正是宋有异于其他政权之处：

> 中国之所以为可贵者，为有礼义恩信也。彼俗之可贱者，贪婪暴虐也。今操所贵，以临所贱，则中国尊；与其所欲，以成吾所不欲，则敌人服。

也就是说，正因西夏不守信义，北宋更要展现礼义，才能显现自身的尊贵。若能放弃自我的欲望，来满足敌人，则可使之臣服。因此，放弃神宗朝所得的西夏土地为名正言顺之举，即使西夏并未提出要求，哲宗仍可以直接宣布还地。为此，韩维草拟了一份宣布归还"向者王师所得土地"的诏书，上呈哲宗参考。[2]

1　指称新得之地缺乏实际价值是主张弃地官员的共同意见，他们所提出的各项理由，可参见曾瑞龙《从妥协退让到领土扩张：论宋哲宗朝对西夏外交政策的转变与军事战略的兼容性》，第128 页。

2　韩维奏书的篇幅很长，收录于李焘《续资治通鉴长编》卷三六〇，元丰八年十月，第8623~8627 页。《剑桥中国史》根据《宋史·夏国传》的说法，指西夏遣使以归还侵地作为双方和谈的前提，并不正确。参见 Denis Twitchett and Paul Jakov Smith eds., *The Cambridge History of China*, Vol. 5: *The Sung Dynasty and its Precursors, 907-1279* (Cambridge: Cambridge University Press, 2009), p.506。

　　韩维的论点成为日后弃地论的基础，但主张还地的官员不一定认同韩维立即无条件还地的诉求。宰相司马光在元祐元年（1086）正月致书枢密院的同僚，提及新任陕西转运副使吕大忠所规划的策略：

> 　　吕大忠言："夏虏乍恭乍骜，由私市公行故也。其延、庆侵疆，有害无用，终当与之，然今日未可与也。俟大忠到官，审察事势，先奏乞严禁私市。不过年岁间，彼必屈服，遣人来祈请，然后朝廷下诏，旷然归以侵疆，赦其罪戾，贡赐往来，一切如故。"[1]

可见，吕大忠虽认为神宗朝所得之地有害无益，势必归还，却又设定条件，要西夏明白表示臣服于宋，遣使祈求，方能归还，显然是想借还地之举确立北宋作为宗主国的地位。谏官苏辙（1039~1112）在元祐元年闰二月也指这些新得之地，"存之则耗蠹中国，为祸日深；弃之则戎人不请，无缘强与"。[2]也就是说，在西夏尚未提出正式要求的情况下归还侵地，形同强迫夏人接受，并不合理。由此可见，"名分"是主张还地的重要理由，部分官员即使认同还地的必要性，仍不免为此举的正当性而表达不同意见。

　　基于上述正反两种意见，司马光于元祐元年二月，向垂帘听政的高太皇太后（1032~1093）提出两种应付西夏的政策建议，一是归还侵地，一是禁止私市。司马光明显倾向选择还地，一方面他认为宋并没有占领这些土地的正当理由；一方面认为趁西夏使者尚未提出要求，主动归还侵地，更能使夏人感恩怀德："西人忽被德音，出于意外，虽禽兽木石，亦将感动，况其人类，岂得不鼓舞忭蹈，世

1　李焘：《续资治通鉴长编》卷三六四，元祐元年正月，第 8734~8735 页。
2　李焘：《续资治通鉴长编》卷三六八，元祐元年闰二月，第 8868 页。

世臣服者乎！"[1]用夸张的笔调，表达出极为乐观的期待，也反映了在他心中，宋是高高在上的"恩德"施予者，外夷一旦得到意料之外的赏赐，自然会感恩怀德，世代臣服。

　　不过，高太皇太后并未被乐观的言论打动，仍对采取何种政策至感犹豫，她特别派使者持手诏向曾负责陕西边务的吕大防与范纯仁询问意见。在手诏中提及自己在决策上面临的两难：

> 　　勘会夏国自神宗皇帝升遐后，来遣使吊慰祭奠，继以告国母丧，进遗物，今者又复遣使入朝谢。使人此来外示恭顺，稍可见矣；然戎情狡狯，未测其诚心何如耳。如向者所得边地，虽建立城寨，亦虑孤僻，不易应援。弃之则弱国威，守之则终恐戎人在念。[2]

可见，高太皇太后对夏人求和的诚意感到怀疑，新得之地固然防守不易，但主动放弃似乎是示弱于人，继续驻守又可能成为对方武力夺取的目标。这反映高太皇太后在决策上考量的是现实层面，与司马光等人从合理性的角度出发，颇不相同；而范、吕两人在奉诏之后的回复，也显示当时文臣对于西夏政策存有极大的分歧。范纯仁推测西夏在经历神宗朝的用兵之后，举国皆有求和之意。但不敢提出还地的请求，是唯恐被宋拒绝，反而失去议和的机会。因此，他主张利用接待夏国使臣的机会，向对方表达宋廷愿意以被俘的军民，交换新得之地的意愿。一旦双方达成协议，西夏却另有图谋，则宋站在符合礼义的一方，西夏的"奸谋"必引发"人神共怒"，导致其灭亡。因此，宋廷可以毫无顾忌的推动还地之议。[3]显然，范纯仁为了化解在夏方未曾请求之下，径自宣布还地的尴尬，建议透

1　司马光的奏书，参见李焘《续资治通鉴长编》卷三六五，元祐元年二月，第8749~8754页。

2　李焘：《续资治通鉴长编》卷三六六，元祐元年二月，第8792页。

3　李焘：《续资治通鉴长编》卷三六六，元祐元年二月，第8795~8797页。

过暗示西夏使臣提出还地请求，借以维护宋的尊严，并提出交换被俘军民作为条件，以强化弃地的合理性。

相反地，吕大防提出了反对弃地的意见。在他看来，"戎人之情，自古无信，西夏自继迁以来，专事谲诈"。根据北宋与西夏过去互动的经验，认为不应轻率地假定夏人已有臣服之意。至于主动弃地，是示弱于敌，更可能成为"取侮于四夷之端"。在大防看来，宋方占有这些新得之地，也不像司马光等人描述的那样缺少合理性：

> 况兰州，西羌之地，本非夏国封境，又其君长尝受朝廷禄秩，元昊以来，方盗据其地。延、庆城寨则接近汉界，一旦举而弃之，未见其可。

兰州并非西夏旧境，靠近汉界的城寨有其军事价值，全部放弃，在道理与现实上都有可议之处。[1]吕大防的意见显示弃地论在理论与实务层面上都面临挑战。就道德角度而言，既认定西夏是贪婪嗜利，同时又强调宋朝必须遵守礼义来处理对西夏的关系，形成一种不对等的立场，看来说服力有限。如果西夏只重现实利益，如何能期待他们在未来会坚守和议？毫无条件的还地，终究使人有示弱于敌的疑虑。在实务上，这些新辟的疆土是否如弃地论者所说的不具任何价值，也大可商榷。显然，放弃领土可能造成的负面影响，终究不是诉诸抽象的道德原则就能使人释怀。

从元祐元年二月到七月，弃地问题引发官员激烈的争辩。显示宋廷中尽管已不再有主战的声浪，但对停止用兵后如何应付西夏，歧见仍大。参与论辩者在道德义理与现实利害两个层面，各自提出主张；对于弃地可能产生的实际影响，双方立场更是南辕北辙，但

1　吕大防：《上哲宗答诏论西事》，收入赵汝愚编《宋朝诸臣奏议》卷一三八，第1557~1558页。

弃地论逐渐占有上风。除了宰相司马光和平章军国重事文彦博极力坚持外，苏辙、刘挚（1030~1098）和王岩叟（1043~1093）等台谏官也支持此一政策，持反对立场的殿中侍御史林旦因而去职。[1] 除了一再强调新得之地难以防守，弃地论者力主神宗的拓地之举不合义理，应恢复以"信义"为本的政策。右司谏苏辙就说，神宗以秉常被废为名出兵进讨，结果是久占其土地，显然是在争夺实利而非为了正义。道理上的"彼直我曲"，将直接影响未来战争的胜负，故宋方并不具备采行强硬路线的条件。王岩叟主张神宗朝以前的对外政策"惟以信义为重，故蛮夷之心不敢轻慢，故边患少"。相反地，神宗的拓边使天下深受其害，必须放弃兰州等新得之地，以"修复信义"。他也乐观地认为西夏虽是外夷，但仍知感恩，得到失地后不会再提出其他要求。[2] 这些论调看来义正词严，但并非全无弱点。反对弃地官员的一个有力诉求是，神宗朝所得的西夏领土，原属汉唐时期的旧疆，作为承继汉唐的正统政权，神宗是在恢复故土，而非夺夏人之地。同知枢密院事安焘在朝议时即以此为由，坚决反对放弃熙河路：

> 或欲举熙河一路弃之，（安）焘执不可。主议者至谓如窃人之财，既为所执，犹不与之，可乎？焘怫然曰："自灵武以东，皆中国故地，先帝兴问罪之师而复之，何乃借谕如是！"其后定议，但许归其四寨云。[3]

这些疆土在过去既为中原政权所有，就不能将神宗的拓边之举比喻

1　徐松辑《宋会要辑稿》，《方域》一九之一三。林旦的上书参见李焘《续资治通鉴长编》卷三八二，元祐元年七月，第9319~9320页。

2　李焘：《续资治通鉴长编》卷三八〇，元祐元年六月，第9221~9222页；卷三八二，元祐元年七月，第9304~9309页。

3　李焘：《续资治通鉴长编》卷三八二，元祐元年七月，第9312页。

为夺人之物。担任右仆射的吕公著也认为"先朝所取，皆中国旧境"，并且强调"夏戎无厌，与之适足以启其侵侮之心"，反对归还兰州。[1] 前文已指出，"复汉唐旧疆"本是神宗朝拓边论者的核心诉求，当时的反战论者始终难以批驳其合理性。哲宗朝坚持弃地的官员显然也面临类似的困境，只能与反对派妥协，使弃地的范围缩减到四寨之地。元祐元年七月，宋廷正式下诏西夏国主：

> 汝傥能尽以见存汉人送归中国，复修贡职，事上益恭，仍戢边酋，无犯疆塞，则朕必释然，于尺寸之地，复何顾惜。当议特降指挥，据用兵以来所得地土，除元系中国旧寨及顺汉西蕃境土外，余委边臣商量，随宜分画给赐。[2]

可见当时宋廷虽已决定归还四寨之地，在诏书中仍未具体提及还地的范围，反而是对西夏提出三个明确的条件：归还被俘的汉人，按时朝贡且不再进犯边境。宋方强调在遵守这三个前提之下，才会考虑交还神宗朝所得之地，但已明确告知像兰州这样原属于西蕃的疆域，并不在归还之列。

在宋廷对弃地一事做出决策之时，西夏国主秉常去世，其子乾顺（1083~1139，1186~1139 年在位）继位，宋廷于元祐元年九月得知此事，西夏告哀的使者则于十月抵达汴京。[3] 宋廷依惯例，于元祐二年（1087）正月派遣刘奉世（1041~1113）为册礼使，封乾顺为夏国主。[4] 到了三月，乾顺遣使感谢哲宗对秉常的吊唁，进献马、驼，[5] 并开始送还被俘的宋人：

---

1 李焘：《续资治通鉴长编》卷三八二，元祐元年七月，第 9312~9313 页。
2 李焘：《续资治通鉴长编》卷三八二，元祐元年七月，第 9313 页。
3 李焘：《续资治通鉴长编》卷三八七，元祐元年九月，第 9419 页；卷三八九，元祐元年十月，第 9463 页。
4 李焘：《续资治通鉴长编》卷三九四，元祐二年正月，第 9591 页。
5 李焘：《续资治通鉴长编》卷三九六，元祐二年三月，第 9653 页。

> 是月，宥州牒送陷蕃人三百一十八口。诏鄜延经略司：候
> 到，其葭芦、米脂、浮屠、安疆四城寨，并特行给赐；其余不
> 系可还城寨地土，各委官画定界至，开立壕堠。[1]

显然，宋廷决定归还的四寨是葭芦、米脂、浮屠和安疆，准备等到
被俘的宋人重回汉境，即交割四寨，并进行重新划定地界的工作。
由诏书看来，宋廷显然相信弃地的政策已得到西夏方面的认同，可
在此基础上建立双方的新关系。

但是，宋廷内部却出现了新的质疑意见。监察御史张舜民进
言，指西夏内部权力斗争严重，乾顺受制于权臣，宋不应遣使册
封，反而要向西夏问罪。他同时声称文彦博是为了让与自己关系
密切的刘奉世借此次册封，得到优厚的待遇，才会决策册封乾顺。
此种说法立即引发执政官员的不满，指责张舜民对文彦博的攻讦
并无实据，高太皇太后随即将张舜民调离现职。御史中丞傅尧俞
（1024~1091）、谏议大夫梁焘因而协同其他的御史和谏官共同上书反
对罢免张舜民，使局势演变成谏官与主政官员间激烈的争议。由于
高太皇太后认定张舜民主张向西夏问罪是"为国生事"，坚持将其
罢去言职，整个事件最终导致傅尧俞、梁焘等多位台、谏官去职。[2]
这一场执政与台谏的斗争源自张舜民批判朝廷的西夏政策，前章已
指出，张舜民为著名的反战派，曾因批评灵州之役而遭神宗贬官南
方，后来又撰写《永乐客话》描述元丰五年宋军兵败永乐城的惨
状，等到司马光主政后才得以重返朝廷。张舜民在此时突然提议反
对册封乾顺，主张向西夏问罪，恐怕还是为了攻击文彦博。由这个
事件可以看出，北宋官员的政策立场很容易受到人事与权力之争的
干扰。

---

1 李焘：《续资治通鉴长编》卷三九七，元祐二年三月，第 9671 页。
2 杨仲良：《续资治通鉴长编纪事本末》卷一〇四《张舜民罢言职》，第 3335~3346 页。

尽管宋廷主和的立场并未因张舜民事件而改变，西夏在接受宋廷的册封之后，态度却开始改变。受到吐蕃首领鬼章提议联手攻宋的影响，西夏企图以武力攻取不在还地范围内的熙河路，宋夏的关系乃直转急下。从元祐二年四月开始，宋的西部边境陆续遭受吐蕃与西夏的攻击。宋军虽在七月间击溃吐蕃部队，俘获鬼章，但西夏仍不放弃攻势，也不再遣使入贡。对于西夏在收受册封与赏赐后突然拒绝臣服，北宋官员显得群情激愤，原先坚持弃地的文彦博转而提出强硬主张：

> 文彦博奏："中外臣僚上言，夏国受朝廷封册，恩礼极优，锡赉尤厚，而敢忘恩背德，辄行公牒传送疆吏，自绝于天，不修贡奉，天地所不容，神人所共怒，乞行天讨，以正其罪。欲乞降诏边帅，即出敕牓，以谕中外。若朝廷姑务息民，推天地之大德，曲示含容，抑群情之忿怒，不与丑羌计较，即乞明谕边臣，严加守备，静以待之，必取全胜。"[1]

由于认为宋廷已给予西夏极大的赏赐与恩惠，文彦博将西夏拒绝臣服的作为解释成"忘恩背德"，原本的主和的立场很快转变为军事对抗。至八月间，执政大臣在廷议时更将双方关系的破裂，归咎于西夏权臣梁乙逋（？~1094）从中作梗，主张"若不即加诛，无以威示边境"，但高太皇太后拒绝用兵。[2]中书舍人苏辙则认为西夏的行动是因洞悉宋廷无动武之意，企图以武力胁迫宋方交出"兰会诸城，鄜延五寨"。由此看来，双方的争议点在于交还土地的范围，宋方提出的四寨无法令西夏感到满意。苏辙认为"若欲应敌，必先

正名"，主张在沿边各处张贴榜文，说明哲宗自即位以来给予西夏
的各种赏赐，西夏却"不以臣礼报朕"的各种逆行。认为只要沿边
的军民了解"彼曲我直"，自然勇于为国效命，而西夏的主政者也
将因缺乏合理性感到"愧畏"，无法再号令其下属。[1] 这仍是弃地论
者的一贯假设：在双方争议中据有道德上的正当性是取得战场胜利
的基础，宋方只要宣扬自己的合理性，就不怕面对战争。

　　不过，西夏显然不认为自己理亏，持续武力进攻达两年之久。
只是一连串的攻势，都没有得到具体的战果，才在元祐四年（1089）
六月遣使与宋和谈，希望归还的疆土由葭芦等四寨改为塞门寨与兰
州。[2] 关于塞门寨在国防上的重要性，环庆路经略使范纯粹在元祐元
年已明确指出。他主张神宗朝所得诸寨皆可归还西夏，唯有塞门一
寨是例外：

> 　　惟是鄜延路塞门一寨，系当中路之冲，平川广阔，去帅府
> 地里甚近，别无地里控扼之险，自得塞门，增远四十余里，可
> 为中路屏蔽，粗为边防之利。兼此塞门一寨，旧是汉城，弃陷
> 以来，年岁未远，似与其余城寨利害有殊，朝廷若议存守，则
> 理或有名，更系朝廷裁决。[3]

可见塞门寨对于鄜延路首府延州的防御具有关键地位，势难放弃。
因此，宋廷坚持西夏必须接受元祐元年所提之条件：

> 　　元祐四年六月八日，枢密院言："拟答夏国诏，交割永乐陷
> 没人口，计口支与赏绢，仍将葭芦、米脂、浮图、安疆四寨给

1　李焘：《续资治通鉴长编》卷四〇四，元祐二年八月，第 9852~9856 页。
2　李焘：《续资治通鉴长编》卷四一九，元祐四年六月，第 10367、10370 页，亦可参见苏辙在元
　祐五年的奏书，参见李焘《续资治通鉴长编》卷四四六，元祐五年八月，第 10735 页。
3　李焘：《续资治通鉴长编》卷三七二，元祐元年三月，第 9010 页。

赐夏国。"从之。[1]

双方最终在当年十一月进行米脂等四寨与被俘军民的交割，宋方同时给予每年二十五万的岁赐。宋廷也因和议达成，于十二月下令减少陕西诸路的戍兵。[2] 但是，双方随后又为了新疆界的划定产生争执，显示夏方仍不以得到四寨而满足。

西夏持续要求更多的疆土，引发北宋官员反感。元祐五年（1090）六月，殿中侍御史上官均上奏反对在疆域上对西夏有所让步，奏书一开始就说：

> 臣窃闻《春秋传》曰："德以柔中国，刑以威四夷。"是知先王之治天下，其待中国与四夷，其道固异。何则？夷狄天性桀骜，恃远负险，中国弱则先叛，强则后服，专以恩养则倔强难制，其势使然也。臣窃观自陛下临御以来，惩前日边臣拓地邀赏之弊，而大臣采宋璟不赏边功之说，务以息兵养民为事，德意可谓至渥矣。然自朝廷纳西夏贡使，赍册报币，复与岁赐，恩礼不为不厚，而戎人骄恣，傲然无怀柔服之意，遣使请地，邀求无已。乃知非恩之不至，待之不重，其弊在于姑息之太过耳。[3]

认为恩德不足以使西夏屈服是其天性使然，控制四夷必须借助强大的武力；宋廷给予过多恩赐，反而造成西夏态度强硬，不断要索。由此可见，当弃地政策未达预期效果时，认为西夏不知感恩怀德，必须以武力压制的看法再度兴起。至于原本主张弃地的环庆路

1　徐松辑《宋会要辑稿》，《方域》一九之一一。
2　徐松辑《宋会要辑稿》，《方域》一九之一一～一九之一二；李焘：《续资治通鉴长编》卷四三六，元祐四年十二月，第10501页。
3　李焘：《续资治通鉴长编》卷四四三，元祐五年六月，第10656页。

经略使范纯粹，也在当年六月上书，认为朝廷急于谋和，造成处置失当，在划界协议未确定达成前，仓促交还四寨，徒留争议。现在西夏要求塞门、金城两寨，又扬言与西蕃联盟，宋廷如果应允其求，"乃欲安目前之小休，弃形势之要地"，将造成日后严重的问题。[1]

从元祐五年至元祐六年，主张给予西夏更多让步的官员，只剩下主持河东防务的范纯仁、负责鄜延路的赵卨（1026~1091）、尚书右丞苏辙和同知枢密院事韩忠彦（1038~1109）等人。[2]他们继续强调朝廷决策必须根基于道德上的正当性，而非现实的利益。其中，苏辙自元祐五年起多次请求罢免主持画界事宜的范育、种谊等官员，认为朝廷已弃四寨，范育等人却执意于争取边境上的些许土地。他同时指责朝廷大臣身为儒者却背弃所学，只知贪图小利而失信于夏人。[3]但是，认为西夏"贪求无厌"已成主流意见。不仅高太皇太后在元祐六年五月廷议时直接以"夷狄无厌"来回应大臣的提议，过去赞同弃地的范纯粹、吕大忠和王岩叟都因为西夏一再入侵而改采强硬立场。[4]担任签书枢密院事的王岩叟在哲宗面前质疑范纯仁的说法，指范纯仁一再主张给予西夏岁赐后双方可达成和议，但现在每年给予二十五万银绢的岁赐，西夏仍不断进犯，如何保证割让兰州的质孤、胜如两堡之后，夏人会感到满足。[5]范纯仁则几度上书，指自己过去与司马光力主弃地，虽遭遇诸多反对，但终究得到落实。宋、夏双方本已达成和议，现在却因两堡的争议而濒临破

1　李焘：《续资治通鉴长编》卷四四五，元祐五年七月，第 10724~10725 页。

2　李焘：《续资治通鉴长编》卷四五四，元祐六年正月，第 10882 页；卷四五五，元祐六年二月，第 10913 页；卷四五八，元祐六年五月，第 10952 页。

3　李焘：《续资治通鉴长编》卷四四六，元祐五年八月，第 10734~13737、10758~10760 页；卷四五二，元祐五年十二月，第 10847~10850 页。

4　李焘：《续资治通鉴长编》卷四五八，元祐六年五月，第 10952 页；卷四六六，元祐六年九月，第 11129~11130 页；卷四六六，元祐六年九月，第 11135~11138 页。

5　李焘：《续资治通鉴长编》卷四五八，元祐六年五月，第 10952~10953 页。

裂，希望朝廷能坚守主和的立场，以免过去的努力功亏一篑，但朝廷始终未予以正面的回应。范纯仁乃于元祐六年闰八月请辞边职，得到朝廷批准。范纯仁的去职，象征弃地求和政策已成为过去。[1]

不过，过去主张弃地的北宋官员虽迫于现实，改采强硬政策，对于"名分"依旧相当坚持。元祐六年九月，范纯粹上奏主张对西夏进行宣传战：

> 鄜延路经略使范纯粹奏：……今朝廷既议贬绝，宜作边帅草檄，以浅近易晓之言，具道（梁）乙逋无厌犯顺之详，朝廷用兵出于不得已之意。令诸路多作印本，以汉书、蕃书两两相副，散遣轻骑驰弃于贼疆百里之外，以一传十，以十传百，则乙逋奸谋，众当共知，不惟可以伐狃众归怨之谋，又足以激怒其众，使知祸自梁氏始，庶有众怨亲叛之理，则为中国之利也。[2]

认为双方关系决裂的责任并不在宋，彼曲而我直，应以汉文与西夏文字印制传单，在敌境内散发，以说明此一道理，将能在西夏内部制造反对梁乙逋的势力。这显示多数的北宋文臣即使不再倾向对西夏让步，重视礼义的态度始终未变，仍然相信己方拥有的道德合理性能够在现实上产生正面的影响。由此可以看出，儒家道德主义对北宋对外政策的深远影响。

结　语

宋神宗以宋太祖为典范而形成的拓边政策，着重军事实力，对

1　李焘：《续资治通鉴长编》卷四六五，元祐六年闰八月，第 11115~11117 页。

2　李焘：《续资治通鉴长编》卷四六六，元祐六年九月，第 11135~11137 页。

于名义与道德上是否合宜较不在意。这个野心勃勃的策略，却不符合现实的状况。就北宋内部而言，多数文官深受儒家道德主义的影响，既不认同神宗唯武力是视的立场，也反对拓边政策。就整体情势而言，宋、辽、西夏形成复杂的三角关系，宋军不具有压倒性的武力优势，也没有任意行动的空间。神宗最终仍须以西夏内乱、国主被囚，作为进兵的理由，以避免辽方的干预。神宗死后，反战派官员随即掌控政权，不仅企图恢复宋夏和平，也要重新以礼义作为处理对外关系的原则，以求彻底改变神宗的做法。归还新得疆土的主张在此背景下被提出，弃地论者在道德上质疑神宗拓边的动机，指其作为是追求利益而非为了正义；主张西夏国主重新掌权后，先前出兵的理由已然消失，继续占领其土地并无正当性。归还这些土地给西夏，既可节省军费，也可作为重建双方和平关系的前提。

弃地论在宋廷内部争议和、战的环境中被提出，其实是北宋文臣自己设想出来的议题。在西夏使者并未提出要求的情况下，即主观认定神宗朝所得之地为影响双方未来关系的核心。完全从己方的立场来思考双方关系，乐观地认为只要归还侵地，西夏即会心悦诚服。这种想法渊源于尊崇华夏、鄙视其他民族的传统观念，认为高高在上的宋朝施予恩信，即可令西夏感恩怀德。这种弃地求和主张，在宋廷内部引发质疑。反对者一方面以"中国故地"来合理化宋对于新得疆土的占有，一方面怀疑西夏遵守协议的诚意，终使还地的范围大幅缩减，显示北宋统治阶层内部理想主义者对务实路线的妥协。

由此可知，弃地政策从提议到付诸执行都仅在北宋内部讨论，并未与西夏进行任何实质谈判，以四寨交换被俘军民的决定最终是以"下诏"的方式告知夏方。西夏对此未有善意的回应，转而以武力夺取熙河路，并不令人意外。正因弃地论者虽主张在领土上对西夏让步，但在心态上仍以宗主国自居，期待夏人感恩怀德；一旦夏人对还地的范围有不同的意见，即视之为"夷狄无厌"，而改采强硬路线。由此看来，主张弃地的官员固然反对神宗的拓境政策，但并非无条件的和平主义者，又自认采行的政策拥有道德的正当性；当西夏不接受宋所提的条件，重回武力对抗的老路就成为必然的结果。综而言之，弃地论者自诩礼义为华夏所特有，坚持正当性的原则，忽略了对外关系中许多因素是操之在人，仅以自己的价值观来看待对手，实难形成有效的外交政策，坚持华夏的优越地位，也成为北宋与西夏建立和平关系的长期障碍，宋对西夏的政策也就持续在和、战两端之间游移。

（原载《汉学研究》第 33 卷第 1 期，第 67~91 页）

结　论

　　就北宋的对外政策与军政改革而言，仁宗时期是重要的转折。随着文臣将影响力扩大至军事领域，通过以科举考试选拔武官，在天圣年间开始有制举武科与武举的设置。之后对西夏作战失利，激起官员、士人讨论军事，以求"强兵"的风气，新的军事政策陆续推行。武学的建置，府兵制的提倡，显示北宋文士应用从史书、兵书所学的知识，试图借学校教育培养理想的将帅，以"兵农合一"来解决募兵耗费财政又素质不佳的问题。最终的目的在以军力为后盾，积极对外拓境，改变受制于辽与西夏的困境。受这些意见的影响，神宗在即位之后，致力于军政改革与落实拓境主张，引发反对派官员的抗议。持反战立场者一方面担忧对外战争将造成物资与人员的重大损耗，进而导致政权的不稳，力劝神宗暂缓用兵。同时也警告，全面组训民兵将造成平民沉重负担，并增强其违法犯禁的能力，成为危害政治安定的威胁。但是，这些反对的论述既无法针对"复汉唐旧土"的合理性，进行有力的反驳；也未能对于受制西、北二敌的困境提出解决之法，因而很难压制拓边的声浪。

尽管反对意见未能使神宗停止推动改革与拓境，相关争议仍反映出北宋官僚内部的分歧。北宋文臣的出身背景与知识素养造成他们与军队实务有所疏离，在制定相关政策时，也就不单考量对外作战的需要，而掺入内政与经济的因素。如此一来，官员在讨论政策时从不同的角度出发，以致各持己见，很难妥协。以兵制的改革而言，王安石关注的焦点是如何裁减募兵以节省军费，神宗则想扩编民兵以协助固有的募兵投入拓边，文彦博等人则忧虑组织农民为兵将危害社会安定与统治稳定，强调募兵制没有调整的必要。争论的各方皆援引历史上的前例，以求合理化自己的主张，民兵政策也在争议中几经反复。以至于民兵虽然成为延续施行至南宋的体制，却背离原有减募兵、省军费的理想，反而促成"养兵卫民"理念的形成，既合理化募兵存在的现实，也使统治阶层自认有理由向人民征收赋税。

正由于强兵与拓边之举可以造成对外、对内的不同影响，而神宗与主战官员看重的是前者，反对派如司马光、文彦博等人从内政的角度立论，以人民未安、财政未丰为由，便难以动摇神宗用兵的决心。不过，神宗与主战官员如种谔、徐禧等人对西夏心存轻视，在拟订作战计划时低估对方反击的能力，直接造成宋军行动的失利。前辈学者在讨论北宋军事上的劣势时，较注重制度因素，将"重文轻武"的传统或募兵体制的缺陷，视为宋军表现拙劣的主因。若仔细分析神宗朝的对外战争，则出兵之前的策略拟订、作战时的指挥、将领的执行力可能更是关键因素。例如，元丰四年宋军攻抵

灵州城下，却未准备攻城的器具，也缺少制造工匠，显然在事前疏
于规划与准备。元丰五年，宋军在横山地区筑城，却未能对敌方
的反击行动有所考量。等西夏集结大军围城，徐禧、沈括等人以
鄜延一路之兵力敌对方一国之众，自是难有胜算。这两次作战的
失败恐怕不应归咎于军队体制或将士素质，而是军队指挥管理的
失策，神宗与主战官员对此难辞其咎。有志于边功的官员相互争
夺表现的机会，在提出计划时以夸大不实的说辞吸引君主的支持，
而神宗缺少实战经验，往往错估战场的情势，成为影响宋军作战
的重要因素。

宋军的大规模出击既无法达成预期目标，传统上视北宋为"积
弱"的印象实无从反驳，只是我们仍应注意到传世资料所带有的
政治偏见。为倡议弭兵反战，部分北宋文官对于宋军作战的记录
有"讳胜而言败"的倾向，对外战争所造成的损失被有意夸大。以
元丰四年与五年两次对西夏用兵而言，前者出动的兵力之多远非永
乐城之役所能比拟，但宋军在永乐城主帅沦殁、几乎全军被歼的结
果造成极大震憾，以致后来的讨论反而聚焦于此役。随着时间的推
移，对此次战败所造成的死伤数字日益夸大，甚至将神宗的死亡归
因于此，这都是反战官员为求合理化对西夏和议所造成的结果。

当反战官员在神宗死后取得参政之权，乃计划借归还神宗朝新
得之地与西夏达成和议。主张弃地的文官并非基于作战上的考量，
而是从"夷夏关系"的层面出发；主张"华夏"应借"恩德"而非
武力，才能使"外夷"屈服。主动归还侵地，正是展现"恩德"的
最好方式，将使西夏因感恩怀德而臣服。因此，元祐年间的弃地论
与真宗朝初年因灵州已难固守，而倡议弃守的状况并不相同；实际
上是对神宗只倚仗武力，不依循"礼义"的一种反弹。相对的，反
对弃地论者则和之前的神宗一样重视作战的需求，珍惜兰州等新得
城寨在边防上的战略价值，并以"中国旧地"来合理化对这些地区
的占领。受反对派的牵制，宋廷最终虽宣布"还地"，但范围仅限

于米脂等四寨，西夏统治者对此并不满意，而企图以武力逼迫北宋交还兰州等地。由于主和官员虽反对战争，仍坚持华夏优于四夷的地位，以"恩德"的施予者自居，一厢情愿地期待对方全盘接受自己所提的条件，而不肯真正与西夏进行谈判，以致双方经过多年的折冲，仍重回武力对抗的老路。如此一来，神宗借着发动战争解决受制于敌的期待未能实现，而元祐朝主政者尝试与西夏重建和平关系也告失败，遂使北宋政府陷入和与战的两难抉择之中，主和、主战之争也成北宋朝廷中长期无解的争议。

不过，尽管就军事层面，北宋军政的改革未能有预期的成果，所产生的影响仍然十分深远。武举与武学不仅在宋代成为疏缓进士科激烈竞争的重要管道，也为宋以后的各个王朝所继承，长期成为帝制中国选官制度的一环。同样的，民兵与募兵并行的体制长期延续，直到南宋灭亡。至于宋代君臣、士人对于军队体制的诸多讨论，不仅建立了军事制度史书写的传统，"兵农合一"与"养兵卫民"也成为后世争论募兵、民兵优劣时经常援引的理念。由此看来，北宋军政改革的历史意义，不能只因其负面的结果而受到忽略。

引用书目

一 史料文献

《清实录·世宗宪皇帝实录》，中华书局，1985。

白居易:《白居易集》，中华书局，1979。

班固:《汉书》，中华书局，1962。

包拯:《包孝肃奏议集》，收入《景印文渊阁四库全书》第 427 册，台北，台湾商务印书馆，1983。

不著撰者《皇宋中兴两朝圣政》，台北，文海出版社，1967。

晁说之:《嵩山文集》，收入《四部丛刊广编》第 36 册，台北，台湾商务印书馆，1981，据上海涵芬楼景印旧钞本影印。

陈傅良:《八面锋》，收入《景印文渊阁四库全书》第 923 册，台北，台湾商务印书馆，1983。

陈傅良:《止斋集》,收入《景印文渊阁四库全书》第1150册,台北,
    台湾商务印书馆,1983。

陈瓘:《宋忠肃陈了斋四明尊尧集》,收入《四库全书存目丛书》史
    部第279册,台南,庄严出版社,1996,据中国科学院图书馆藏
    清康熙十八年陈孔硕刻雍正三年陈象瀚补修本影印。

陈均:《皇朝编年纲目备要》,中华书局,2006。

陈亮:《陈亮集》,台北,汉京文化事业有限公司,1983。

陈耆卿:《嘉定赤城志》,台北,大化书局,1980,宋元地方志丛书本。

陈师道:《后山集》,收入《景印文渊阁四库全书》第1114册,台北,
    台湾商务印书馆,1983。

陈振孙:《直斋书录解题》,收入《景印文渊阁四库全书》第674册,
    台北,台湾商务印书馆,1983。

程颢、程颐:《二程集》,台北,汉京文化事业有限公司,1983。

程俱:《北山集》,收入《景印文渊阁四库全书》第1130册,台北,
    台湾商务印书馆,1983。

丁丙:《善本书室藏书志》,收入《续修四库全书》编纂委员会编
    《续修四库全书》第927册,上海古籍出版社,2002,光绪辛丑
    季秋钱唐丁氏刻本。

杜大珪:《名臣碑传琬琰集》,北京图书馆出版社,2006,据宋刊本
    影印。

杜范:《清献集》,收入《景印文渊阁四库全书》第1175册,台北,
    台湾商务印书馆,1983。

杜牧:《樊川文集》,台北,汉京文化事业有限公司,1983。

度正:《性善堂稿》,收入《景印文渊阁四库全书》第1170册,台北,
    台湾商务印书馆,1983。

范仲淹:《范文正公褒贤集》,收入《范仲淹全集》,四川大学出版
    社,2002。

范仲淹:《范文正公文集》,收入《范仲淹全集》,四川大学出版社,

2002。

范仲淹:《政府奏议》,收入《范仲淹全集》,四川大学出版社,2002。

范祖禹:《太史范公文集》,线装书局,2004,宋集珍本丛刊影印清钞本。

韩琦:《安阳集》,书目文献出版社,1988,据明正德九年张士隆刻本影印。

洪迈:《容斋随笔》,中华书局,2005。

华岳:《翠微北征录》,解放军出版社,1987,《中国兵书集成》据元抄本影印。

黄淮、杨士奇编《历代名臣奏议》,上海古籍出版社,1989,影印明永乐十四年内府刊本。

解缙等编《永乐大典》,中华书局,1986。

孔平仲:《谈苑》,收入《全宋笔记》第2编第5册,大象出版社,2006。

黎靖德编《朱子语类》,中华书局,1994。

李绰:《尚书故实》,台北,艺文印书馆,1965,百部丛书集成本。

李德裕:《李文饶文集》,收入《四部丛刊正编》第36册,台北,台湾商务印书馆,1979,影印常熟瞿氏藏明刊本。

李昉等编《文苑英华》,中华书局,1966。

李觏:《李觏集》,中华书局,2011。

李石:《方舟集》,收入《景印文渊阁四库全书》第1149册,台北,台湾商务印书馆,1983。

李焘:《续资治通鉴长编》,中华书局,2004。

李心传:《建炎以来朝野杂记》,中华书局,2000。

李心传:《建炎以来系年要录》,中华书局,1988,据商务印书馆国学基本丛书本影印。

林駉:《古今源流至论》,收入《景印文渊阁四库全书》第942册,台北，台湾商务印书馆，1983。

林世远、王鏊：《（正德）姑苏志》，书目文献社，1988，北京图书古
　　籍珍本丛刊据明正德刻嘉靖续修本影印。

刘敞：《彭城集》，收入《景印文渊阁四库全书》第1096册，台北，
　　台湾商务印书馆，1983。

刘敞：《公是集》，线装书局，2004，据傅增湘校清光绪复刻聚珍本。

刘达可编《璧水群英待问会元》，收入《四库全书存目丛书》子部
　　类书类第168册，上海古籍出版社，1995。

刘克庄：《后村先生大全集》，四川大学出版社，2008。

刘昫等编《旧唐书》，中华书局，1975。

刘宰：《漫塘集》，收入《景印文渊阁四库全书》第1170册，台北，
　　台湾商务印书馆，1983。

柳宗元：《柳宗元集》，中华书局，1979。

楼钥：《攻媿集》，收入《四部丛刊正编》第55册，台北，台湾商务
　　印书馆，1979，据上海涵芬楼藏武英殿聚珍版本影印。

陆九渊：《陆九渊集》，锺哲点校，中华书局，1980。

吕祖谦：《历代制度详说》，收入《景印文渊阁四库全书》第923册，
　　台北，台湾商务印书馆，1983。

马端临：《文献通考》，台北，台湾商务印书馆，1987重印十通本。

梅尧臣：《宛陵先生集》，收入《四部丛刊正编》第43册，台北，台
　　湾商务印书馆，1979，据上海涵芬楼藏明刊本影印。

慕容彦逢：《摛文堂集》，台北，艺文印书馆，1971，据常州先哲遗
　　书本影印。

欧阳守道：《巽斋文集》，收入《景印文渊阁四库全书》第1183册，
　　台北，台湾商务印书馆，1983。

欧阳修：《欧阳修全集》，中华书局，2001。

欧阳修等编《新唐书》，中华书局，1975。

彭百川：《太平治迹统类》，收入《丛书集成续编》史部第40册，上

海书店，1994，据适园丛书影印。

綦崇礼：《北海集》，收入《景印文渊阁四库全书》第1134册，台北，台湾商务印书馆，1983。

潜说友：《咸淳临安志》，台北，大化书局，1980，宋元地方志丛书本。

强汝询：《求益斋文集》，收入《续修四库全书》编纂委员会编《续修四库全书》第1553册，上海古籍出版社，2002，据上海辞书出版社图书馆藏清光绪二十四年江苏书局刻本影印。

秦观：《淮海集》，收入《四部丛刊正编》第50册，台北，台湾商务印书馆，1979，据海盐涉园张氏藏嘉靖中刊小字本影印。

邵伯温：《邵氏闻见录》，中华书局，1983。

邵博：《邵氏闻见后录》，中华书局，1982。

邵经邦：《弘简录》，收入《续修四库全书》编纂委员会编《续修四库全书》第307册，上海古籍出版社，2002。

沈括：《长兴集》，收入《沈括全集》，浙江大学出版社，2011。

石介：《徂徕石先生文集》，中华书局，1984。

司马光：《涑水记闻》，中华书局，1989。

司马光：《温国文正司马公文集》，收入《四部丛刊正编》第41册，台北，台湾商务印书馆，1979，据常熟瞿氏铁琴铜剑楼藏宋绍兴刊本影印。

司马光：《资治通鉴》，中华书局，1956。

司马迁：《史记》，中华书局，1959。

宋绶、宋敏求编《宋大诏令集》，中华书局，1962。

宋庠：《元宪集》，收入《景印文渊阁四库全书》第1087册，台北，台湾商务印书馆，1983。

苏轼：《东坡奏议》，线装书局，2004。

苏轼：《苏轼文集》，中华书局，1986。

苏舜钦：《苏舜钦集》，上海古籍出版社，2011。

苏颂：《苏魏公文集》，中华书局，1988。

苏洵:《嘉祐集》，收入《四部丛刊正编》第 46 册，台北，台湾商务
　　印书馆，1979，据无锡孙氏小绿天藏景宋钞本影印。

苏辙:《苏辙集》，中华书局，1990。

孙应时:《重修琴川志》，台北，大化书局，1980 宋元地方志丛书本。

田况:《儒林公议》，收入《全宋笔记》第 1 编第 5 册，大象出版社，
　　2003。

脱脱等:《宋史》，中华书局，1985。

王安石:《王安石诗集》，收入《王安石全集》，台北，河洛图书出版
　　社，1974。

王偁:《东都事略》，北京图书馆出版社，2006。

王明清:《挥麈录》，中华书局，1961。

王明清:《玉照新志》，巴蜀书社，1993，据涵芬楼藏版影印。

王洋:《东牟集》，收入《景印文渊阁四库全书》第 1132 册，台北，
　　台湾商务印书馆，1983。

王应麟:《玉海》，京都，中文出版社中日合璧本，1986。

王栐:《燕翼贻谋录》，台北，艺文出版社，1967，据百川学海本影印。

王之道:《相山集》，收入《景印文渊阁四库全书》第 1132 册，台北，
　　台湾商务印书馆，1983。

魏了翁:《鹤山先生大全文集》，收入《四部丛刊正编》第 60 册，台
　　北，台湾商务印书馆，1979，据乌程刘氏嘉业堂藏宋刊本影印。

文彦博:《文潞公文集》，线装书局，2004，影印明嘉靖五年刻本。

熊克:《中兴小纪》，台北，文海出版社，1968。

徐梦莘:《三朝北盟会编》，上海古籍出版社，1987，据光绪三十四
　　年许涵度刻本影印。

徐松辑《宋会要辑稿》，中华书局，1957，据国立北平图书馆印行
　　本影印。

徐松辑，陈智超整理《宋会要辑稿补编》，全国图书馆文献缩微复
　　制中心，1988。

徐象梅:《两浙名贤录》,齐鲁书社,1996,北京大学图书馆藏明天启徐氏光碧堂刻本。

许应龙:《东涧集》,收入《景印文渊阁四库全书》第1176册,台北,台湾商务印书馆,1983。

杨冠卿:《客亭类稿》,收入《景印文渊阁四库全书》第1165册,台北,台湾商务印书馆,1983。

杨万里:《诚斋集》,收入《四部丛刊正编》第58册,台北,台湾商务印书馆,1979,据江阴缪氏艺风堂藏景宋钞本影印。

杨亿:《武夷新集》,线装书局,2004,宋集珍本丛刊影印清嘉庆刻本

杨仲良:《续资治通鉴长编纪事本末》,北京图书馆出版社,2003,据宛委别藏本影印。

姚勉:《姚勉集》,上海古籍出版社,2012。

叶适:《习学记言》,收入《景印文渊阁四库全书》第849册,台北,台湾商务印书馆,1983。

叶适:《叶适集》,台北,河洛图书出版社,1974。

佚名:《道山清话》,收入《全宋笔记》第2编第1册,大象出版社,2006。

佚名:《新刊国朝二百家名贤文粹》,线装书局,2004,宋集珍本丛刊影印宋庆元三年书隐斋刊本。

佚名:《玉泉子》,上海古籍出版社,1958。

佚名撰,王瑞来笺证《宋季三朝政要笺证》,中华书局,2010。

余靖:《武溪集》,书目文献出版社,1988,北京图书馆古籍珍本丛刊据成化九年刊本影印。

曾公亮等:《武经总要》,解放军出版社,1988,影印明万历金陵书林唐富春刻本。

曾巩:《元丰类稿》,台北,"故宫博物院"影印元刊本,1988。

曾枣庄、刘琳主编《全宋文》,上海辞书出版社,2006。

翟汝文:《忠惠集》,收入《景印文渊阁四库全书》第1129册,台北,

台湾商务印书馆，1983。

张方平:《张方平集》，中州古籍出版社，2000。

张舜民:《画墁集》，中华书局，1999，据知不足斋丛书本影印。

章如愚:《山堂考索》，中华书局，1992，据明正德刘洪慎独斋本影印。

赵起:《种太尉传》，台北，"国家图书馆"藏穴砚斋钞本。

赵汝愚:《宋朝诸臣奏议》，上海古籍出版社，1999。

郑岳:《莆阳文献》，书目文献出版社，1988，北京图书馆古籍珍本
　　丛刊据明万历四十四年（1616）黄起龙刻本影印。

周密:《癸辛杂志》，中华书局，1988。

周密:《齐东野语》，中华书局，1983。

周应合:《景定建康志》，台北，大化书局，1980宋元地方志丛书本。

朱弁:《曲洧旧闻》，中华书局，2002。

朱熹、李幼武编《宋名臣言行录五集》，台北，文海出版社，1967，
　　据同治七年刊本影印。

朱熹:《朱子文集》，台北，德富文教基金会，2000。

二　近人研究

包伟民:《沈括事迹献疑六则》，收入徐规主编《宋史研究集刊》
　　（一），浙江古籍出版社，1986。

蔡崇榜:《宋代修史制度研究》，台北，文津出版社，1991。

曹家齐:《两宋朝廷与岭南之间的文书传递》，收入氏著《宋代的交
　　通与政治》，中华书局，2017。

陈芳明:《宋初弭兵论的检讨（960～1004）》，（台北）"国立"编
　　译馆馆刊》第4卷第2期，1975。

陈峰:《北宋武将群体与相关问题研究》，中华书局，2004。

陈峰:《宋代主流意识支配下的战争观》，《历史研究》2009年第2期。

陈寅恪:《论唐代之蕃将与府兵》，收入《陈寅恪先生论文集》，台

北，文理出版社，1977。

陈植锷：《石介事迹著作编年》，中华书局，2003。

陈志学：《唐代武举述论》，《四川大学学报》1988 年第 4 期。

崔英超、张其凡：《熙丰变法中宋神宗作用之考析》，《暨南学报》（人文科学与社会科学版）2004 年第 3 期。

邓广铭：《北宋的募兵制度及其与当时积弱积贫和农业生产的关系》，《中国史研究》1980 年第 4 期。

邓广铭：《北宋政治改革家王安石》，河北教育出版社，2000。

邓小南：《祖宗之法——北宋前期政治述略》，三联书店，2006。

范学辉：《"将从中御"始于宋太祖考》，《安徽师范大学学报》（人文社会科学版）2006 年第 1 期。

方积六：《关于唐代团结兵的探讨》，《文史》第 25 辑，中华书局，1985。

方震华：《才兼文武的追求——唐代后期士人的军事参与》，（台北）《台大历史学报》第 50 期，2012 年 12 月。

方震华：《权力结构与文化认同：唐宋之际的文武关系（875～1063）》，社会科学文献出版社，2019。

方震华：《晚宋边防研究（A.D.1234-1275）》，硕士学位论文，台北，台湾师范大学历史研究所，1992。

傅乐成：《中国通史》，台北，大中国图书公司新编二版，1979。

高明士：《唐代的武举与武庙》，收入《第一届国际唐代学术会论文集》，台北，唐代研究学者联谊会，1989。

古怡青：《唐代府兵制度兴衰研究——从卫士负担谈起》，台北，新文丰出版公司，2002。

何冠环：《北宋武将研究》，中华书局，2003。

何冠环：《拓地降敌：北宋中叶内臣名将李宪事迹考述（上）》，新北，花木兰文化事业有限公司，2019

何忠礼：《宋代政治史》，浙江大学出版社，2007。

何忠礼：《宋史选举志补正》，浙江古籍出版社，1992。

胡玉冰：《传统典籍中汉文西夏文献研究》，中国社会科学出版社，2007。

胡昭曦：《〈宋神宗实录〉朱墨本辑佚简论》，《四川大学学报》1979年第1期。

黄宽重：《北宋晚期对广西的经略——以程节、程邻父子为中心的讨论》，《法国汉学》第12辑，中华书局，2007。

黄宽重：《马扩与两宋之际的政局变动》，（台北）《中央研究院历史语言研究所集刊》第61本第4分，1990。

黄清连：《杜牧论藩镇与军事》，收入黄清连编《结网编》，台北，东大图书公司，1998。

黄庭硕：《唐宋之际的东南士人与政治——以杨吴、南唐为中心》，硕士学位论文，台北，台湾大学历史学系，2013。

江天健：《宋夏战争中对于横山之争夺》，（台北）《中国历史学会史学集刊》第24期，1997。

康乐：《唐代前期的边防》，台北，台湾大学文史丛刊，1979。

李范文编释《西夏陵墓出土残碑粹编》，文物出版社，1984。

李华瑞：《宋夏关系史》，河北人民出版社，1998。

李立：《宋代政治制度史研究方法之反思》，收入包伟民主编《宋代制度史研究百年》，商务印书馆，2004。

李蔚：《宋夏横山之争述论》，《民族研究》1987年第6期。

李之亮、徐正英笺注《安阳集编年笺注》，巴蜀书社，2000。

梁庚尧：《北宋元丰伐夏战争的军粮问题》，收入氏著《宋代社会经济史论集》，台北，允晨文化实业股份有限公司，1997。

林瑞翰：《宋代保甲》，（台北）《大陆杂志》第20卷第7期，1960。

刘春霞：《李元昊"僭号"与北宋中期文人谈兵论析》，《兰州学刊》2008年第11期。

刘静贞：《北宋前期皇帝和他们的权力》，台北，稻乡出版社，1994。

刘子健，《欧阳修的治学与从政》，台北，新文丰出版公司，1984。

吕士朋:《宋代之中越关系》,(台中)《东海学报》第 22 期，1981。

孟彦弘:《唐前期的兵制与边防》,《唐研究》第 1 卷，1995。

商衍鎏:《清代科举考试述略》,台北，文海出版社，1975。

宋德金:《金代科举制度研究》,收入氏著《辽金论稿》,湖北教育出
　　版社，2005。

宋衍申:《司马光传》,北京出版社，1990。

汤开健:《熙丰时期宋夏横山之争的三份重要文献》,《宁夏社会科
　　学》2003 年第 3 期。

汤佩津:《北宋的南边政策——以交趾为中心》,博士学位论文，嘉
　　义，中正大学历史研究所，2003。

汤佩津:《北宋真、仁宗时期对交趾的政策》,(台北)《中国历史学
　　会史学集刊》第 38 期，2006。

唐耕耦:《唐代前期的兵募》,《历史研究》1981 年第 4 期。

唐长孺:《魏晋南北朝隋唐史三论》,武汉大学出版社，1992。

陶晋生:《宋辽关系史研究》,台北，联经出版社，1984。

王曾瑜:《宋朝军制初探》,中华书局，2011 年增订本。

王德毅:《北宋九朝实录修纂考》,收入氏著《宋史研究论集》,台
　　北，新文丰出版公司，2008 年再版。

王建秋:《宋代太学与太学生》,台北，中国学术著作奖助委员会，
　　1965。

王军营:《北宋中期文人谈兵风尚基本特征初探》,《船山学刊》2011
　　年第 3 期。

王明荪:《兵险德固——论北宋之建都》,收入氏著《宋史论文稿》,
　　台北，花木兰出版社，2008。

王明荪:《宋初的反战论》,收入淡江大学中文系主编《战争与中国
　　社会之变动》,台北，淡江大学，1991。

吴九龙、王菡:《宋代武学武举制度考述》,《文史》第 36 期，中华

书局，1992。

伍伯常：《北宋初年的北方文士与豪侠——以柳开的事功及作风形象为中心》，（新竹）《清华学报》2006 年第 2 期，2006。

徐规：《王禹偁事迹著作编年》，商务印书馆，2003。

许友根：《武举制度史略》，苏州大学出版社，1997。

杨康荪：《宋代武举述略》，《中国史研究》1985 年第 3 期。

余英时：《朱熹的历史世界——宋代士大夫政治文化的研究》，台北，允晨文化实业股份有限公司，2003。

曾瑞龙、赵雨乐：《唐宋军政变革史研究述评》，收入包伟民主编《宋代制度史研究百年》，商务印书馆，2004。

曾瑞龙：《北宋种氏将门之形成》，香港，中华书局，2010。

曾瑞龙：《经略幽燕（979～987）——宋辽战争军事灾难的战略分析》，香港，中文大学出版社，2003。

曾瑞龙：《拓边西北——北宋中后期对夏战争研究》，香港，中华书局，2006。

张德宗：《北宋的养兵政策》，《河南师范大学学报》1982 年第 4 期。

张国刚：《关于唐代兵募制度的几个问题》，收入氏著《唐代政治制度研究论集》，台北，文津出版社，1994。

张元：《从王安石的先王观念看他与宋神宗的关系》，收入宋史座谈会编《宋史研究集》第 23 辑，台北，"国立编译馆"，1988。

赵涤贤：《北宋元丰中灵州永乐两次战役宋军死者人数考》，《学术月刊》1994 年第 6 期。

赵冬梅：《武道彷徨：历史上的武举和武学》，解放军出版社，2000。

赵国华：《中国兵学史》，福建人民出版社，2004。

周銮书：《宋代养兵政策剖析》，《江西师范大学学报》2000 年第 3 期。

東一夫『王安石新法の研究』東京、風間書房、1970。

荒木敏一『宋代科挙制度研究』京都大学文学部東洋史研究会、1969。

日野開三郎「唐府兵制時代の團結兵について」『日野開三郎東洋史學論集　第一巻　唐代藩鎮の支配體系』東京、三一書房、1980年9月。

Graff,David，"The Sword and the Brush: Military Specialisation and Career Patterns in Tang China,618−907," *War and Society* 18:2 (Oct.2000), pp. 9−22.

Ji,Xiao−bin, *Politics and Conservatism in Northern Song China：the Career and Thought of Sima Guang (A.D.1019-1086)*，Hong Kong:Chinese University Press, 2005.

McMullen,David，"The Cult of Ch'i T'ai−kung and T'ang Attitudes to the Military," *Tang Studies* 7(1989), pp. 59−103.

Smith，Paul "Irredentism as Political Capital：The New Policies and the Annexation of Tibetan Domains in Hehuang (the Qinghai−Gansu Highlands) Under Shenzong and His Sons,1068−1126," in Patricia Ebrey and Maggie Bickford eds., *Emperor Huizong and late Northern Song China: the Politics of Culture and the Culture of Politics,*Cambridge:Harvard University Asian Center, 2006, pp. 78−130.

Twitchett, Denis; Smith, Paul, eds., *The Cambridge History of China,* Vol.5: *The Sung Dynasty and its Precursors,907-1279,* Cambridge：Cambridge University Press, 2009.

附录　传统领域如何发展？
——对宋代政治史研究的几点观察

前　言

　　就近二十年台湾史学界在中国古代史的投入而言，政治史并非研究者热衷的领域，此一趋势同时表现在教学与研究之上。黄宽重观察各大学历史系的课程，指出以政治史作为专题的课程颇为缺乏。[1]从研究趋势来观察，亦可见类似的现象。根据在2006年进行的"历史学门热门及前瞻学术研究议题"调查计划，经由分析国科会在2001年至2005年间通过的专题研究计划，可以清楚看出，在近代以前的中国断代史研究计划中，以探讨政治为主

1　黄宽重:《从"活的制度史"到"新政治史"——宋代政治史研究的趋向》,《中国史研究》2009年第4期，第71~72页。

题者寥寥可数。[1] 近年来，部分学者开始重视政治史衰落的事实，提倡政治史或"新政治史"的研究。例如，2009 年初，中研院历史语言研究所主办的历史研习营，以"史家的传统技艺"为题，可以看出重新省视传统史学的意旨。同年 8 月，在历史语言研究所举行的"新政治史研究的展望"国际会议，集合亚、欧、美地区研究宋代史为主的学者，讨论政治史新发展的可能性。[2] 这些活动都反映出研究者开始重新关注这个传统领域。

　　历史学是一种综合之学，各个分支领域之间并无绝对的界限，而不同领域间的相互对话与均衡成长，应是促进史学发展的一项要素。若一个领域长期不受到重视，研究成果稀少，往往表示尚存在较大的探索空间，具备重新受到研究者重视的机会。因此，研究趋势的变化往往有如钟摆，也许我们可以说中国政治史研究的重新开展，只是时间的问题。不过，台湾历史学界很少以政治史为主题进行研究回顾，导致我们对于政治史已经研究、应该研究或可以研究的议题并不清楚，对于一般常见的论证和分析方式也缺少反思。因此，政治史的没落固然是受到社会史、文化史等"新史学"领域发展的影响，但不宜视之为唯一因素，而需认真省思这个领域在发展上面临的问题。以宋代政治史而言，过去的研究中存在一些值得省思的现象，可能限缩了发展的空间；透过对于这些问题的反思，也许能厘清政治史研究的发展前景。因此，本文将分别从议题选择与论述方式两个层面来进行说明。

1　吴展良等:《国科会人文学研究中心"历史学门热门及前瞻学术研究议题调查计划"调查报告》，台北，国科会人文学研究中心，2006，第 105~106 页。调查报告全文可于国科会人文学研究中心网站下载阅读，网址: http://www.hrc.ntu.edu.tw/index.php?option= com_content&view=article&id=114&Itemid=603&lang=zw（2011 年 9 月 20 日读取）。调查报告之节录版《热门及前瞻议题——历史学门调查计划成果报告》刊登于（台北）《人文与社会科学简讯》第 8 卷第 2 期，2007，第 35~47 页。

2　此次会议讨论的内容，参见童永昌《"新政治史研究的展望"研讨会纪要》，（台北）《古今论衡》第 21 期，2010，第 166~171 页。

一 政治史的研究传统

以宋代政治史而言，制度的讨论构成了重要的部分。由于官僚体系自秦汉以降经过长时间的发展，内含已十分复杂，在两宋三百多年间又经过几次大幅改革，致使现代学者想要对宋代政治制度有清楚的理解并不容易，构成研究与教学上的一大难题。许多著作以厘清词语意涵、制度内容与变迁过程为目标，对于我们精确地解读史料，理解政府体制与运作方式有很大的帮助。但是，这类作品往往只重叙事而缺乏明确的问题意识，也忽略了制度条文与现实状况间的差异；只针对单一制度进行探讨，也容易流于割裂、琐碎而缺乏整体理解。于是，刻板和枯燥便成为制度史研究经常被质疑之处。2001 年以邓小南为代表的大陆学者开始提倡"活的制度史"，即针对这些问题而发，希望将缺乏历史动态感的制度研究，导向结合制度规定与实际权力运作，但似乎尚未产生受人瞩目的成果。[1]

正因如此，制度史的作品固然为数甚多，但能够吸引众多读者，发挥普遍影响力的著作却不是这一类。近年来最受瞩目的宋代政治史作品，当推余英时在 2003 年出版的《朱熹的历史世界——宋代士大夫政治文化的研究》。固然学界的正反评价不一，此书确实产生吸引史学家及学生再度重视宋代政治史的效果。我无意针对这本书的具体内容与论点进行讨论，只是关注其研究主题与方法。

余先生对于士大夫政治文化的讨论，令我想到另一本影响深远的著作：刘子健在 1963 年出版的《欧阳修的治学与从政》。[2]这两本

---

1 邓小南：《走向"活"的制度史——以宋代官僚政治制度史研究为例的点滴思考》，宣读于"2001 年杭州宋史专题研讨会"，后刊登于《浙江学刊》2003 年第 3 期，第 99~103 页；并收入包伟民编《宋代制度史研究百年（1900~2000）》，商务印书馆，2004，第 10~19 页。

2 本书一般常见的版本是台北新文丰出版公司 1984 年的重印版。

书的出版相去四十年，一谈南宋，一论北宋，但皆以士大夫学术思
想与政治作为之间的关联作为研究的切入点。刘先生称为探讨"学
风"与"政风"的关系，¹余先生则企图讨论宋代儒学与政治、文化
及社会诸层面间的关系。²在我看来，此种现象并非巧合，反映的是
宋史研究中一个长期存在的趋势：身兼政治人物的著名学者一直是
研究的重心，也是政治史研究与其他领域产生对话的重要方式。因
为这些学者的生平、事迹与思想不仅是政治史研究的对象，对思想
史、文学史和经学史的研究者也很重要。采取兼具思想史与政治史
双重价值的研究取径，往往能吸引跨领域的读者，创造出广泛的影
响力。

　　但是，就宋代政治史本身而论，探讨"大学者"的研究趋势，
造成研究主题分布的失衡。³不具备丰富学术论著的政治人物，即
便曾在政坛上造成深远的影响，却较少受到重视。选题集中于少数
文官，成为宋代政治史研究的一个特色。若与唐代史相比，我们更
能看出此种偏重的程度。唐代的政治史固然以探讨士族的政治活动
为主，但对于士族之外的其他政治菁英，如：君主、宦官和武人的
研究仍然常见。宋代政治史则不然，除了文官之外，统治阶层中的
其他成员较少成为研究主体。一个明显的例子是：在讨论宋代变
法运动的作品中，王安石（1021~1086）受到重视的程度远在神宗
（1048~1085，1067~1085 年在位）之上。20 世纪以来，王安石的研

1　刘子健：《重印自志》，《欧阳修的治学与从政》，台北，新文丰出版公司，1984，第5~6页。
2　余英时：《朱熹的历史世界——宋代士大夫政治文化的研究》，台北，允晨文化实业股份有限公司，2003，第28页。
3　就研究方法而言，此种结合思想史与政治史的做法固然有其优点，亦有可商榷之处。以学术思想史的研究方式来分析政治人物，基本上是着重学术背景与政治立场的相互影响关系。不过，历史人物的学术见解比较有系统性，传世的个人著作也提供研究者分析其思想内在演变脉络的依据。相较于学术见解，政治主张就显得比较难以捉摸。由于政治人物的主张往往在理想与现实中摆荡，复杂的政治现实、政坛上的权力关系都可能影响一位政治人物的言行与选择。因此，一位宋代士人在政治立场上前后矛盾并非罕见的现象，也未必与其学术见解有密切的关联。

究成果真可谓汗牛充栋，而以神宗为讨论对象的作品则相对有限。[1]
虽然，在王安石的研究作品中，学者也会提及神宗的角色与影响，
但轻重之间仍有区别。这一点从学界仍习惯以"王安石变法"一词
来称呼神宗朝政治改革，即可看出神宗作为最高决策者的角色尚未
被充分阐释。事实上，王安石的政策论述虽多，但始终主导政治走
向的是神宗，而非中途失势的王安石。[2] 如此一来，研究成果的分布
与课题的重要性之间似乎有了不小落差。有趣的是，在一般印象中，
皇权高度扩张是宋代政治的一项特色。如果君主在政治运作中扮
演较重要的角色，为何政治史研究的重心反而落在文官而非帝王？

　　一个值得注意的因素是资料数量的多寡。在学术上影响深远
的宋代士大夫，多半有大量的论著传世，使得相关史料数量多且容
易搜集，有利于研究工作的进行。20 世纪初期以来，"史学便是史
料学"的概念更合理化这样的选择。如此一来，研究的主题是由资
料的多寡来决定，而非议题的意义或重要性。多数宋代皇帝不像欧
阳修（1007~1072）、王安石、朱熹（1130~1200）等人留有大量的
个人作品，故难以吸引不同领域学者的共同关注，大概只有宋徽宗
（1082~1135，1100~1126 年在位）是例外。[3]

　　对于北宋政治史而言，集中研究知名士大夫所产生的负面影响
尚属有限。因为自仁宗（1010~1063，1022~1063 年在位）朝以降，
文坛或学界领袖多半活跃于政坛，透过分析其生平与思想，我们尚

1　关于王安石的研究，因为数量众多，已有专书进行回顾和讨论，参见李华瑞《王安石变法研
究史》，人民出版社，2004。对于神宗的研究在数量上则相对不足，崔英超和其兵凡有简要的
讨论，见《熙丰变法中宋神宗作用之考析》，《暨南学报》（人文科学与社会科学版）2004 年第
3 期，第 116~123 页。

2　本书第四章关于北宋兵制的研究显示，神宗的意志才是主导当时军事改革的力量，而他合理
化募兵制的理念也在宋代成为不断被引用的典范。王安石对于兵制虽有众多的论述，但产生
的实质影响力却相对有限。

3　参见 Patricia Ebrey ed., *Emperor Huizong and Late Northern Song China: The Politics of Culture and the
Culture of Politics* (Cambridge, MA: Harvard University Press, 2006)。本书是结合历史家与艺术史
家努力的成果。

能有效掌握政局演变的重心，仅徽宗时代是个例外。但是，对南宋史而言，意义就十分不同。南宋时期的著名学者，在仕宦之途上往往缺乏发展，不论在中央或地方任官，时间都不长。[1] 而在政坛上的长期掌权者，如秦桧（1090~1155）、史弥远（1164~1233）、贾似道（1213~1275）等人，皆未留下大量文献，以致相关的研究不是数量有限，就是议题的同质性很高。[2] 这种在选题上集中化的倾向，造成宋代政治史论著涵盖的时段很不均衡：北宋的研究成果远多于南宋，但哲宗（1077~1100，1085~1100 年在位）朝以后受关注的程度无法与神宗朝以前相比。南宋时期则集中于高宗（1107~1187，1127~1162 年在位）朝，探讨光宗（1147~1200，1189~1194 年在位）朝以后的作品甚为稀少。

　　另一方面，政治史与学术史的结合，造成政治史讨论的对象以士大夫为主，坐实了政治史只关注于"上层人物"的批评。不可否认的是，中国政治史讨论的对象一向以统治阶层为主；但这并不表示，透过理解统治阶层的思想、政策与政府的各种制度，史家即足以有效掌握某一时代的政治活动。我们可以思考以下的问题：在宋代，政治只是一种由统治阶层成员参与的活动吗？被统治者永远都在默默承受来自政府的作为而无所回应吗？政策形成的过程中，下层的意见与负担从不被考虑吗？在我看来，这些问题的答案应该都是否定的。平民对于赋税、徭役的逃避，提起法律诉讼，参与科考时的各种舞弊行为，都在相当的程度上影响政策与制度的变革，也

1　朱熹、陈亮、陆九渊等人皆是如此。

2　以秦桧为例，虽然有关他的研究数量不少，但多半围绕着和、战争议与收大将兵权来进行讨论。最近由李卓颖与蔡涵墨（Charles Hartman）合作的研究，利用明人吴讷的文集中收录署名秦桧所撰的《宣圣七十二贤赞像记》碑文，来讨论秦桧在宋代政治思想史上的意义。此文显示在明代的文本中保留宋代的原始资料，可以为新议题的开创提供线索。参见 Li Cho-ying and Charles Hartman, "A Newly Discovered Inscription by Qin Gui: Its Implications for the History of Song *Daoxue*," *Harvard Journal of Asiatic Studies* 70:2 (Dec. 2010, Cambridge, MA), pp. 387–448。此文的中译本收入蔡涵墨《历史的严妆——解读道学阴影下的南宋史学》，中华书局，2016，第 98~159 页。

应被视为政治活动的一部分。此外，民间的歌谣往往讥讽朝政，常被官员借以批判时事，攻击政敌；显示官员在论政时仍会考虑百姓的看法，以"民情"来合理化自己的主张。当然，在朝廷的论争中被引用之"民意"或"民情"，未必完全符合下层民众的真实意见，但这些现象仍然反映出被统治者的意见或感受在政治运作中，并非全无影响或意义。[1]

近年来法律史的研究成果已部分呈现平民行动对于政策的影响，透过分析司法案例与判词，我们可以观察到人民与统治阶层间的互动。被统治者利用政府所订定的法律条文、道德观念与行政架构去追求自身的利益；君主、官员在裁判诉讼时往往不会墨守法条，而是参酌人情、社会规范，甚至地区性的习惯。如此一来，民众的诉讼行为就可能成为改变政府法律规定的触媒。[2] 由此可见，在政府与统治阶层之外，政治史仍有可以尝试开展的空间。也许我们可以说，政治史不仅是在讨论权力、制度或政策，而是试图探讨因各种政治活动而形成的权力网络，在这个网络中，包含了各个阶层的人，他们以不同的角色参与其中，共同构成了政治的发展史。

综合以上所述，在论题与方法选择上的不够多元，可能才是造成政治史研究予人"僵化""枯燥"等负面印象的主因。若将宋代政治史与近二十年蓬勃发展的"新史学"领域相对照，我们更能看出此种差异的意义。文化史、性别史等新领域的发展，往往根基于研究方法的讨论之上，以议题主导研究对象的趋势比较明显，研究者之间的对话频繁，有利于建立系统性的讨论，形成风潮。宋代政治史的情况则相反，相关的专书与论文虽持续出版，但缺少对于这

1　童永昌的硕士论文已注意到这一点，参见童永昌《"志于便民"：北宋熙宁至元祐时期的民情与朝议攻防（1069~1094）》，硕士学位论文，台北，台湾大学历史学系，2009。

2　柳立言对于宋代子女告母案例的讨论显示，民众的诉讼行为可能引发政府内部对于法律见解的论辩，进而造成司法制度的改变。柳立言：《子女可否告母？——传统"不因人而异其法"的观念在宋代的局部实现》，（台北）《台湾大学法学论丛》第30卷第6期，2001，第29~93页。

个领域的回顾与反思，学者也不热衷于分析政治史的方法或议题重要性等问题，难以形成系统性的讨论。也因为我们对于政治史研究的反省不足，较难呈现政治议题的重要性及历史意义，自然无法说服学者去重视此一传统领域。

二　议题开展上的障碍

为何宋代政治史研究在新议题与新方法的开拓上显得乏力？缺乏外来刺激可能是一个原因。毋庸讳言，近二十年来，台湾的中国史研究在新议题开展上，受到美国学界的启发较为明显，宋史研究也不例外。但是，美国学者对宋代政治史的兴趣一直不高，这一点由 2009 年出版的《剑桥中国史·宋史卷》（The Cambridge History of China, vol. 5 ）的作者群可以看出。[1] 此书实为第一本以英文撰写的宋代政治通史，但十位作者中有两位台湾学者及一位在马来西亚任教的学者，[2] 与《剑桥中国史·隋唐史卷》（The Cambridge History of China, vol. 3 ）相比，可以看出欧美学者参与的比例明显较低。由于欧美学者较少投入宋代政治史研究，对于这个领域所能提供的新刺激，相对之下较为有限。

正因如此，中文论著其实构成了宋代政治史研究的主要部分，但在开发富有讨论意义的课题上却进展有限。思考相关因素，可能与中国政治史研究的断代倾向有关。长期以来，不论大陆或台湾学界，都有断代治史的倾向。学者习惯以朝代为单位，区分领域及形成研究社群，而且各个断代间的研究者较少交流，这在政治史领域中尤其明显。以"朝代"来区分研究范畴的方式，形成中国史研究

---

[1] Denis Twitchett and Paul Jakov Smith eds., *The Cambridge History of China*, vol. 5: *Dynasty and its Precursors, 907-1279* (Cambridge: Cambridge University Press, 2009).

[2] 这些学者分别是黄宽重、柳立言和江伟爱。若加上目前已返台任教的陶晋生教授，则非欧美地区学者所占的比例更高。

的一项特色。相较于欧洲史的学者使用"中古""近代"等"时代"观念来区别研究范围，中国史上的断代之分有很大的不同。欧洲史的时代区分因为缺少绝对或一致的标准而富有弹性，中国史以王朝起讫所塑造出来的界限却是固定不变，容易形成研究上的限制。缺少跨越朝代的视野，局限了开发新议题的想象力，也不利于提出概括长时期的解释架构。学者努力的成果往往只是"点"的贡献，而未能开展成系统的论述。以宋史研究而言，这个因素导致我们对于此一时代政治的特殊性缺乏概念性的讨论。

在目前宋代政治史研究中，最常见的长时期解释架构仍是日本学者所提出的"唐宋变革论"。[1]此种发展于20世纪初期，受时代区分论的影响，着重观察中国从"中古"到"近世"演变的学说，固然深具意义，却也有其局限，不应成为我们理解从唐至宋长期演变的唯一观点。以宋代政治史而言，持唐宋变革论者所主张的"确立君主独裁体制"的说法，长期主导我们对两宋统治特色的理解，也造成多数学者注意唐与北宋的历史比较。但是，如果我们将两宋与其后的朝代相比较，也许可以看出不同的历史意义。刘子健先生在1980年代提出关于南宋政治重要性的看法便是一例。他以"包容政治"来说明南宋政治的特殊性，并由此出发，主张南宋为其后八百多年的中国文化发展奠下基础。他进而呼吁学界应共同努力，思考南宋所建立的文化形态对于历史发展产生的主导力量。[2]

值得思考的是，刘子健的《两宋史研究汇编》在1987年出版，并未引发宋代政治史研究的风潮。在相近的时期，美国学者韩明士（Robert Hymes）出版了 *Statesmen and Gentlemen: the Elite of Fu-chou, Chiang-hsi, in Northern and Southern Sung* 一书，提出南宋在中国士人

1　内藤湖南（1866~1934）于1920年代提出。参见内藤湖南『概括的唐宋時代観』，（京都）『歴史と地理』第9卷第5期、1922，1-12頁。

2　刘子健：《引言》《略论南宋的重要性》，收入氏著《两宋史研究汇编》，台北，联经出版公司，1987，第7、79~85页。

家族与地方社会发展上具有划时代意义的说法。[1] 就研究成果而言，近二十年来，韩明士论点受到重视的程度远在刘先生之上。[2] 我们应如何看待这个结果？我认为一方面是因为社会史研究成为一种普遍潮流后，吸引了多数研究者与学生的目光，政治史的议题难以与之匹敌。但更重要的，不论学者是否赞同韩氏所提的论点，却都很容易采取他的研究取径；因为这种对宋代家族的讨论方法，是以两宋的文献为基础，正好符合我们断代治史的传统。相对地，刘先生揭示的大方向若要有具体的进展，研究者须从南宋向元、明时期来进行探索，学界中能贯通宋、元两代已属少有，更遑论明清。即使刘先生的说法极具启发性，多数的研究者既缺乏跨出断代的企图心与执行力，仍是无以为继。

不过，缺乏多元的概括性观念并非限制议题开展的唯一因素，在处理史料、建立论述的方法上也有需要反省之处。历史学要求"言必有据"，但并非只靠发掘或提出"证据"，就可以得到有价值的论述。研究者能否借由引证史料形成可靠的论点，其关键在于对立论根据的解读、分析和思辨。已有学者指出，宋代政治制度史的研究者，往往不重视史料内容的时空背景，视不同时期书写的文献具有相似的证据效力而加以混合运用；又或坚信某些原则性概念，无视于与其相反的证据或史实。[3] 事实上，类似的史料运用缺陷普遍存在宋代政治史的研究中。在论证过程中，作者对于其所依据证据的辨析往往不够深入，只要符合自己论点的"史料"就加以引用，相反的例证则视而不见。至于不同类型文献，其所承载的讯息可能所有差异，研究者通常也不加以重视。另一方面，研究者往往未将

1　Robert Hymes, *Statesmen and Gentlemen: the Elite of Fu-chou, Chiang-hsi, in Northern and Southern Sung*(Cambridge: Cambridge University Press, 1986).

2　参见郭恩秀《八〇年代以来宋代宗族史中文论著研究回顾》，（台北）《新史学》第16卷第1期，2005，第125~157页。

3　参见李立《宋代政治制度史研究方法之反思》，收入《宋代制度史研究百年（1900~2000）》，第20~39页。

文献的记载放入其时空脉络中思考，也不注意其形成的背景和流传的过程。如此一来，引用史料的可信度与证据力未经足够辨析，所形成的论点无法建立在坚实的证据基础之上，从而限制了议题继续开展的空间。此类研究方法上的缺陷固然可能存在各个史学领域，但在政治史研究中似乎较为明显，以下将举两个常见的论点来说明这个问题。

三　论证方式的反省

在宋代政治史的论著中，"重文轻武"是经常出现的概念。学者以此解释宋代政治发展的特色，主张从宋太祖（927~976，960~976年在位）、太宗（939~997，976~997年在位）开始，统治者持续推行此一政策，成为治国的基本原则。为了论证"重文轻武"的统治原则在宋初已然成形，研究者经常引用李焘（1115~1184）编撰的《续资治通鉴长编》中太平兴国二年（977）的一条记事：

> （太平兴国二年正月）戊辰，上御讲武殿，内出诗赋题覆试进士……得河南吕蒙正以下一百九人。庚午，覆试诸科，得二百七人，并赐及第。又诏礼部阅贡籍，得十五举以上进士及诸科一百八十四人，并赐出身。九经七人不中格，上怜其老，特赐同三传出身。凡五百人，皆先赐绿袍靴笏，锡宴开宝寺，上自为诗二章赐之……薛居正等言取人太多，用人太骤。上意方欲兴文教，抑武事，弗听。[1]

据此，太宗透过科举大规模拔擢文士，甚至不顾大臣的批判而执意为之，目的是为了提倡文教活动而贬抑军事的价值。可见，主张

1　李焘：《续资治通鉴长编》卷一八，太平兴国二年正月，第393~394页。

宋初统治者采行"重文轻武"或"崇文抑武"的政策，的确是言而有据了。[1] 问题是，李焘在此段纪事之后加上了一条按语——"兴文教，抑武事，此据《稽古录》"，也就是说此处对于太宗大量取士动机的解释并非根据当时的记录，而是源自生于此事件发生之后四十二年的司马光（1019~1086）。在《稽古录》中，司马光是这样写的："二年正月，擢进士吕蒙正等百三十三人及第，皆除京官、通判，以兴文教，抑武事。"[2] 由此看来，司马光提出"以兴文教，抑武事"的看法，并非基于明确的证据，而是对于太宗决定录取一百多位进士的原因做出个人的诠释。

事实上，李焘并未完全接受司马光的说法。在陈述司马光的说法之后，他又根据魏泰的《东轩笔录》，指称太宗之所以大量取士，是为了让当时排名在数十人之后的张齐贤能够顺利上榜，李焘自注说："且两存之，更俟详考。"[3] 显然，李焘对于太宗大量取士的动机究竟为何并无把握，只能将两种不同的说法并存。相对的，现代学者却很有信心，可能是因为他们心中早已存有"重文轻武"的概念，只是去文献中找证据而已，至于与此理念不相吻合的资料，就视而不见。于是，主张太宗大量取士是为了"兴文教，抑武事"的学者，从不提及《东轩笔录》的说法。同样的，这些学者也不曾解释，如果太宗早在即位后的第四个月就已经选择以"抑武事"为"国策"，那他为何会在两年之后御驾亲征，先灭北汉，再攻幽州？事实上，太宗在位期间，两度北伐契丹，一次南征交阯，又与党项连年交战，至其去世之时，宋军仍在西、北两个战场陷入苦战。这位皇帝究竟是想"抑武事"，或是致力于"勤远略"？看来大有商榷

---

1 陈峰的作品是一个例子，参见陈峰《试论宋朝"崇文抑武"治国思想与方略的形成》一文，收入氏著《北宋武将群体与相关问题研究》，中华书局，2004，第270页。

2 司马光：《稽古录》卷一七，吉书时点校，北京师范大学出版社，1988，第185页。

3 李焘：《续资治通鉴长编》卷一八，太平兴国二年正月，第394页。宋代文献中提及太宗大举取士是为了拔擢张齐贤的说法，包括：魏泰《东轩笔录》卷一，中华书局，1997，第4~5页；邵伯温《邵氏闻见录》卷七，中华书局，1997，第68页。

的空间。

由此可见，以《稽古录》的记载来证明宋太宗在即位之初就采行"崇文抑武"的政策，表面上是言而有据，实际上却是时空的错置，误将北宋中期文士的历史诠释，当成了宋初统治者的决策动机。以科举大量录取文士为官，也许可以证明宋初的统治者有意"崇文"，却很难进一步衍申说他们在"重文"之余还想要"抑武"。因为"兴文教"并不一定要"抑武事"，两者之间没有必然的关联，如宋太宗这样热衷于拓边的统治者，想追求的应是文武并重。[1] 为何到了北宋中期，司马光会将太宗大量取士一事诠释成"以兴文教，抑武事"，视"抑武"与"重文"为一体之两面？这恐怕才是值得探究的问题。但是，传统的研究方法势将掩盖这样的问题，而限制了进一步讨论的空间。

由这个例子可以看出，我们不能只简单依据文献的记载来形成论述，而必须将这些记录放入其形成的时空背景与脉络中来思考，并且注意史料间的矛盾之处。若不如此，则可能为字面的意义所误导，导致时空的错置。由于政治史讨论的议题往往牵涉到不同的政权，在使用文献资料时，对于其来源与性质更应加以注意。若同时使用源自不同政权的文献而未加以甄别，很容易产生问题。下文将以学者关于宋太宗有意与辽国谋和的说法作为例子，来说明此一现象。

宋太宗两度对辽发动攻势，时间相隔有七年之久。多位学者主张太宗曾在太平兴国七年（982）趁辽国新君即位的机会，遣使求和，但为辽方所拒。太宗恼怒之余，一改主和态度为积极备战，因而有雍熙三年（986）二次北伐的行动。此一说法似已为学界普遍接受，但其立论的依据是《辽史》的记载："（乾亨四年）秋九月壬子，

1　伍伯常研究宋初具备军事才能的文臣，指出"重文"并不必然导致"轻武"。伍伯常：《北宋初年的北方文士与豪侠——以柳开的事功及作风形象为中心》，（新竹）《清华学报》第 36 卷第 2 期，2006，第 295~344 页，特别是第 338 页。

景宗崩。癸丑，即皇帝位于枢前，时年十二。皇后奉遗诏摄政，诏谕诸道……（十二月）辛酉，南京留守荆王道隐奏：宋遣使献犀带请和。诏以无书却之。"[1] 据此，辽圣宗（971~1031，982~1031 年在位）在乾亨四年（982）九月即位，至十二月时宋方请和的使者抵达南京。对于遣使之事，传世的宋代文献皆无记载，但研究者认为《续资治通鉴长编》于太平兴国七年十月的一条纪事可以作为旁证：

> 上初以契丹渝盟来援太原，遂亲征范阳，欲收中国旧地。既而兵连不解，议者多请息民。癸亥，诏缘边诸州军县镇等，各务守境力田，无得阑出边关，侵扰帐族及夺略畜产，所在严加侦逻，违者重论其罪，获羊马、生口并送于塞外。上尝谓近臣曰："朕每读《老子》至'佳兵者，不祥之器，圣人不得已而用之'，未尝不三复以为规戒。王者虽以武功克定，终须用文德致治。朕每退朝，不废观书，意欲酌前代成败而行之，以尽损益也。"[2]

在比对《辽史》与《续资治通鉴长编》后，学者推论在辽圣宗于九月即位后，宋太宗有意谋和，先于十月间下令边将停止出境攻击，同时提出弭兵息战的理论，以缘饰向辽求和的行动；接着派出使者，于十二月抵达辽境，试探对方的反应。不过，辽方以使者未带国书而加以拒绝，谋和的努力乃告失败。[3]

乍看之下，这是合理的推论，但是仔细考量关键的时间点，

---

1 《辽史》卷一〇《圣宗本纪》，台北，鼎文书局，1980，第107~108页。

2 李焘：《续资治通鉴长编》卷二三，太平兴国七年十月，第528页。

3 持此一论点的研究义献包括：蒋复璁《宋真宗与澶渊之盟（续）》，（台北）《大陆杂志》第22卷第9期，1961，第28页；张其凡《宋太宗》，吉林文史出版社，1997，第138~139页；曾瑞龙《经略幽燕（979~987）——宋辽战争军事灾难的战略分析》，第217~218页。

就会发现其间的破绽。按照《辽史》的记载，景宗（948~982，969~982 年在位）死于九月壬子，也就是二十四日，至二十五日圣宗即位，消息才向外发布。宋太宗下诏禁止边将遣兵出塞则在十月癸亥，也就是五日，中间相隔只有九天。由于当时并无快速传递信息的设备，就算辽方立即派专人南下报讯，太宗也很难在如此短的时间内知情；何况双方既处于战争状态，辽方岂会将幼主即位的讯息主动告知强敌？正因如此，宋人对于辽景宗死亡的时间，一直未能有确实的掌握。[1] 由此看来，宋太宗下诏禁止边将出兵与辽国新君即位，应为两个孤立事件，其间并无因果关系，不应以十月癸亥的诏书作为太宗曾遣使求和的佐证。

这个例子显示，由于元朝政府编修《辽史》，后代学者可据以掌握一些宋人在当时无法取得的信息。我们可以想象，宋、辽对峙之下，宋太宗要取得敌方的情报，不是来自俘虏的口供，即是间谍的打探。这些辗转取得的讯息不仅精确度有限，在边将汇整查证后，逐级上报，势必旷日费时。后世的研究者若不注意此一史实，则其兼参宋、辽双方文献所得出之推论，反而产生差误。

以《辽史》记乾亨四年十二月宋遣使求和一事而言，由于缺乏可以参证的史料，研究者只能推论可能的状况。既然如此，理应对于各种的可能性加以考虑。由于宋方的资料完全未提此事，研究者其实可以有两种思考方向：一是宋太宗得知辽圣宗即位后，秘密派使者试探和谈的可能性，由于事出机密故未被记载。另一个可能是辽方捏造此求和报告，在幼主即位之初营造强敌请和的印象，以求安定人心，而宋方既从未遣使，当然不会留有记录。由于传世史料不足，事实为何已经很难判定，但研究者不应在缺乏有力的证据

1　李焘因为无法掌握关于辽景宗确实死亡时间的资料，只能将其亡故之事系于太平兴国七年的岁末，参见李焘《续资治通鉴长编》卷二三，太平兴国七年十月、闰十二月，第 528、534 页。

之下，轻率地认定宋太宗在太平兴国年间（976~984）已有意求和。事实上，对辽和与战的分歧，是太宗与文官间长期存在的争议，若能对此进行更深入且精确的探讨，不仅有助于理解宋初对外关系的发展，也可能深化对于宋代君臣关系、皇权扩张等相关问题的掌握。

从以上两个例子可以看出，史料处理上不够审慎，是颇为常见的问题。由此而形成的论述缺乏坚实的证据基础，不仅有碍我们对于宋代政治史的理解，也实际限缩了可以进一步发展研究的空间。如何在使用资料与形成论述上做到分析细腻与论证翔实，实为谋求政治史研究发展上不能回避的课题。

结　论

从宋代政治史研究的演变，可以看出近二十年来中国古代政治史之所以趋于沉寂，实有某些内在的因素，并非只因其他新兴领域的竞争所致。借由分析议题选择与论述方式，我们可以看到几个值得省思的现象。首先，选择研究议题往往取决于史料的多寡，而非在主题的重要与否，造成研究成果的集中化，不易呈现多元面貌。其次，断代治史的传统根深蒂固，不利于对长时间的发展做出概括性的诠释。以致对于宋代政治特性的理解，至今仍深受"唐宋变革论"的影响，而难以有新的突破。第三，部分研究对于所依据之史料缺乏深入的分析与批判，导致归纳出来的论述建立在不精确的证据基础上，前文提及的两个有关北宋初年政治史的论断皆如此。由此可见，宋代政治史的发展已久，但研究方法实有更加精致化的必要。史学研究并非只是叙述"有根据"的故事，对于史料或证据的可信度应进行深入的辨析，而非轻率或肤浅地加以引用。

由以上的讨论可以看出，如果希望宋代政治史这一传统领域有新的进展，研究者应该要对政治史研究的目标与对象有更多的讨论与厘清，也要对传统的研究方式进行反省。在这个方面，欧美学界能给予我们的启发和帮助恐怕是有限的。我们也许要回到中文学界的学术传统中寻找答案，并且对中国传统政治的特性开展新的思考方向。

〔原载（台北）《台大历史学报》第 48 期，第 165~184 页〕

图书在版编目 (CIP) 数据

和战之间的两难：北宋中后期的军政与对辽夏关系 /
方震华著. -- 北京：社会科学文献出版社，2020.8（2023.11重印）
（九色鹿·唐宋）
ISBN 978-7-5201-6739-0

Ⅰ.①和… Ⅱ.①方… Ⅲ.①中国历史-研究-北宋
Ⅳ.①K244.07

中国版本图书馆CIP数据核字（2020）第092201号

·九色鹿·唐宋·

和战之间的两难
——北宋中后期的军政与对辽夏关系

著　　者 / 方震华

出 版 人 / 冀祥德
组稿编辑 / 郑庆寰
责任编辑 / 宋　超
责任印制 / 王京美

出　　版 / 社会科学文献出版社·历史学分社（010）59367256
　　　　　　地址：北京市北三环中路甲29号院华龙大厦　邮编：100029
　　　　　　网址：www.ssap.com.cn
发　　行 / 社会科学文献出版社（010）59367028
印　　装 / 三河市东方印刷有限公司

规　　格 / 开　本：787mm×1092mm　1/16
　　　　　　印　张：17.5　字　数：225千字
版　　次 / 2020年8月第1版　2023年11月第3次印刷
书　　号 / ISBN 978-7-5201-6739-0
定　　价 / 78.80元

读者服务电话：4008918866